AFRIKAANS
VOCABOLARIO

ITALIANO - AFRIKAANS

Le parole più utili
Per ampliare il proprio lessico e affinare
le proprie abilità linguistiche

9000 parole

Vocabolario Italiano-Afrikaans per studio autodidattico - 9000 parole

Di Andrey Taranov

I vocabolari T&P Books si propongono come strumento di aiuto per apprendere, memorizzare e revisionare l'uso di termini stranieri. Il dizionario si divide in vari argomenti che includono la maggior parte delle attività quotidiane, tra cui affari, scienza, cultura, ecc.

Il processo di apprendimento delle parole attraverso i dizionari divisi in liste tematiche della collana T&P Books offre i seguenti vantaggi:

* Le fonti d'informazione correttamente raggruppate garantiscono un buon risultato nella memorizzazione delle parole
* La possibilità di memorizzare gruppi di parole con la stessa radice (piuttosto che memorizzarle separatamente)
* Piccoli gruppi di parole facilitano il processo di apprendimento per associazione, utile al potenziamento lessicale
* Il livello di conoscenza della lingua può essere valutato attraverso il numero di parole apprese

T&P Books Publishing
www.tpbooks.com

ISBN: 978-1-78716-511-3

Questo libro è disponibile anche in formato e-book.
Visitate il sito www.tpbooks.com o le principali librerie online.

VOCABOLARIO AFRIKAANS
per studio autodidattico

I vocabolari T&P Books si propongono come strumento di aiuto per apprendere, memorizzare e revisionare l'uso di termini stranieri. Il vocabolario contiene oltre 9000 parole di uso comune ordinate per argomenti.

- Il vocabolario contiene le parole più comunemente usate
- È consigliato in aggiunta ad un corso di lingua
- Risponde alle esigenze degli studenti di lingue straniere sia essi principianti o di livello avanzato
- Pratico per un uso quotidiano, per gli esercizi di revisione e di autovalutazione
- Consente di valutare la conoscenza del proprio lessico

Caratteristiche specifiche del vocabolario:

- Le parole sono ordinate secondo il proprio significato e non alfabeticamente
- Le parole sono riportate in tre colonne diverse per facilitare il metodo di revisione e autovalutazione
- I gruppi di parole sono divisi in sottogruppi per facilitare il processo di apprendimento
- Il vocabolario offre una pratica e semplice trascrizione fonetica per ogni termine straniero

Il vocabolario contiene 256 argomenti tra cui:

Concetti di Base, Numeri, Colori, Mesi, Stagioni, Unità di Misura, Abbigliamento e Accessori, Cibo e Alimentazione, Ristorante, Membri della Famiglia, Parenti, Personalità, Sentimenti, Emozioni, Malattie, Città, Visita Turistica, Acquisti, Denaro, Casa, Ufficio, Lavoro d'Ufficio, Import-export, Marketing, Ricerca di un Lavoro, Sport, Istruzione, Computer, Internet, Utensili, Natura, Paesi, Nazionalità e altro ancora ...

INDICE

GUIDA ALLA PRONUNCIA

Alfabeto fonetico T&P	Esempio afrikaans	Esempio italiano
[a]	land	macchia
[ã]	straat	scusare
[æ]	hout	spremifrutta
[o], [ɔ]	Australië	notte
[e]	metaal	meno, leggere
[ɛ]	aanlê	centro
[ə]	filter	soldato (dialetto foggiano)
[ɪ]	uur	tattica
[i]	billik	vittoria
[ĩ]	naïef	scacchi
[o]	koppie	notte
[ø]	akteur	oblò
[œ]	fluit	tedesco - Hölle
[u]	hulle	prugno
[ʊ]	hout	prugno
[b]	bakker	bianco
[d]	donder	doccia
[f]	navraag	ferrovia
[g]	burger	guerriero
[h]	driehoek	[h] aspirate
[j]	byvoeg	New York
[k]	kamera	cometa
[l]	loon	saluto
[m]	môre	mostra
[n]	neef	novanta
[p]	pyp	pieno
[r]	rigting	ritmo, raro
[s]	oplos	sapere
[t]	lood, tenk	tattica
[v]	bewaar	volare
[w]	oorwinnaar	week-end
[z]	zoem	rosa
[dʒ]	enjin	piangere
[ʃ]	artisjok	ruscello
[ɲ]	kans	fango
[tʃ]	tjek	cinque
[ʒ]	beige	beige
[x]	agent	[h] dolce

ABBREVIAZIONI
usate nel vocabolario

Italiano. Abbreviazioni

agg	-	aggettivo
anim.	-	animato
avv	-	avverbio
cong	-	congiunzione
ecc.	-	eccetera
f	-	sostantivo femminile
f pl	-	femminile plurale
fem.	-	femminile
form.	-	formale
inanim.	-	inanimato
inform.	-	familiare
m	-	sostantivo maschile
m pl	-	maschile plurale
m, f	-	maschile, femminile
masc.	-	maschile
mil.	-	militare
pl	-	plurale
pron	-	pronome
qc	-	qualcosa
qn	-	qualcuno
sing.	-	singolare
v aus	-	verbo ausiliare
vi	-	verbo intransitivo
vi, vt	-	verbo intransitivo, transitivo
vr	-	verbo riflessivo
vt	-	verbo transitivo

CONCETTI DI BASE

Concetti di base. Parte 1

1. Pronomi

io	ek, my	[ɛk], [maj]
tu	jy	[jaj]
lui	hy	[haj]
lei	sy	[saj]
esso	dit	[dit]
noi	ons	[ɔŋs]
voi	julle	[julle]
Lei	u	[u]
Voi	u	[u]
loro	hulle	[hulle]
loro (masc.)	hulle	[hulle]
loro (fem.)	hulle	[hulle]

2. Saluti. Convenevoli. Saluti di congedo

Salve!	Hallo!	[hallo!]
Buongiorno!	Hallo!	[hallo!]
Buongiorno! (la mattina)	Goeie môre!	[xuje mɔrə!]
Buon pomeriggio!	Goeiemiddag!	[xuje·middax!]
Buonasera!	Goeienaand!	[xuje·nānt!]
salutare (vt)	dagsê	[daxsɛ:]
Ciao! Salve!	Hallo!	[hallo!]
saluto (m)	groet	[xrut]
salutare (vt)	groet	[xrut]
Come sta?	Hoe gaan dit?	[hu xān dit?]
Come stai?	Hoe gaan dit?	[hu xān dit?]
Che c'è di nuovo?	Hoe gaan dit?	[hu xān dit?]
Arrivederci!	Totsiens!	[totsiŋs!]
Ciao!	Koebaai!	[kubāi!]
A presto!	Totsiens!	[totsiŋs!]
Addio! (inform.)	Mooi loop!	[moj loəp!]
Addio! (form.)	Vaarwel!	[fārwel!]
congedarsi (vr)	afskeid neem	[afskæjt neəm]
Ciao! (A presto!)	Koebaai!	[kubāi!]
Grazie!	Dankie!	[danki!]
Grazie mille!	Baie dankie!	[baje danki!]

Prego	Plesier	[plesir]
Non c'è di che!	Plesier!	[plesir!]
Di niente	Plesier	[plesir]

Scusa!	Ekskuus!	[ɛkskɪs!]
Scusi!	Verskoon my!	[ferskoən maj!]
scusare (vt)	verskoon	[ferskoən]

scusarsi (vr)	verskoning vra	[ferskoniŋ fra]
Chiedo scusa	Verskoning	[ferskoniŋ]
Mi perdoni!	Ek is jammer!	[ɛk is jammər!]
perdonare (vt)	vergewe	[ferχevə]
Non fa niente	Maak nie saak nie!	[māk ni sāk ni!]
per favore	asseblief	[asseblif]

Non dimentichi!	Vergeet dit nie!	[ferχeət dit ni!]
Certamente!	Beslis!	[beslis!]
Certamente no!	Natuurlik nie!	[natɪrlik ni!]
D'accordo!	OK!	[okej!]
Basta!	Dis genoeg!	[dis χenuχ!]

3. Come rivolgersi

Mi scusi!	Verskoon my, ...	[ferskoən maj, ...]
signore	meneer	[meneər]
signora	mevrou	[mefræʊ]
signorina	juffrou	[juffræʊ]
signore	jongman	[joŋman]
ragazzo	boet	[but]
ragazza	sussie	[sussi]

4. Numeri cardinali. Parte 1

zero (m)	nul	[nul]
uno	een	[eən]
due	twee	[twee]
tre	drie	[dri]
quattro	vier	[fir]

cinque	vyf	[fajf]
sei	ses	[ses]
sette	sewe	[sevə]
otto	ag	[aχ]
nove	nege	[neχə]

dieci	tien	[tin]
undici	elf	[ɛlf]
dodici	twaalf	[twālf]
tredici	dertien	[dertin]
quattordici	veertien	[feertin]
quindici	vyftien	[fajftin]
sedici	sestien	[sestin]

diciassette	sewetien	[sevetin]
diciotto	agtien	[aχtin]
diciannove	negetien	[neχetin]
venti	twintig	[twinteχ]
ventuno	een-en-twintig	[een-en-twinteχ]
ventidue	twee-en-twintig	[twee-en-twinteχ]
ventitre	drie-en-twintig	[dri-en-twinteχ]
trenta	dertig	[derteχ]
trentuno	een-en-dertig	[een-en-derteχ]
trentadue	twee-en-dertig	[twee-en-derteχ]
trentatre	drie-en-dertig	[dri-en-derteχ]
quaranta	veertig	[feerteχ]
quarantuno	een-en-veertig	[een-en-feerteχ]
quarantadue	twee-en-veertig	[twee-en-feerteχ]
quarantatre	vier-en-veertig	[fir-en-feerteχ]
cinquanta	vyftig	[fajfteχ]
cinquantuno	een-en-vyftig	[een-en-fajfteχ]
cinquantadue	twee-en-vyftig	[twee-en-fajfteχ]
cinquantatre	drie-en-vyftig	[dri-en-fajfteχ]
sessanta	sestig	[sesteχ]
sessantuno	een-en-sestig	[een-en-sesteχ]
sessantadue	twee-en-sestig	[twee-en-sesteχ]
sessantatre	drie-en-sestig	[dri-en-sesteχ]
settanta	sewentig	[seventeχ]
settantuno	een-en-sewentig	[een-en-seventeχ]
settantadue	twee-en-sewentig	[twee-en-seventeχ]
settantatre	drie-en-sewentig	[dri-en-seventeχ]
ottanta	tagtig	[taχteχ]
ottantuno	een-en-tagtig	[een-en-taχteχ]
ottantadue	twee-en-tagtig	[twee-en-taχteχ]
ottantatre	drie-en-tagtig	[dri-en-taχteχ]
novanta	negentig	[neχenteχ]
novantuno	een-en-negentig	[een-en-neχenteχ]
novantadue	twee-en-negentig	[twee-en-neχenteχ]
novantatre	drie-en-negentig	[dri-en-neχenteχ]

5. Numeri cardinali. Parte 2

cento	honderd	[hondert]
duecento	tweehonderd	[twee·hondert]
trecento	driehonderd	[dri·hondert]
quattrocento	vierhonderd	[fir·hondert]
cinquecento	vyfhonderd	[fajf·hondert]
seicento	seshonderd	[ses·hondert]
settecento	sewehonderd	[sewe·hondert]

| ottocento | aghonderd | [aχ·hondərt] |
| novecento | negehonderd | [neχə·hondərt] |

mille	duisend	[dœisent]
duemila	tweeduisend	[twee·dœisent]
tremila	drieduisend	[dri·dœisent]
diecimila	tienduisend	[tin·dœisent]
centomila	honderdduisend	[hondərt·dajsent]
milione (m)	miljoen	[miljun]
miliardo (m)	miljard	[miljart]

6. Numeri ordinali

primo	eerste	[eərstə]
secondo	tweede	[tweedə]
terzo	derde	[derdə]
quarto	vierde	[firdə]
quinto	vyfde	[fajfdə]

sesto	sesde	[sesdə]
settimo	sewende	[sevendə]
ottavo	agste	[aχstə]
nono	negende	[neχendə]
decimo	tiende	[tində]

7. Numeri. Frazioni

frazione (f)	breuk	[brøək]
un mezzo	helfte	[hɛlftə]
un terzo	derde	[derdə]
un quarto	kwart	[kwart]

un ottavo	agste	[aχstə]
un decimo	tiende	[tində]
due terzi	twee derde	[twee derdə]
tre quarti	driekwart	[drikwart]

8. Numeri. Operazioni aritmetiche di base

| sottrazione (f) | aftrekking | [aftrɛkkiŋ] |
| sottrarre (vt) | aftrek | [aftrek] |

| divisione (f) | deling | [deliŋ] |
| dividere (vt) | deel | [deəl] |

addizione (f)	optelling	[optɛlliŋ]
addizionare (vt)	optel	[optəl]
aggiungere (vt)	optel	[optəl]
moltiplicazione (f)	vermenigvuldiging	[fermeniχ·fuldəχiŋ]
moltiplicare (vt)	vermenigvuldig	[fermeniχ·fuldəχ]

9. Numeri. Varie

cifra (f)	syfer	[sajfər]
numero (m)	nommer	[nommər]
numerale (m)	telwoord	[tɛlwoərt]
meno (m)	minusteken	[minus·tekən]
più (m)	plusteken	[plus·tekən]
formula (f)	formule	[formulə]

calcolo (m)	berekening	[berekeniŋ]
contare (vt)	tel	[təl]
calcolare (vt)	optel	[optəl]
comparare (vt)	vergelyk	[ferχəlajk]

Quanto? Quanti?	Hoeveel?	[hufeəl?]
somma (f)	som, totaal	[som], [totāl]
risultato (m)	resultaat	[resultāt]
resto (m)	oorskot	[oərskot]

un po' di ...	min	[min]
alcuni, pochi (non molti)	min	[min]
resto (m)	die res	[di res]
dozzina (f)	dosyn	[dosajn]

in due	middeldeur	[middəldøər]
in parti uguali	gelyk	[χelajk]
metà (f), mezzo (m)	helfte	[hɛlftə]
volta (f)	maal	[māl]

10. I verbi più importanti. Parte 1

accorgersi (vr)	raaksien	[rāksin]
afferrare (vt)	vang	[faŋ]
affittare (dare in affitto)	huur	[hɪr]
aiutare (vt)	help	[hɛlp]
amare (qn)	liefhê	[lifhɛː]

andare (camminare)	gaan	[χān]
annotare (vt)	opskryf	[opskrajf]
appartenere (vi)	behoort aan ...	[behoərt ān ...]
aprire (vt)	oopmaak	[oəpmāk]
arrivare (vi)	aankom	[ānkom]
aspettare (vt)	wag	[vaχ]

avere (vt)	hê	[hɛː]
avere fame	honger wees	[hoŋər veəs]
avere fretta	opskud	[opskut]

avere paura	bang wees	[baŋ veəs]
avere sete	dors wees	[dors veəs]
avvertire (vt)	waarsku	[vārsku]
cacciare (vt)	jag	[jaχ]
cadere (vi)	val	[fal]

17

cambiare (vt)	verander	[ferandər]
capire (vt)	verstaan	[ferstãn]
cenare (vi)	aandete gebruik	[ãndetə χebrœik]
cercare (vt)	soek ...	[suk ...]
cessare (vt)	ophou	[ophæʊ]
chiedere (~ aiuto)	roep	[rup]

chiedere (domandare)	vra	[fra]
cominciare (vt)	begin	[beχin]
comparare (vt)	vergelyk	[ferχəlajk]
confondere (vt)	verwar	[ferwar]
conoscere (qn)	ken	[ken]

conservare (vt)	bewaar	[bevãr]
consigliare (vt)	aanraai	[ãnrãi]
contare (calcolare)	tel	[təl]
contare su ...	reken op ...	[reken op ...]
continuare (vt)	aangaan	[ãnχãn]

controllare (vt)	kontroleer	[kontroleər]
correre (vi)	hardloop	[hardloəp]
costare (vt)	kos	[kos]
creare (vt)	skep	[skep]
cucinare (vi)	kook	[koək]

11. I verbi più importanti. Parte 2

dare (vt)	gee	[χeə]
decorare (adornare)	versier	[fersir]
difendere (~ un paese)	verdedig	[ferdedəχ]
dimenticare (vt)	vergeet	[ferχeət]

dire (~ la verità)	sê	[sɛ:]
dirigere (compagnia, ecc.)	beheer	[beheər]
discutere (vt)	bespreek	[bespreək]
domandare (vt)	vra	[fra]
dubitare (vi)	twyfel	[twajfəl]

entrare (vi)	binnegaan	[binnəχãn]
esigere (vt)	eis	[æjs]
esistere (vi)	bestaan	[bestãn]

essere (vi)	wees	[veəs]
essere d'accordo	saamstem	[sãmstem]
fare (vt)	doen	[dun]
fare colazione	ontbyt	[ontbajt]

fare il bagno	gaan swem	[χãn swem]
fermarsi (vr)	stilhou	[stilhæʊ]
fidarsi (vr)	vertrou	[fertræʊ]
finire (vt)	klaarmaak	[klãrmãk]
firmare (~ un documento)	teken	[tekən]
giocare (vi)	speel	[speəl]
girare (~ a destra)	draai	[drãi]

gridare (vi)	skreeu	[skriʋ]
indovinare (vt)	raai	[rāi]
informare (vt)	in kennis stel	[in kɛnnis stəl]

ingannare (vt)	bedrieg	[bedrəχ]
insistere (vi)	aandring	[āndriŋ]
insultare (vt)	beledig	[beledəχ]
interessarsi di ...	belangstel in ...	[belaŋstəl in ...]
invitare (vt)	uitnooi	[œitnoj]

lamentarsi (vr)	kla	[kla]
lasciar cadere	laat val	[lāt fal]
lavorare (vi)	werk	[verk]
leggere (vi, vt)	lees	[leəs]
liberare (vt)	bevry	[befraj]

12. I verbi più importanti. Parte 3

mancare le lezioni	bank	[bank]
mandare (vt)	stuur	[stɪr]
menzionare (vt)	verwys na	[ferwajs na]
minacciare (vt)	dreig	[dræjχ]
mostrare (vt)	wys	[vajs]

nascondere (vt)	wegsteek	[veχsteək]
nuotare (vi)	swem	[swem]
obiettare (vt)	beswaar maak	[beswār māk]
occorrere (vimp)	nodig wees	[nodəχ veəs]
ordinare (~ il pranzo)	bestel	[bestəl]

ordinare (mil.)	beveel	[befeəl]
osservare (vt)	waarneem	[vārneəm]
pagare (vi, vt)	betaal	[betāl]
parlare (vi, vt)	praat	[prāt]
partecipare (vi)	deelneem	[deəlneəm]

pensare (vi, vt)	dink	[dink]
perdonare (vt)	vergewe	[ferχevə]
permettere (vt)	toestaan	[tustān]
piacere (vi)	hou van	[hæʋ fan]
piangere (vi)	huil	[hœil]

pianificare (vt)	beplan	[beplan]
possedere (vt)	besit	[besit]
potere (v aus)	kan	[kan]
pranzare (vi)	gaan eet	[χān eət]
preferire (vt)	verkies	[ferkis]

pregare (vi, vt)	bid	[bit]
prendere (vt)	vat	[fat]
prevedere (vt)	voorsien	[foərsin]
promettere (vt)	beloof	[beloəf]
pronunciare (vt)	uitspreek	[œitspreək]
proporre (vt)	voorstel	[foərstəl]

punire (vt)	straf	[straf]
raccomandare (vt)	aanbeveel	[ānbefeəl]
ridere (vi)	lag	[laχ]
rifiutarsi (vr)	weier	[væjer]

rincrescere (vi)	jammer wees	[jammər veəs]
ripetere (ridire)	herhaal	[herhāl]
riservare (vt)	bespreek	[bespreək]
rispondere (vi, vt)	antwoord	[antwoərt]
rompere (spaccare)	breek	[breək]
rubare (~ i soldi)	steel	[steəl]

13. I verbi più importanti. Parte 4

salvare (~ la vita a qn)	red	[ret]
sapere (vt)	weet	[veət]
scavare (vt)	grawe	[χravə]
scegliere (vt)	kies	[kis]

scendere (vi)	afkom	[afkom]
scherzare (vi)	grappies maak	[χrappis māk]
scrivere (vt)	skryf	[skrajf]
scusare (vt)	verskoon	[ferskoən]
scusarsi (vr)	verskoning vra	[ferskoniŋ fra]

sedersi (vr)	gaan sit	[χān sit]
seguire (vt)	volg ...	[folχ ...]
sgridare (vt)	uitvaar teen	[œitfār teən]
significare (vt)	beteken	[betekən]
sorridere (vi)	glimlag	[χlimlaχ]

sottovalutare (vt)	onderskat	[ondərskat]
sparare (vi)	skiet	[skit]
sperare (vi, vt)	hoop	[hoəp]
spiegare (vt)	verduidelik	[ferdœidəlik]
studiare (vt)	studeer	[studeər]

stupirsi (vr)	verbaas wees	[ferbās veəs]
tacere (vi)	stilbly	[stilblaj]
tentare (vt)	probeer	[probeər]
toccare (~ con le mani)	aanraak	[ānrāk]
tradurre (vt)	vertaal	[fertāl]

trovare (vt)	vind	[fint]
uccidere (vt)	doodmaak	[doədmāk]
udire (percepire suoni)	hoor	[hoər]
unire (vt)	verenig	[fereneχ]
uscire (vi)	uitgaan	[œitχān]

vantarsi (vr)	spog	[spoχ]
vedere (vt)	sien	[sin]
vendere (vt)	verkoop	[ferkoəp]
volare (vi)	vlieg	[fliχ]
volere (desiderare)	wil	[vil]

14. Colori

colore (m)	kleur	[kløər]
sfumatura (f)	skakering	[skakeriŋ]
tono (m)	tint	[tint]
arcobaleno (m)	reënboog	[rɛɛn·boəχ]
bianco (agg)	wit	[vit]
nero (agg)	swart	[swart]
grigio (agg)	grys	[χrajs]
verde (agg)	groen	[χrun]
giallo (agg)	geel	[χeəl]
rosso (agg)	rooi	[roj]
blu (agg)	blou	[blæʊ]
azzurro (agg)	ligblou	[liχ·blæʊ]
rosa (agg)	pienk	[pink]
arancione (agg)	oranje	[oranje]
violetto (agg)	pers	[pers]
marrone (agg)	bruin	[brœin]
d'oro (agg)	goue	[χæʊə]
argenteo (agg)	silweragtig	[silweraχtəχ]
beige (agg)	beige	[bɛːiʒ]
color crema (agg)	roomkleurig	[roəm·kløərəχ]
turchese (agg)	turkoois	[turkojs]
rosso ciliegia (agg)	kersierooi	[kersi·roj]
lilla (agg)	lila	[lila]
rosso lampone (agg)	karmosyn	[karmosajn]
chiaro (agg)	lig	[liχ]
scuro (agg)	donker	[donkər]
vivo, vivido (agg)	helder	[hɛldər]
colorato (agg)	kleurig	[kløərəχ]
a colori	kleur	[kløər]
bianco e nero (agg)	swart-wit	[swart-wit]
in tinta unita	effe	[ɛffə]
multicolore (agg)	veelkleurig	[feəlkløərəχ]

15. Domande

Chi?	Wie?	[vi?]
Che cosa?	Wat?	[vat?]
Dove? (in che luogo?)	Waar?	[vār?]
Dove? (~ vai?)	Waarheen?	[vārheən?]
Di dove?, Da dove?	Waarvandaan?	[vārfandān?]
Quando?	Wanneer?	[vanneər?]
Perché? (per quale scopo?)	Hoekom?	[hukom?]
Perché? (per quale ragione?)	Hoekom?	[hukom?]
Per che cosa?	Vir wat?	[fir vat?]

Come?	Hoe?	[hu?]
Che? (~ colore è?)	Watter?	[vattər?]
Quale?	Watter een?	[vattər eən?]

A chi?	Vir wie?	[fir vi?]
Di chi?	Oor wie?	[oər vi?]
Di che cosa?	Oor wat?	[oər vat?]
Con chi?	Met wie?	[met vi?]
Quanti?, Quanto?	Hoeveel?	[hufeəl?]

16. Preposizioni

con (tè ~ il latte)	met	[met]
senza	sonder	[sondər]
a (andare ~ ...)	na	[na]
di (parlare ~ ...)	oor	[oər]
prima di ...	voor	[foər]
di fronte a ...	voor ...	[foər ...]

sotto (avv)	onder	[ondər]
sopra (al di ~)	oor	[oər]
su (sul tavolo, ecc.)	op	[op]
da, di (via da ..., fuori di ...)	uit	[œit]
di (fatto ~ cartone)	van	[fan]

fra (~ dieci minuti)	oor	[oər]
attraverso (dall'altra parte)	oor	[oər]

17. Parole grammaticali. Avverbi. Parte 1

Dove?	Waar?	[vãr?]
qui (in questo luogo)	hier	[hir]
lì (in quel luogo)	daar	[dãr]

da qualche parte (essere ~)	êrens	[ærɛŋs]
da nessuna parte	nêrens	[nærɛŋs]

vicino a ...	by	[baj]
vicino alla finestra	by	[baj]

Dove?	Waarheen?	[vãrheən?]
qui (vieni ~)	hier	[hir]
ci (~ vado stasera)	soontoe	[soentu]
da qui	hiervandaan	[hirfandãn]
da lì	daarvandaan	[dãrfandãn]

vicino, accanto (avv)	naby	[nabaj]
lontano (avv)	ver	[fer]

vicino (~ a Parigi)	naby	[nabaj]
vicino (qui ~)	naby	[nabaj]
non lontano	nie ver nie	[ni fər ni]

sinistro (agg)	linker-	[linkər-]
a sinistra (rimanere ~)	op linkerhand	[op linkərhant]
a sinistra (girare ~)	na links	[na links]
destro (agg)	regter	[reχtər]
a destra (rimanere ~)	op regterhand	[op reχtərhant]
a destra (girare ~)	na regs	[na reχs]
davanti	voor	[foər]
anteriore (agg)	voorste	[foərstə]
avanti	vooruit	[foərœit]
dietro (avv)	agter	[aχtər]
da dietro	van agter	[fan aχtər]
indietro	agtertoe	[aχtərtu]
mezzo (m), centro (m)	middel	[middəl]
in mezzo, al centro	in die middel	[in di middəl]
di fianco	op die sykant	[op di sajkant]
dappertutto	orals	[orals]
attorno	orals rond	[orals ront]
da dentro	van binne	[fan binnə]
da qualche parte (andare ~)	êrens	[ærɛŋs]
dritto (direttamente)	reguit	[reχœit]
indietro	terug	[teruχ]
da qualsiasi parte	êrens vandaan	[ærɛŋs fandān]
da qualche posto	êrens vandaan	[ærɛŋs fandān]
(veniamo ~)		
in primo luogo	in die eerste plek	[in di eərstə plek]
in secondo luogo	in die tweede plek	[in di tweədə plek]
in terzo luogo	in die derde plek	[in di derdə plek]
all'improvviso	skielik	[skilik]
all'inizio	aan die begin	[ān di beχin]
per la prima volta	vir die eerste keer	[fir di eərstə keər]
molto tempo prima di...	lank voordat ...	[lank foərdat ...]
di nuovo	opnuut	[opnɪt]
per sempre	vir goed	[fir χut]
mai	nooit	[nojt]
ancora	weer	[veər]
adesso	nou	[næʊ]
spesso (avv)	dikwels	[dikwɛls]
allora	toe	[tu]
urgentemente	dringend	[driŋən]
di solito	gewoonlik	[χevoənlik]
a proposito, ...	terloops, ...	[terloəps], [...]
è possibile	moontlik	[moentlik]
probabilmente	waarskynlik	[vārskajnlik]
forse	dalk	[dalk]
inoltre ...	trouens ...	[træʊɛŋs ...]

ecco perché ...	dis hoekom ...	[dis hukom ...]
nonostante (~ tutto)	ondanks ...	[ondanks ...]
grazie a ...	danksy ...	[danksaj ...]

che cosa (pron)	wat	[vat]
che (cong)	dat	[dat]
qualcosa (qualsiasi cosa)	iets	[its]
qualcosa (le serve ~?)	iets	[its]
niente	niks	[niks]

chi (pron)	wie	[vi]
qualcuno (annuire a ~)	iemand	[imant]
qualcuno (dipendere da ~)	iemand	[imant]

nessuno	niemand	[nimant]
da nessuna parte	nêrens	[nærɛŋs]
di nessuno	niemand se	[nimant sə]
di qualcuno	iemand se	[imant sə]

così (era ~ arrabbiato)	so	[so]
anche (penso ~ a ...)	ook	[oək]
anche, pure	ook	[oək]

18. Parole grammaticali. Avverbi. Parte 2

Perché?	Waarom?	[vãrom?]
perché ...	omdat ...	[omdat ...]

e (cong)	en	[ɛn]
o (sì ~ no?)	of	[of]
ma (però)	maar	[mãr]
per (~ me)	vir	[fir]

troppo	te	[te]
solo (avv)	net	[net]
esattamente	presies	[presis]
circa (~ 10 dollari)	ongeveer	[onχəfeər]

approssimativamente	ongeveer	[onχəfeər]
approssimativo (agg)	geraamde	[χerãmdə]
quasi	amper	[ampər]
resto	die res	[di res]

l'altro (~ libro)	die ander	[di andər]
altro (differente)	ander	[andər]
ogni (agg)	elke	[ɛlkə]
qualsiasi (agg)	enige	[ɛniχə]
molti, molto	baie	[bajə]
molta gente	baie mense	[bajə mɛŋsə]
tutto, tutti	almal	[almal]

in cambio di ...	in ruil vir ...	[in rœil fir ...]
in cambio	as vergoeding	[as ferχudiŋ]
a mano (fatto ~)	met die hand	[met di hant]

poco probabile	**skaars**	[skãrs]
probabilmente	**waarskynlik**	[vãrskajnlik]
apposta	**opsetlik**	[opsetlik]
per caso	**toevallig**	[tufalləx]
molto (avv)	**baie**	[baje]
per esempio	**byvoorbeeld**	[bajfoərbeəlt]
fra (~ due)	**tussen**	[tussən]
fra (~ più di due)	**tussen**	[tussən]
tanto (quantità)	**so baie**	[so baje]
soprattutto	**veral**	[feral]

Concetti di base. Parte 2

19. Giorni della settimana

lunedì (m)	Maandag	[mãndax]
martedì (m)	Dinsdag	[dinsdax]
mercoledì (m)	Woensdag	[voɛŋsdax]
giovedì (m)	Donderdag	[dondərdax]
venerdì (m)	Vrydag	[frajdax]
sabato (m)	Saterdag	[satərdax]
domenica (f)	Sondag	[sondax]

oggi (avv)	vandag	[fandax]
domani	môre	[mɔrə]
dopodomani	oormôre	[oərmɔrə]
ieri (avv)	gister	[xistər]
l'altro ieri	eergister	[eərxistər]

giorno (m)	dag	[dax]
giorno (m) lavorativo	werksdag	[verks·dax]
giorno (m) festivo	openbare vakansiedag	[openbarə fakaŋsi·dax]
giorno (m) di riposo	verlofdag	[ferlofdax]
fine (m) settimana	naweek	[naveək]

tutto il giorno	die hele dag	[di helə dax]
l'indomani	die volgende dag	[di folxendə dax]
due giorni fa	twee dae gelede	[tweə daə xelede]
il giorno prima	die dag voor	[di dax foər]
quotidiano (agg)	daeliks	[daəliks]
ogni giorno	elke dag	[ɛlkə dax]

settimana (f)	week	[veək]
la settimana scorsa	laas week	[lãs veək]
la settimana prossima	volgende week	[folxendə veək]
settimanale (agg)	weekliks	[veəkliks]
ogni settimana	weekliks	[veəkliks]
ogni martedì	elke Dinsdag	[ɛlkə dinsdax]

20. Ore. Giorno e notte

mattina (f)	oggend	[oxent]
di mattina	soggens	[soxɛŋs]
mezzogiorno (m)	middag	[middax]
nel pomeriggio	in die namiddag	[in di namiddax]

sera (f)	aand	[ãnt]
di sera	saans	[sãŋs]
notte (f)	nag	[nax]

| di notte | snags | [snaxs] |
| mezzanotte (f) | middernag | [middərnax] |

secondo (m)	sekonde	[sekondə]
minuto (m)	minuut	[minɪt]
ora (f)	uur	[ɪr]
mezzora (f)	n halfuur	[n halfɪr]
quindici minuti	vyftien minute	[fajftin minutə]
ventiquattro ore	24 ure	[fir-en-twintəx urə]

levata (f) del sole	sonop	[son·op]
alba (f)	daeraad	[daerāt]
mattutino (m)	elke oggend	[ɛlkə oxent]
tramonto (m)	sononder	[son·ondər]

di buon mattino	vroegdag	[fruxdax]
stamattina	vanmôre	[fanmɔrə]
domattina	môreoggend	[mɔrə·oxent]

oggi pomeriggio	vanmiddag	[fanmiddax]
nel pomeriggio	in die namiddag	[in di namiddax]
domani pomeriggio	môremiddag	[mɔrə·middax]

| stasera | vanaand | [fanānt] |
| domani sera | môreaand | [mɔrə·ānt] |

alle tre precise	klokslag 3 uur	[klokslax dri ɪr]
verso le quattro	omstreeks 4 uur	[omstreeks fir ɪr]
per le dodici	teen 12 uur	[teən twalf ɪr]

| fra venti minuti | oor twintig minute | [oər twintəx minutə] |
| puntualmente | betyds | [betajds] |

un quarto di ...	kwart voor ...	[kwart foər ...]
ogni quindici minuti	elke 15 minute	[ɛlkə fajftin minutə]
giorno e notte	24 uur per dag	[fir-en-twintəx pər dax]

21. Mesi. Stagioni

gennaio (m)	Januarie	[januari]
febbraio (m)	Februarie	[februari]
marzo (m)	Maart	[mārt]
aprile (m)	April	[april]
maggio (m)	Mei	[mæj]
giugno (m)	Junie	[juni]

luglio (m)	Julie	[juli]
agosto (m)	Augustus	[ɔuxustus]
settembre (m)	September	[septembər]
ottobre (m)	Oktober	[oktobər]
novembre (m)	November	[nofembər]
dicembre (m)	Desember	[desembər]
primavera (f)	lente	[lentə]
in primavera	in die lente	[in di lentə]

primaverile (agg)	lente-	[lente-]
estate (f)	somer	[somər]
in estate	in die somer	[in di somər]
estivo (agg)	somerse	[somersə]

autunno (m)	herfs	[herfs]
in autunno	in die herfs	[in di herfs]
autunnale (agg)	herfsagtige	[herfsaχtiχə]

inverno (m)	winter	[vintər]
in inverno	in die winter	[in di vintər]
invernale (agg)	winter-	[vintər-]

mese (m)	maand	[mãnt]
questo mese	hierdie maand	[hirdi mãnt]
il mese prossimo	volgende maand	[folχendə mãnt]
il mese scorso	laasmaand	[lãsmãnt]

| fra due mesi | oor twe maande | [oər twə mãndə] |
| un mese intero | die hele maand | [di helə mãnt] |

mensile (rivista ~)	maandeliks	[mãndəliks]
mensilmente	maandeliks	[mãndəliks]
ogni mese	elke maand	[ɛlkə mãnt]

anno (m)	jaar	[jãr]
quest'anno	hierdie jaar	[hirdi jãr]
l'anno prossimo	volgende jaar	[folχendə jãr]
l'anno scorso	laasjaar	[lãʃãr]

| fra due anni | binne twee jaar | [binnə tweə jãr] |
| un anno intero | die hele jaar | [di helə jãr] |

ogni anno	elke jaar	[ɛlkə jãr]
annuale (agg)	jaarliks	[jãrliks]
annualmente	jaarliks	[jãrliks]
quattro volte all'anno	4 keer per jaar	[fir keər pər jãr]

data (f) (~ di oggi)	datum	[datum]
data (f) (~ di nascita)	datum	[datum]
calendario (m)	kalender	[kalendər]

semestre (m)	ses maande	[ses mãndə]
stagione (f) (estate, ecc.)	seisoen	[sæjsun]
secolo (m)	eeu	[iʊ]

22. Orario. Varie

tempo (m)	tyd	[tajt]
istante (m)	moment	[moment]
momento (m)	oomblik	[oəmblik]
istantaneo (agg)	oombliklik	[oəmbliklik]
periodo (m)	tydbestek	[tajdbestək]
vita (f)	lewe	[levə]

eternità (f)	ewigheid	[ɛviχæjt]
epoca (f)	tydperk	[tajtperk]
era (f)	tydperk	[tajtperk]
ciclo (m)	siklus	[siklus]
periodo (m)	periode	[periodə]
scadenza (f)	termyn	[termajn]

futuro (m)	die toekoms	[di tukoms]
futuro (agg)	toekomstig	[tukomstəχ]
la prossima volta	die volgende keer	[di folχendə keər]
passato (m)	die verlede	[di ferledə]
scorso (agg)	laas-	[lās-]
la volta scorsa	die vorige keer	[di foriχə keər]

più tardi	later	[latər]
dopo	na	[na]
oggigiorno	deesdae	[deəsdaə]
adesso, ora	nou	[næʊ]
immediatamente	onmiddellik	[onmiddɛllik]
fra poco, presto	gou	[χæʊ]
in anticipo	by voorbaat	[baj foərbāt]

tanto tempo fa	lank gelede	[lank χeledə]
di recente	onlangs	[onlaŋs]
destino (m)	noodlot	[noədlot]
ricordi (m pl)	herinneringe	[herinneriŋə]
archivio (m)	argiewe	[arχivə]

durante ...	gedurende ...	[χedurendə ...]
a lungo	lank	[lank]
per poco tempo	nie lank nie	[ni lank ni]
presto (al mattino ~)	vroeg	[fruχ]
tardi (non presto)	laat	[lāt]

per sempre	vir altyd	[fir altajt]
cominciare (vt)	begin	[beχin]
posticipare (vt)	uitstel	[œitstəl]

simultaneamente	tegelykertyd	[teχelajkertajt]
tutto il tempo	permanent	[permanent]
costante (agg)	voortdurend	[foərtdurent]
temporaneo (agg)	tydelik	[tajdelik]

a volte	soms	[soms]
raramente	selde	[sɛldə]
spesso (avv)	dikwels	[dikwɛls]

23. Contrari

| ricco (agg) | ryk | [rajk] |
| povero (agg) | arm | [arm] |

| malato (agg) | siek | [sik] |
| sano (agg) | gesond | [χesont] |

| grande (agg) | groot | [χroət] |
| piccolo (agg) | klein | [klæjn] |

| rapidamente | vinnig | [finnəχ] |
| lentamente | stadig | [stadəχ] |

| veloce (agg) | vinnig | [finnəχ] |
| lento (agg) | stadig | [stadəχ] |

| allegro (agg) | bly | [blaj] |
| triste (agg) | droewig | [druvəχ] |

| insieme | saam | [sãm] |
| separatamente | afsonderlik | [afsondərlik] |

| ad alta voce (leggere ~) | hardop | [hardop] |
| in silenzio | stil | [stil] |

| alto (agg) | groot | [χroət] |
| basso (agg) | laag | [lãχ] |

| profondo (agg) | diep | [dip] |
| basso (agg) | vlak | [flak] |

| sì | ja | [ja] |
| no | nee | [neə] |

| lontano (agg) | ver | [fer] |
| vicino (agg) | naby | [nabaj] |

| lontano (avv) | ver | [fer] |
| vicino (avv) | naby | [nabaj] |

| lungo (agg) | lang | [laŋ] |
| corto (agg) | kort | [kort] |

| buono (agg) | vriendelik | [frindəlik] |
| cattivo (agg) | boos | [boəs] |

| sposato (agg) | getroud | [χetræʊt] |
| celibe (agg) | ongetroud | [onχətræʊt] |

| vietare (vt) | verbied | [ferbit] |
| permettere (vt) | toestaan | [tustãn] |

| fine (f) | einde | [æjndə] |
| inizio (m) | begin | [beχin] |

| sinistro (agg) | linker- | [linkər-] |
| destro (agg) | regter | [reχtər] |

| primo (agg) | eerste | [eərstə] |
| ultimo (agg) | laaste | [lãstə] |

| delitto (m) | misdaad | [misdãt] |
| punizione (f) | straf | [straf] |

| ordinare (vt) | beveel | [befeəl] |
| obbedire (vi) | gehoorsaam | [χehoərsãm] |

| dritto (agg) | reguit | [reχœit] |
| curvo (agg) | krom | [krom] |

| paradiso (m) | paradys | [paradajs] |
| inferno (m) | hel | [həl] |

| nascere (vi) | gebore word | [χeborə vort] |
| morire (vi) | doodgaan | [doədχãn] |

| forte (agg) | sterk | [sterk] |
| debole (agg) | swak | [swak] |

| vecchio (agg) | oud | [æʊt] |
| giovane (agg) | jong | [joŋ] |

| vecchio (agg) | ou | [æʊ] |
| nuovo (agg) | nuwe | [nuvə] |

| duro (agg) | hard | [hart] |
| morbido (agg) | sag | [saχ] |

| caldo (agg) | warm | [varm] |
| freddo (agg) | koud | [kæʊt] |

| grasso (agg) | vet | [fet] |
| magro (agg) | dun | [dun] |

| stretto (agg) | smal | [smal] |
| largo (agg) | wyd | [vajt] |

| buono (agg) | goed | [χut] |
| cattivo (agg) | sleg | [sleχ] |

| valoroso (agg) | dapper | [dappər] |
| codardo (agg) | lafhartig | [lafhartəχ] |

24. Linee e forme

quadrato (m)	vierkant	[fɪrkant]
quadrato (agg)	vierkantig	[fɪrkantəχ]
cerchio (m)	sirkel	[sɪrkəl]
rotondo (agg)	rond	[ront]
triangolo (m)	driehoek	[drihuk]
triangolare (agg)	driehoekig	[drihukəχ]

ovale (m)	ovaal	[ofãl]
ovale (agg)	ovaal	[ofãl]
rettangolo (m)	reghoek	[reχhuk]
rettangolare (agg)	reghoekig	[reχhukəχ]
piramide (f)	piramide	[piramidə]
rombo (m)	ruit	[rœit]

trapezio (m)	trapesoïed	[trapesoïet]
cubo (m)	kubus	[kubus]
prisma (m)	prisma	[prisma]

circonferenza (f)	omtrek	[omtrek]
sfera (f)	sfeer	[sfeer]
palla (f)	bal	[bal]
diametro (m)	diameter	[diameter]
raggio (m)	straal	[strāl]
perimetro (m)	omtrek	[omtrek]
centro (m)	sentrum	[sentrum]

orizzontale (agg)	horisontaal	[horisontāl]
verticale (agg)	vertikaal	[fertikāl]
parallela (f)	parallel	[parallel]
parallelo (agg)	parallel	[parallel]

linea (f)	lyn	[lajn]
tratto (m)	haal	[hāl]
linea (f) retta	regte lyn	[reχte lajn]
linea (f) curva	krom	[krom]
sottile (uno strato ~)	dun	[dun]
contorno (m)	omtrek	[omtrek]

intersezione (f)	snypunt	[snaj·punt]
angolo (m) retto	regte hoek	[reχte huk]
segmento	segment	[seχment]
settore (m)	sektor	[sektor]
lato (m)	sy	[saj]
angolo (m)	hoek	[huk]

25. Unità di misura

peso (m)	gewig	[χeveχ]
lunghezza (f)	lengte	[leŋte]
larghezza (f)	breedte	[breedte]
altezza (f)	hoogte	[hoeχte]
profondità (f)	diepte	[dipte]
volume (m)	volume	[folume]
area (f)	area	[area]

grammo (m)	gram	[χram]
milligrammo (m)	milligram	[milliχram]
chilogrammo (m)	kilogram	[kiloχram]
tonnellata (f)	ton	[ton]
libbra (f)	pond	[pont]
oncia (f)	ons	[ɔŋs]

metro (m)	meter	[meter]
millimetro (m)	millimeter	[millimeter]
centimetro (m)	sentimeter	[sentimeter]
chilometro (m)	kilometer	[kilometer]
miglio (m)	myl	[majl]
pollice (m)	duim	[dœim]

piede (f)	voet	[fut]
iarda (f)	jaart	[järt]

metro (m) quadro	vierkante meter	[firkantə metər]
ettaro (m)	hektaar	[hektär]

litro (m)	liter	[litər]
grado (m)	graad	[χrät]
volt (m)	volt	[folt]
ampere (m)	ampère	[ampɛ:r]
cavallo vapore (m)	perdekrag	[perdə·kraχ]

quantità (f)	hoeveelheid	[hufeəlhæjt]
metà (f)	helfte	[hɛlftə]
dozzina (f)	dosyn	[dosajn]
pezzo (m)	stuk	[stuk]

dimensione (f)	grootte	[χroəttə]
scala (f) (modello in ~)	skaal	[skäl]

minimo (agg)	minimaal	[minimäl]
minore (agg)	die kleinste	[di klæjnstə]
medio (agg)	medium	[medium]
massimo (agg)	maksimaal	[maksimäl]
maggiore (agg)	die grootste	[di χroətstə]

26. Contenitori

barattolo (m) di vetro	glaspot	[χlas·pot]
latta, lattina (f)	blikkie	[blikki]
secchio (m)	emmer	[ɛmmər]
barile (m), botte (f)	drom	[drom]

catino (m)	wasbak	[vas·bak]
serbatoio (m) (per liquidi)	tenk	[tɛnk]
fiaschetta (f)	heupfles	[høəp·fles]
tanica (f)	petrolblik	[petrol·blik]
cisterna (f)	tenk	[tɛnk]

tazza (f)	beker	[bekər]
tazzina (f) (~ di caffé)	koppie	[koppi]
piattino (m)	piering	[piriŋ]
bicchiere (m) (senza stelo)	glas	[χlas]
calice (m)	wynglas	[vajn·χlas]
casseruola (f)	soppot	[sop·pot]

bottiglia (f)	bottel	[bottəl]
collo (m) (~ della bottiglia)	nek	[nek]

caraffa (f)	kraffie	[kraffi]
brocca (f)	kruik	[krœik]
recipiente (m)	houer	[hæʊər]
vaso (m) di coccio	pot	[pot]
vaso (m) di fiori	vaas	[fäs]

33

boccetta (f) (~ di profumo)	bottel	[bottəl]
fiala (f)	botteltjie	[bottɛlki]
tubetto (m)	buisie	[bœisi]

sacco (m) (~ di patate)	sak	[sak]
sacchetto (m) (~ di plastica)	sak	[sak]
pacchetto (m) (~ di sigarette, ecc.)	pakkie	[pakki]

scatola (f) (~ per scarpe)	kartondoos	[karton·doəs]
cassa (f) (~ di vino, ecc.)	krat	[krat]
cesta (f)	mandjie	[mandʒi]

27. Materiali

materiale (m)	boustof	[bæʊstof]
legno (m)	hout	[hæʊt]
di legno	hout-	[hæʊt-]

| vetro (m) | glas | [ɣlas] |
| di vetro | glas- | [ɣlas-] |

| pietra (f) | klip | [klip] |
| di pietra | klip- | [klip-] |

| plastica (f) | plastiek | [plastik] |
| di plastica | plastiek- | [plastik-] |

| gomma (f) | rubber | [rubbər] |
| di gomma | rubber- | [rubbər-] |

| stoffa (f) | materiaal | [materiãl] |
| di stoffa | materiaal- | [materiãl-] |

| carta (f) | papier | [papir] |
| di carta | papier- | [papir-] |

| cartone (m) | karton | [karton] |
| di cartone | karton- | [karton-] |

| polietilene (m) | politeen | [politeən] |
| cellofan (m) | sellofaan | [sɛllofãn] |

| linoleum (m) | linoleum | [linoløəm] |
| legno (m) compensato | laaghout | [lãɣhæʊt] |

| porcellana (f) | porselein | [porselæjn] |
| di porcellana | porselein- | [porselæjn-] |

| argilla (f) | klei | [klæj] |
| d'argilla | klei- | [klæj-] |

| ceramica (f) | keramiek | [keramik] |
| ceramico | keramiek- | [keramik-] |

28. Metalli

metallo (m)	metaal	[metāl]
metallico	metaal-	[metāl-]
lega (f)	allooi	[alloj]
oro (m)	goud	[χæʋt]
d'oro	goue	[χæʋə]
argento (m)	silwer	[silwər]
d'argento	silwer-	[silwər-]
ferro (m)	yster	[ajstər]
di ferro	yster-	[ajstər-]
acciaio (m)	staal	[stāl]
d'acciaio	staal-	[stāl-]
rame (m)	koper	[kopər]
di rame	koper-	[kopər-]
alluminio (m)	aluminium	[aluminium]
di alluminio, alluminico	aluminium-	[aluminium-]
bronzo (m)	brons	[brɔŋs]
di bronzo	brons-	[brɔŋs-]
ottone (m)	geelkoper	[χeəl·kopər]
nichel (m)	nikkel	[nikkəl]
platino (m)	platinum	[platinum]
mercurio (m)	kwik	[kwik]
stagno (m)	tin	[tin]
piombo (m)	lood	[loət]
zinco (m)	sink	[sink]

ESSERE UMANO

Essere umano. Il corpo umano

29. L'uomo. Concetti di base

uomo (m) (essere umano)	mens	[mɛŋs]
uomo (m) (adulto maschio)	man	[man]
donna (f)	vrou	[fræʊ]
bambino (m) (figlio)	kind	[kint]
bambina (f)	meisie	[mæjsi]
bambino (m)	seun	[søən]
adolescente (m, f)	tiener	[tinər]
vecchio (m)	ou man	[æʊ man]
vecchia (f)	ou vrou	[æʊ fræʊ]

30. Anatomia umana

organismo (m)	organisme	[orχanismə]
cuore (m)	hart	[hart]
sangue (m)	bloed	[blut]
arteria (f)	slagaar	[slaχār]
vena (f)	aar	[ār]
cervello (m)	brein	[bræjn]
nervo (m)	senuwee	[senuveə]
nervi (m pl)	senuwees	[senuveəs]
vertebra (f)	rugwerwels	[ruχ·werwɛls]
colonna (f) vertebrale	ruggraat	[ruχ·χrāt]
stomaco (m)	maag	[māχ]
intestini (m pl)	ingewande	[inχəwandə]
intestino (m)	derm	[derm]
fegato (m)	lewer	[levər]
rene (m)	nier	[nir]
osso (m)	been	[beən]
scheletro (m)	geraamte	[χerāmtə]
costola (f)	rib	[rip]
cranio (m)	skedel	[skedəl]
muscolo (m)	spier	[spir]
bicipite (m)	biseps	[biseps]
tricipite (m)	triseps	[triseps]
tendine (m)	sening	[seniŋ]
articolazione (f)	gewrig	[χevrəχ]

polmoni (m pl)	longe	[loŋə]
genitali (m pl)	geslagsorgane	[χeslaχs·orχanə]
pelle (f)	vel	[fəl]

31. Testa

testa (f)	kop	[kop]
viso (m)	gesig	[χesəχ]
naso (m)	neus	[nøəs]
bocca (f)	mond	[mont]

occhio (m)	oog	[oəχ]
occhi (m pl)	oë	[oɛ]
pupilla (f)	pupil	[pupil]
sopracciglio (m)	wenkbrou	[vɛnk·bræʋ]
ciglio (m)	ooghaar	[oəχ·hãr]
palpebra (f)	ooglid	[oəχ·lit]

lingua (f)	tong	[toŋ]
dente (m)	tand	[tant]
labbra (f pl)	lippe	[lippə]
zigomi (m pl)	wangbene	[vaŋ·benə]
gengiva (f)	tandvleis	[tand·flæjs]
palato (m)	verhemelte	[fer·hemɛltə]

narici (f pl)	neusgate	[nøəsχatə]
mento (m)	ken	[ken]
mascella (f)	kakebeen	[kakebeən]
guancia (f)	wang	[vaŋ]

fronte (f)	voorhoof	[foərhoəf]
tempia (f)	slaap	[slãp]
orecchio (m)	oor	[oər]
nuca (f)	agterkop	[aχtərkop]
collo (m)	nek	[nek]
gola (f)	keel	[keəl]

capelli (m pl)	haar	[hãr]
pettinatura (f)	kapsel	[kapsəl]
taglio (m)	haarstyl	[hãrstajl]
parrucca (f)	pruik	[prœik]

baffi (m pl)	snor	[snor]
barba (f)	baard	[bãrt]
portare (~ la barba, ecc.)	dra	[dra]
treccia (f)	vlegsel	[fleχsəl]
basette (f pl)	bakkebaarde	[bakkəbãrdə]

rosso (agg)	rooiharig	[roj·harəχ]
brizzolato (agg)	grys	[χrajs]
calvo (agg)	kaal	[kãl]
calvizie (f)	kaal plek	[kãl plek]
coda (f) di cavallo	poniestert	[poni·stert]
frangetta (f)	gordyntjiekapsel	[χordajnki·kapsəl]

32. Corpo umano

| mano (f) | hand | [hant] |
| braccio (m) | arm | [arm] |

dito (m)	vinger	[fiŋər]
dito (m) del piede	toon	[toən]
pollice (m)	duim	[dœim]
mignolo (m)	pinkie	[pinki]
unghia (f)	nael	[naəl]

pugno (m)	vuis	[fœis]
palmo (m)	palm	[palm]
polso (m)	pols	[pols]
avambraccio (m)	voorarm	[foərarm]
gomito (m)	elmboog	[ɛlmboəχ]
spalla (f)	skouer	[skæυər]

gamba (f)	been	[beən]
pianta (f) del piede	voet	[fut]
ginocchio (m)	knie	[kni]
polpaccio (m)	kuit	[kœit]
anca (f)	heup	[høəp]
tallone (m)	hakskeen	[hak·skeən]

corpo (m)	liggaam	[liχχām]
pancia (f)	maag	[māχ]
petto (m)	bors	[bors]
seno (m)	bors	[bors]
fianco (m)	sy	[saj]
schiena (f)	rug	[ruχ]
zona (f) lombare	lae rug	[laə ruχ]
vita (f)	middel	[middəl]

ombelico (m)	naeltjie	[naɛlki]
natiche (f pl)	boude	[bæυdə]
sedere (m)	sitvlak	[sitflak]

neo (m)	moesie	[musi]
voglia (f) (~ di fragola)	moedervlek	[mudər·flek]
tatuaggio (m)	tatoe	[tatu]
cicatrice (f)	litteken	[littekən]

Abbigliamento e Accessori

33. Indumenti. Soprabiti

vestiti (m pl)	klere	[klerə]
soprabito (m)	oorklere	[oərklerə]
abiti (m pl) invernali	winterklere	[vintər·klerə]
cappotto (m)	jas	[jas]
pelliccia (f)	pelsjas	[pelʃas]
pellicciotto (m)	kort pelsjas	[kort pelʃas]
piumino (m)	donsjas	[donʃas]
giubbotto (m), giaccha (f)	baadjie	[bādʒi]
impermeabile (m)	reënjas	[reɛnjas]
impermeabile (agg)	waterdig	[vatərdəχ]

34. Abbigliamento uomo e donna

camicia (f)	hemp	[hemp]
pantaloni (m pl)	broek	[bruk]
jeans (m pl)	denimbroek	[denim·bruk]
giacca (f) (~ di tweed)	baadjie	[bādʒi]
abito (m) da uomo	pak	[pak]
abito (m)	rok	[rok]
gonna (f)	romp	[romp]
camicetta (f)	bloes	[blus]
giacca (f) a maglia	gebreide baadjie	[χebræjdə bādʒi]
giacca (f) tailleur	baadjie	[bādʒi]
maglietta (f)	T-hemp	[te-hemp]
pantaloni (m pl) corti	kortbroek	[kort·bruk]
tuta (f) sportiva	sweetpak	[sweət·pak]
accappatoio (m)	badjas	[batjas]
pigiama (m)	pajama	[pajama]
maglione (m)	trui	[trœi]
pullover (m)	trui	[trœi]
gilè (m)	onderbaadjie	[ondər·bādʒi]
frac (m)	swaelstertbaadjie	[swaɛlstert·bādʒi]
smoking (m)	aandpak	[āntpak]
uniforme (f)	uniform	[uniform]
tuta (f) da lavoro	werksklere	[verks·klerə]
salopette (f)	oorpak	[oərpak]
camice (m) (~ del dottore)	jas	[jas]

35. Abbigliamento. Biancheria intima

biancheria (f) intima	onderklere	[ondərklerə]
boxer (m pl)	onderbroek	[ondərbruk]
mutandina (f)	onderbroek	[ondərbruk]
maglietta (f) intima	frokkie	[frokki]
calzini (m pl)	sokkies	[sokkis]
camicia (f) da notte	nagrok	[naχrok]
reggiseno (m)	bra	[bra]
calzini (m pl) alti	kniekouse	[kni·kæʊsə]
collant (m)	kousbroek	[kæʊsbruk]
calze (f pl)	kouse	[kæʊsə]
costume (m) da bagno	baaikostuum	[bāj·kostɪm]

36. Copricapo

cappello (m)	hoed	[hut]
cappello (m) di feltro	hoed	[hut]
cappello (m) da baseball	bofbalpet	[bofbal·pet]
coppola (f)	pet	[pet]
basco (m)	mus	[mus]
cappuccio (m)	kap	[kap]
panama (m)	panamahoed	[panama·hut]
berretto (m) a maglia	gebreide mus	[χebræjdə mus]
fazzoletto (m) da capo	kopdoek	[kopduk]
cappellino (m) donna	dameshoed	[dames·hut]
casco (m) (~ di sicurezza)	veiligheidshelm	[fæjliχæjts·hɛlm]
bustina (f)	mus	[mus]
casco (m) (~ moto)	helmet	[hɛlmet]
bombetta (f)	bolhoed	[bolhut]
cilindro (m)	hoëhoed	[hoɛhut]

37. Calzature

calzature (f pl)	skoeisel	[skuisəl]
stivaletti (m pl)	mansskoene	[maŋs·skunə]
scarpe (f pl)	damesskoene	[dames·skunə]
stivali (m pl)	laarse	[lārsə]
pantofole (f pl)	pantoffels	[pantoffəls]
scarpe (f pl) da tennis	tenniskoene	[tɛnnis·skunə]
scarpe (f pl) da ginnastica	tekkies	[tɛkkis]
sandali (m pl)	sandale	[sandalə]
calzolaio (m)	skoenmaker	[skun·makər]
tacco (m)	hak	[hak]

paio (m)	paar	[pãr]
laccio (m)	skoenveter	[skun·fetər]
allacciare (vt)	ryg	[rajχ]
calzascarpe (m)	skoenlepel	[skun·lepəl]
lucido (m) per le scarpe	skoenpolitoer	[skun·politur]

38. Tessuti. Stoffe

cotone (m)	katoen	[katun]
di cotone	katoen-	[katun-]
lino (m)	vlas	[flas]
di lino	vlas-	[flas-]

seta (f)	sy	[saj]
di seta	sy-	[saj-]
lana (f)	wol	[vol]
di lana	wol-	[vol-]

velluto (m)	fluweel	[fluveəl]
camoscio (m)	suède	[suɛdə]
velluto (m) a coste	ferweel	[ferweəl]

nylon (m)	nylon	[najlon]
di nylon	nylon-	[najlon-]
poliestere (m)	poliëster	[poliɛstər]
di poliestere	poliëster-	[poliɛstər-]

pelle (f)	leer	[leər]
di pelle	leer-	[leər-]
pelliccia (f)	bont	[bont]
di pelliccia	bont-	[bont-]

39. Accessori personali

guanti (m pl)	handskoene	[handskunə]
manopole (f pl)	duimhandskoene	[dœim·handskunə]
sciarpa (f)	serp	[serp]

occhiali (m pl)	bril	[bril]
montatura (f)	raam	[rãm]
ombrello (m)	sambreel	[sambreəl]
bastone (m)	wandelstok	[vandəl·stok]
spazzola (f) per capelli	haarborsel	[hãr·borsəl]
ventaglio (m)	waaier	[vãjer]

cravatta (f)	das	[das]
cravatta (f) a farfalla	strikkie	[strikki]
bretelle (f pl)	kruisbande	[krœis·bandə]
fazzoletto (m)	sakdoek	[sakduk]

pettine (m)	kam	[kam]
fermaglio (m)	haarspeld	[hãrs·pɛlt]

| forcina (f) | haarpen | [hãr·pen] |
| fibbia (f) | gespe | [χespə] |

| cintura (f) | belt | [bɛlt] |
| spallina (f) | skouerband | [skæʊer·bant] |

borsa (f)	handsak	[hand·sak]
borsetta (f)	beursie	[bøərsi]
zaino (m)	rugsak	[ruχsak]

40. Abbigliamento. Varie

moda (f)	mode	[modə]
di moda	in die mode	[in di modə]
stilista (m)	modeontwerper	[modə·ontwerpər]

collo (m)	kraag	[krãχ]
tasca (f)	sak	[sak]
tascabile (agg)	sak-	[sak-]
manica (f)	mou	[mæʊ]
asola (f) per appendere	lussie	[lussi]
patta (f) (~ dei pantaloni)	gulp	[χulp]

cerniera (f) lampo	ritssluiter	[rits·slœitər]
chiusura (f)	vasmaker	[fasmakər]
bottone (m)	knoop	[knoəp]
occhiello (m)	knoopsgat	[knoəps·χat]
staccarsi (un bottone)	loskom	[loskom]

cucire (vi, vt)	naai	[nãi]
ricamare (vi, vt)	borduur	[bordɪr]
ricamo (m)	borduurwerk	[bordɪr·werk]
ago (m)	naald	[nãlt]
filo (m)	garing	[χariŋ]
cucitura (f)	soom	[soəm]

sporcarsi (vr)	vuil word	[fœil vort]
macchia (f)	vlek	[flek]
sgualcirsi (vr)	kreukel	[krøəkəl]
strappare (vt)	skeur	[skøər]
tarma (f)	mot	[mot]

41. Cura della persona. Cosmetici

dentifricio (m)	tandepasta	[tandə·pasta]
spazzolino (m) da denti	tandeborsel	[tandə·borsəl]
lavarsi i denti	tande borsel	[tandə borsəl]

rasoio (m)	skeermes	[skeər·mes]
crema (f) da barba	skeerroom	[skeər·roəm]
rasarsi (vr)	skeer	[skeər]
sapone (m)	seep	[seəp]

shampoo (m)	sjampoe	[ʃampu]
forbici (f pl)	skêr	[skær]
limetta (f)	naelvyl	[naɛl·fajl]
tagliaunghie (m)	naelknipper	[naɛl·knippər]
pinzette (f pl)	haartangetjie	[hārtaŋəki]

cosmetica (f)	kosmetika	[kosmetika]
maschera (f) di bellezza	gesigmasker	[χesiχ·maskər]
manicure (m)	manikuur	[manikɪr]
fare la manicure	laat manikuur	[lāt manikɪr]
pedicure (m)	voetbehandeling	[fut·behandeliŋ]

borsa (f) del trucco	kosmetika tassie	[kosmetika tassi]
cipria (f)	gesigpoeier	[χesiχ·pujer]
portacipria (m)	poeierdosie	[pujer·dosi]
fard (m)	blosser	[blossər]

profumo (m)	parfuum	[parfɪm]
acqua (f) da toeletta	reukwater	[røøk·vatər]
lozione (f)	vloeiroom	[flui·roəm]
acqua (f) di Colonia	reukwater	[røøk·vatər]

ombretto (m)	oogskadu	[oəχ·skadu]
eyeliner (m)	oogomlyner	[oəχ·omlajnər]
mascara (m)	maskara	[maskara]

rossetto (m)	lipstiffie	[lip·stiffi]
smalto (m)	naellak	[naɛl·lak]
lacca (f) per capelli	haarsproei	[hārs·prui]
deodorante (m)	reukweermiddel	[røøk·veərmiddəl]

crema (f)	room	[roəm]
crema (f) per il viso	gesigroom	[χesiχ·roəm]
crema (f) per le mani	handroom	[hand·roəm]
crema (f) antirughe	antirimpelroom	[antirimpəl·roəm]
crema (f) da giorno	dagroom	[daχ·roəm]
crema (f) da notte	nagroom	[naχ·roəm]
da giorno	dag-	[daχ-]
da notte	nag-	[naχ-]

tampone (m)	tampon	[tampon]
carta (f) igienica	toiletpapier	[tojlet·papir]
fon (m)	haardroër	[hār·droɛr]

42. Gioielli

gioielli (m pl)	juwelIersware	[juvelirs·warə]
prezioso (agg)	edel-	[ɛdəl-]
marchio (m)	waarmerk	[vārmerk]

anello (m)	ring	[riŋ]
anello (m) nuziale	trouring	[træuriŋ]
braccialetto (m)	armband	[armbant]
orecchini (m pl)	oorbelle	[oər·bɛllə]

43

collana (f)	halssnoer	[hals·snur]
corona (f)	kroon	[kroən]
perline (f pl)	kraalsnoer	[krāl·snur]

diamante (m)	diamant	[diamant]
smeraldo (m)	smarag	[smaraχ]
rubino (m)	robyn	[robajn]
zaffiro (m)	saffier	[saffir]
perle (f pl)	pêrel	[pæɾəl]
ambra (f)	amber	[ambər]

43. Orologi da polso. Orologio

orologio (m) (~ da polso)	polshorlosie	[pols·horlosi]
quadrante (m)	wyserplaat	[vajsər·plāt]
lancetta (f)	wyster	[vajstər]
braccialetto (m)	metaal horlosiebandjie	[metāl horlosi·banʤi]
cinturino (m)	horlosiebandjie	[horlosi·banʤi]

pila (f)	battery	[battəraj]
essere scarico	pap wees	[pap veəs]
andare avanti	voorloop	[foərloəp]
andare indietro	agterloop	[aχtərloəp]

orologio (m) da muro	muurhorlosie	[mɪr·horlosi]
clessidra (f)	uurglas	[ɪr·χlas]
orologio (m) solare	sonwyser	[son·wajsər]
sveglia (f)	wekker	[vɛkkər]
orologiaio (m)	horlosiemaker	[horlosi·makər]
riparare (vt)	herstel	[herstəl]

Cibo. Alimentazione

44. Cibo

carne (f)	vleis	[flæjs]
pollo (m)	hoender	[hundər]
pollo (m) novello	braaikuiken	[brāj·kœiken]
anatra (f)	eend	[eent]
oca (f)	gans	[ẍaŋs]
cacciagione (f)	wild	[vilt]
tacchino (m)	kalkoen	[kalkun]
maiale (m)	varkvleis	[fark·flæjs]
vitello (m)	kalfsvleis	[kalfs·flæjs]
agnello (m)	lamsvleis	[lams·flæjs]
manzo (m)	beesvleis	[bees·flæjs]
coniglio (m)	konynvleis	[konajn·flæjs]
salame (m)	wors	[vors]
w?rstel (m)	Weense worsie	[veɛŋsə vorsi]
pancetta (f)	spek	[spek]
prosciutto (m)	ham	[ham]
prosciutto (m) affumicato	gerookte ham	[ẍeroəktə ham]
pâté (m)	patee	[pateə]
fegato (m)	lewer	[levər]
carne (f) trita	maalvleis	[māl·flæjs]
lingua (f)	tong	[toŋ]
uovo (m)	eier	[æjer]
uova (f pl)	eiers	[æjers]
albume (m)	eierwit	[æjer·wit]
tuorlo (m)	dooier	[dojer]
pesce (m)	vis	[fis]
frutti (m pl) di mare	seekos	[see·kos]
crostacei (m pl)	skaaldiere	[skāldirə]
caviale (m)	kaviaar	[kafiār]
granchio (m)	krab	[krap]
gamberetto (m)	garnaal	[ẍarnāl]
ostrica (f)	oester	[ustər]
aragosta (f)	seekreef	[see·kreəf]
polpo (m)	seekat	[see·kat]
calamaro (m)	pylinkvis	[pajl·inkfis]
storione (m)	steur	[støər]
salmone (m)	salm	[salm]
ippoglosso (m)	heilbot	[hæjlbot]
merluzzo (m)	kabeljou	[kabeljæʊ]

scombro (m)	makriel	[makril]
tonno (m)	tuna	[tuna]
anguilla (f)	paling	[paliŋ]

trota (f)	forel	[forəl]
sardina (f)	sardyn	[sardajn]
luccio (m)	varswatersnoek	[farswatər·snuk]
aringa (f)	haring	[hariŋ]

pane (m)	brood	[broət]
formaggio (m)	kaas	[kãs]
zucchero (m)	suiker	[sœikər]
sale (m)	sout	[sæʋt]

riso (m)	rys	[rajs]
pasta (f)	pasta	[pasta]
tagliatelle (f pl)	noedels	[nudɛls]

burro (m)	botter	[bottər]
olio (m) vegetale	plantaardige olie	[plantãrdiχə oli]
olio (m) di girasole	sonblomolie	[sonblom·oli]
margarina (f)	margarien	[marχarin]

| olive (f pl) | olywe | [olajvə] |
| olio (m) d'oliva | olyfolie | [olajf·oli] |

latte (m)	melk	[melk]
latte (m) condensato	kondensmelk	[kondɛŋs·melk]
yogurt (m)	jogurt	[joχurt]
panna (f) acida	suurroom	[sɪr·roəm]
panna (f)	room	[roəm]

| maionese (m) | mayonnaise | [majonɛs] |
| crema (f) | crème | [krɛm] |

cereali (m pl)	ontbytgraan	[ontbajt·χrãn]
farina (f)	meelblom	[meəl·blom]
cibi (m pl) in scatola	blikkieskos	[blikkis·kos]

fiocchi (m pl) di mais	mielievlokkies	[mili·flokkis]
miele (m)	heuning	[høəniŋ]
marmellata (f)	konfyt	[konfajt]
gomma (f) da masticare	kougom	[kæʋχom]

45. Bevande

acqua (f)	water	[vatər]
acqua (f) potabile	drinkwater	[drink·vatər]
acqua (f) minerale	mineraalwater	[minerãl·vatər]

liscia (non gassata)	sonder gas	[sondər χas]
gassata (agg)	soda-	[soda-]
frizzante (agg)	bruis-	[brœis-]
ghiaccio (m)	ys	[ajs]

con ghiaccio	met ys	[met ajs]
analcolico (agg)	nie-alkoholies	[ni-alkoholis]
bevanda (f) analcolica	koeldrank	[kul·drank]
bibita (f)	verfrissende drank	[ferfrissende drank]
limonata (f)	limonade	[limonade]

bevande (f pl) alcoliche	likeure	[likøere]
vino (m)	wyn	[vajn]
vino (m) bianco	witwyn	[vit·vajn]
vino (m) rosso	rooiwyn	[roj·vajn]

liquore (m)	likeur	[likøer]
champagne (m)	sjampanje	[ʃampanje]
vermouth (m)	vermoet	[fermut]

whisky	whisky	[vhiskaj]
vodka (f)	vodka	[fodka]
gin (m)	jenever	[jenefer]
cognac (m)	brandewyn	[brande·vajn]
rum (m)	rum	[rum]

caffè (m)	koffie	[koffi]
caffè (m) nero	swart koffie	[swart koffi]
caffè latte (m)	koffie met melk	[koffi met melk]
cappuccino (m)	capuccino	[kaputʃino]
caffè (m) solubile	poeierkoffie	[pujer·koffi]

latte (m)	melk	[melk]
cocktail (m)	mengeldrankie	[menχel·dranki]
frullato (m)	melkskommel	[melk·skommel]

succo (m)	sap	[sap]
succo (m) di pomodoro	tamatiesap	[tamati·sap]
succo (m) d'arancia	lemoensap	[lemoen·sap]
spremuta (f)	vars geparste sap	[fars χeparste sap]

birra (f)	bier	[bir]
birra (f) chiara	ligte bier	[liχte bir]
birra (f) scura	donker bier	[donker bir]

tè (m)	tee	[tee]
tè (m) nero	swart tee	[swart tee]
tè (m) verde	groen tee	[χrun tee]

46. Verdure

ortaggi (m pl)	groente	[χrunte]
verdura (f)	groente	[χrunte]

pomodoro (m)	tamatie	[tamati]
cetriolo (m)	komkommer	[komkommer]
carota (f)	wortel	[vortel]
patata (f)	aartappel	[ārtappel]
cipolla (f)	ui	[œi]

aglio (m)	knoffel	[knoffəl]
cavolo (m)	kool	[koəl]
cavolfiore (m)	blomkool	[blom·koəl]
cavoletti (m pl) di Bruxelles	Brusselspruite	[brussɛl·sprœitə]
broccolo (m)	broccoli	[brokoli]

barbabietola (f)	beet	[beət]
melanzana (f)	eiervrug	[æjerfruχ]
zucchina (f)	vingerskorsie	[fiŋər·skorsi]
zucca (f)	pampoen	[pampun]
rapa (f)	raap	[rãp]

prezzemolo (m)	pietersielie	[pitərsili]
aneto (m)	dille	[dillə]
lattuga (f)	slaai	[slãi]
sedano (m)	seldery	[selderaj]
asparago (m)	aspersie	[aspersi]
spinaci (m pl)	spinasie	[spinasi]

pisello (m)	ertjie	[ɛrki]
fave (f pl)	boontjies	[boənkis]
mais (m)	mielie	[mili]
fagiolo (m)	nierboontjie	[nir·boənki]

peperone (m)	paprika	[paprika]
ravanello (m)	radys	[radajs]
carciofo (m)	artisjok	[artiʃok]

47. Frutta. Noci

frutto (m)	vrugte	[fruχtə]
mela (f)	appel	[appəl]
pera (f)	peer	[peər]
limone (m)	suurlemoen	[sɪr·lemun]
arancia (f)	lemoen	[lemun]
fragola (f)	aarbei	[ãrbæj]

mandarino (m)	nartjie	[narki]
prugna (f)	pruim	[prœim]
pesca (f)	perske	[perskə]
albicocca (f)	appelkoos	[appɛlkoəs]
lampone (m)	framboos	[framboəs]
ananas (m)	pynappel	[pajnappəl]

banana (f)	piesang	[pisaŋ]
anguria (f)	waatlemoen	[vãtlemun]
uva (f)	druif	[drœif]
amarena (f)	suurkersie	[sɪr·kersi]
ciliegia (f)	soetkersie	[sut·kersi]
melone (m)	spanspek	[spaŋspek]

pompelmo (m)	pomelo	[pomelo]
avocado (m)	avokado	[afokado]
papaia (f)	papaja	[papaja]

| mango (m) | mango | [manχo] |
| melagrana (f) | granaat | [χranãt] |

ribes (m) rosso	rooi aalbessie	[roj ãlbɛssi]
ribes (m) nero	swartbessie	[swartbɛssi]
uva (f) spina	appelliefie	[appɛllifi]
mirtillo (m)	bosbessie	[bosbɛssi]
mora (f)	braambessie	[brãmbɛssi]

uvetta (f)	rosyntjie	[rosajnki]
fico (m)	vy	[faj]
dattero (m)	dadel	[dadəl]

arachide (f)	grondboontjie	[χront·boənki]
mandorla (f)	amandel	[amandəl]
noce (f)	okkerneut	[okkər·nøət]
nocciola (f)	haselneut	[hasɛl·nøət]
noce (f) di cocco	klapper	[klappər]
pistacchi (m pl)	pistachio	[pistatʃio]

48. Pane. Dolci

pasticceria (f)	soet gebak	[sut χebak]
pane (m)	brood	[broət]
biscotti (m pl)	koekies	[kukis]

cioccolato (m)	sjokolade	[ʃokoladə]
al cioccolato (agg)	sjokolade	[ʃokoladə]
caramella (f)	lekkers	[lɛkkərs]
tortina (f)	koek	[kuk]
torta (f)	koek	[kuk]

| crostata (f) | pastei | [pastæj] |
| ripieno (m) | vulsel | [fulsəl] |

marmellata (f)	konfyt	[konfajt]
marmellata (f) di agrumi	marmelade	[marmeladə]
wafer (m)	wafels	[vafɛls]
gelato (m)	roomys	[roəm·ajs]
budino (m)	poeding	[pudiŋ]

49. Pietanze cucinate

piatto (m) (≈ principale)	gereg	[χerəχ]
cucina (f)	kookkuns	[koək·kuns]
ricetta (f)	resep	[resep]
porzione (f)	porsie	[porsi]

insalata (f)	slaai	[slãi]
minestra (f)	sop	[sop]
brodo (m)	helder sop	[hɛldər sop]
panino (m)	toebroodjie	[tubroədʒi]

uova (f pl) al tegamino	gabakte eiers	[χabaktə æjers]
hamburger (m)	hamburger	[hamburχər]
bistecca (f)	biefstuk	[bifstuk]

contorno (m)	sygereg	[saj·χerəχ]
spaghetti (m pl)	spaghetti	[spaχɛtti]
purè (m) di patate	kapokaartappels	[kapok·ārtappəls]
pizza (f)	pizza	[pizza]
porridge (m)	pap	[pap]
frittata (f)	omelet	[oməlet]

bollito (agg)	gekook	[χekoək]
affumicato (agg)	gerook	[χeroək]
fritto (agg)	gebak	[χebak]
secco (agg)	gedroog	[χedroəχ]
congelato (agg)	gevries	[χefris]
sottoaceto (agg)	gepiekel	[χepikəl]

dolce (gusto)	soet	[sut]
salato (agg)	sout	[sæʊt]
freddo (agg)	koud	[kæʊt]
caldo (agg)	warm	[varm]
amaro (agg)	bitter	[bittər]
buono, gustoso (agg)	smaaklik	[smāklik]

cuocere, preparare (vt)	kook in water	[koək in vatər]
cucinare (vi)	kook	[koək]
friggere (vt)	braai	[braj]
riscaldare (vt)	opwarm	[opwarm]

salare (vt)	sout	[sæʊt]
pepare (vt)	peper	[pepər]
grattugiare (vt)	rasp	[rasp]
buccia (f)	skil	[skil]
sbucciare (vt)	skil	[skil]

50. Spezie

sale (m)	sout	[sæʊt]
salato (agg)	sout	[sæʊt]
salare (vt)	sout	[sæʊt]

pepe (m) nero	swart peper	[swart pepər]
peperoncino (m)	rooi peper	[roj pepər]
senape (f)	mosterd	[mostert]
cren (m)	peperwortel	[peper·wortəl]

condimento (m)	smaakmiddel	[smāk·middəl]
spezie (f pl)	spesery	[spesəraj]
salsa (f)	sous	[sæʊs]
aceto (m)	asyn	[asajn]

| anice (m) | anys | [anajs] |
| basilico (m) | basilikum | [basilikum] |

chiodi (m pl) di garofano	naeltjies	[naɛlkis]
zenzero (m)	gemmer	[χɛmmər]
coriandolo (m)	koljander	[koljandər]
cannella (f)	kaneel	[kaneəl]

sesamo (m)	sesamsaad	[sesam·sāt]
alloro (m)	lourierblaar	[læʊrir·blār]
paprica (f)	paprika	[paprika]
cumino (m)	komynsaad	[komajnsāt]
zafferano (m)	saffraan	[saffrān]

51. Pasti

| cibo (m) | kos | [kos] |
| mangiare (vi, vt) | eet | [eət] |

colazione (f)	ontbyt	[ontbajt]
fare colazione	ontbyt	[ontbajt]
pranzo (m)	middagete	[middaχ·etə]
pranzare (vi)	gaan eet	[χān eət]
cena (f)	aandete	[āndetə]
cenare (vi)	aandete gebruik	[āndetə χebrœik]

| appetito (m) | aptyt | [aptajt] |
| Buon appetito! | Smaaklike ete! | [smāklikə etə!] |

aprire (vt)	oopmaak	[oəpmāk]
rovesciare (~ il vino, ecc.)	mors	[mors]
rovesciarsi (vr)	mors	[mors]

bollire (vi)	kook	[koək]
far bollire	kook	[koək]
bollito (agg)	gekook	[χekoək]
raffreddare (vt)	laat afkoel	[lāt afkul]
raffreddarsi (vr)	afkoel	[afkul]

| gusto (m) | smaak | [smāk] |
| retrogusto (m) | nasmaak | [nasmāk] |

essere a dieta	vermaer	[fermaər]
dieta (f)	dieet	[diət]
vitamina (f)	vitamien	[fitamin]
caloria (f)	kalorie	[kalori]

| vegetariano (m) | vegetariër | [feχetariɛr] |
| vegetariano (agg) | vegetaries | [feχetaris] |

grassi (m pl)	vette	[fɛttə]
proteine (f pl)	proteïen	[proteïen]
carboidrati (m pl)	koolhidrate	[koəlhidratə]

fetta (f), fettina (f)	snytjie	[snajki]
pezzo (m) (~ di torta)	stuk	[stuk]
briciola (f) (~ di pane)	krummel	[krumməl]

52. Preparazione della tavola

cucchiaio (m)	lepel	[lepəl]
coltello (m)	mes	[mes]
forchetta (f)	vurk	[furk]
tazza (f)	koppie	[koppi]
piatto (m)	bord	[bort]
piattino (m)	piering	[piriŋ]
tovagliolo (m)	servet	[serfət]
stuzzicadenti (m)	tandestokkie	[tandə·stokki]

53. Ristorante

ristorante (m)	restaurant	[restɔurant]
caffè (m)	koffiekroeg	[koffi·kruχ]
pub (m), bar (m)	kroeg	[kruχ]
sala (f) da tè	teekamer	[teə·kamər]
cameriere (m)	kelner	[kɛlnər]
cameriera (f)	kelnerin	[kɛlnərin]
barista (m)	kroegman	[kruχman]
menù (m)	spyskaart	[spajs·kãrt]
lista (f) dei vini	wyn	[vajn]
prenotare un tavolo	wynkaart	[vajn·kãrt]
piatto (m)	gereg	[χerəχ]
ordinare (~ il pranzo)	bestel	[bestəl]
fare un'ordinazione	bestel	[bestəl]
aperitivo (m)	drankie	[dranki]
antipasto (m)	voorgereg	[foərχerəχ]
dolce (m)	nagereg	[naχerəχ]
conto (m)	rekening	[rekəniŋ]
pagare il conto	die rekening betaal	[di rekəniŋ betãl]
dare il resto	kleingeld gee	[klæjn·χɛlt χeə]
mancia (f)	fooitjie	[fojki]

Famiglia, parenti e amici

54. Informazioni personali. Moduli

nome (m)	voornaam	[foərnãm]
cognome (m)	van	[fan]
data (f) di nascita	geboortedatum	[χeboərtə·datum]
luogo (m) di nascita	geboorteplek	[χeboərtə·plek]
nazionalità (f)	nasionaliteit	[naʃionalitæjt]
domicilio (m)	woonplek	[voən·plek]
paese (m)	land	[lant]
professione (f)	beroep	[berup]
sesso (m)	geslag	[χeslaχ]
statura (f)	lengte	[leŋtə]
peso (m)	gewig	[χevəχ]

55. Membri della famiglia. Parenti

madre (f)	moeder	[mudər]
padre (m)	vader	[fadər]
figlio (m)	seun	[søən]
figlia (f)	dogter	[doχtər]
figlia (f) minore	jonger dogter	[joŋər doχtər]
figlio (m) minore	jonger seun	[joŋər søən]
figlia (f) maggiore	oudste dogter	[æʊdstə doχtər]
figlio (m) maggiore	oudste seun	[æʊdstə søən]
fratello (m)	broer	[brur]
fratello (m) maggiore	ouer broer	[æʊer brur]
fratello (m) minore	jonger broer	[joŋər brur]
sorella (f)	suster	[sustər]
sorella (f) maggiore	ouer suster	[æʊer sustər]
sorella (f) minore	jonger suster	[joŋər sustər]
cugino (m)	neef	[neəf]
cugina (f)	neef	[neəf]
mamma (f)	ma	[ma]
papà (m)	pa	[pa]
genitori (m pl)	ouers	[æʊers]
bambino (m)	kind	[kint]
bambini (m pl)	kinders	[kindərs]
nonna (f)	ouma	[æʊma]
nonno (m)	oupa	[æʊpa]

nipote (m) (figlio di un figlio)	kleinseun	[klæjn·søən]
nipote (f)	kleindogter	[klæjn·doχtər]
nipoti (pl)	kleinkinders	[klæjn·kindərs]

zio (m)	oom	[oəm]
zia (f)	tante	[tantə]
nipote (m) (figlio di un fratello)	neef	[neəf]
nipote (f)	nig	[niχ]

suocera (f)	skoonma	[skoən·ma]
suocero (m)	skoonpa	[skoən·pa]
genero (m)	skoonseun	[skoən·søən]
matrigna (f)	stiefma	[stifma]
patrigno (m)	stiefpa	[stifpa]

neonato (m)	baba	[baba]
infante (m)	baba	[baba]
bimbo (m), ragazzino (m)	seuntjie	[søənki]

moglie (f)	vrou	[fræʋ]
marito (m)	man	[man]
coniuge (m)	eggenoot	[ɛχχenoət]
coniuge (f)	eggenote	[ɛχχenotə]

sposato (agg)	getroud	[χetræʋt]
sposata (agg)	getroud	[χetræʋt]
celibe (agg)	ongetroud	[onχətræʋt]
scapolo (m)	vrygesel	[frajχesəl]
divorziato (agg)	geskei	[χeskæj]
vedova (f)	weduwee	[veduveə]
vedovo (m)	wedunaar	[vedunãr]

parente (m)	familielid	[famililit]
parente (m) stretto	na familie	[na famili]
parente (m) lontano	ver familie	[fer famili]
parenti (m pl)	familielede	[famililedə]

orfano (m)	weeskind	[veəskint]
orfana (f)	weeskind	[veəskint]
tutore (m)	voog	[foəχ]
adottare (~ un bambino)	aanneem	[ãnneəm]
adottare (~ una bambina)	aanneem	[ãnneəm]

56. Amici. Colleghi

amico (m)	vriend	[frint]
amica (f)	vriendin	[frindin]
amicizia (f)	vriendskap	[frindskap]
essere amici	bevriend wees	[befrint veəs]

amico (m) (inform.)	maat	[mãt]
amica (f) (inform.)	vriendin	[frindin]
partner (m)	maat	[mãt]
capo (m)	baas	[bãs]

capo (m), superiore (m)	baas	[bãs]
proprietario (m)	eienaar	[æjenãr]
subordinato (m)	ondergeskikte	[ondərχeskiktə]
collega (m)	kollega	[kolleχa]

conoscente (m)	kennis	[kɛnnis]
compagno (m) di viaggio	medereisiger	[medə·ræjsiχər]
compagno (m) di classe	klasmaat	[klas·mãt]

vicino (m)	buurman	[bɪrman]
vicina (f)	buurvrou	[bɪrfræʊ]
vicini (m pl)	bure	[burə]

57. Uomo. Donna

donna (f)	vrou	[fræʊ]
ragazza (f)	meisie	[mæjsi]
sposa (f)	bruid	[brœit]

bella (agg)	mooi	[moj]
alta (agg)	groot	[χroət]
snella (agg)	slank	[slank]
bassa (agg)	kort	[kort]

bionda (f)	blondine	[blondinə]
bruna (f)	brunet	[brunet]

da donna (agg)	dames-	[dames-]
vergine (f)	maagd	[mãχt]
incinta (agg)	swanger	[swaŋər]

uomo (m) (adulto maschio)	man	[man]
biondo (m)	blond	[blont]
bruno (m)	brunet	[brunet]
alto (agg)	groot	[χroət]
basso (agg)	kort	[kort]

sgarbato (agg)	onbeskof	[onbeskof]
tozzo (agg)	frisgebou	[frisχebæʊ]
robusto (agg)	frisgebou	[frisχebæʊ]
forte (agg)	sterk	[sterk]
forza (f)	sterkte	[sterktə]

grasso (agg)	vet	[fet]
bruno (agg)	blas	[blas]
snello (agg)	slank	[slank]
elegante (agg)	elegant	[ɛleχant]

58. Età

età (f)	ouderdom	[æʊderdom]
giovinezza (f)	jeug	[jøəχ]

55

giovane (agg)	jong	[joŋ]
più giovane (agg)	jonger	[joŋər]
più vecchio (agg)	ouer	[æuer]
giovane (m)	jongman	[joŋman]
adolescente (m, f)	tiener	[tinər]
ragazzo (m)	ou	[æu]
vecchio (m)	ou man	[æu man]
vecchia (f)	ou vrou	[æu fræu]
adulto (m)	volwasse	[folwassə]
di mezza età	middeljarig	[middəl·jarəχ]
anziano (agg)	bejaard	[bejārt]
vecchio (agg)	oud	[æut]
pensionamento (m)	pensioen	[pɛnsiun]
andare in pensione	met pensioen gaan	[met pɛnsiun χān]
pensionato (m)	pensioenaris	[pɛnsiunaris]

59. Bambini

bambino (m), bambina (f)	kind	[kint]
bambini (m pl)	kinders	[kindərs]
gemelli (m pl)	tweeling	[tweeliŋ]
culla (f)	wiegie	[viχi]
sonaglio (m)	rammelaar	[rammelār]
pannolino (m)	luier	[lœiər]
tettarella (f)	fopspeen	[fopspeen]
carrozzina (f)	kinderwaentjie	[kindər·waenki]
scuola (f) materna	kindertuin	[kindər·tœin]
baby-sitter (f)	babasitter	[babasittər]
infanzia (f)	kinderdae	[kindərdaə]
bambola (f)	pop	[pop]
giocattolo (m)	speelgoed	[speel·χut]
gioco (m) di costruzione	boudoos	[bæu·doəs]
educato (agg)	goed opgevoed	[χut opχəfut]
maleducato (agg)	sleg opgevoed	[sleχ opχəfut]
viziato (agg)	bederf	[bederf]
essere disubbidiente	stout wees	[stæut vees]
birichino (agg)	ondeuend	[ondøent]
birichinata (f)	ondeuendheid	[ondøenthæjt]
bambino (m) birichino	rakker	[rakkər]
ubbidiente (agg)	gehoorsaam	[χehoərsām]
disubbidiente (agg)	ongehoorsaam	[onχəhoərsām]
docile (agg)	soet	[sut]
intelligente (agg)	slim	[slim]
bambino (m) prodigio	wonderkind	[vondərkint]

60. Coppie sposate. Vita di famiglia

baciare (vt)	soen	[sun]
baciarsi (vr)	mekaar soen	[mekār sun]
famiglia (f)	familie	[famili]
familiare (agg)	gesins-	[χesins-]
coppia (f)	paartjie	[pārki]
matrimonio (m)	huwelik	[huvelik]
focolare (m) domestico	tuiste	[tœistə]
dinastia (f)	dinastie	[dinasti]

appuntamento (m)	datum	[datum]
bacio (m)	soen	[sun]

amore (m)	liefde	[lifdə]
amare (qn)	liefhê	[lifhɛ:]
amato (agg)	geliefde	[χelifdə]

tenerezza (f)	teerheid	[teərhæjt]
dolce, tenero (agg)	teer	[teər]
fedeltà (f)	trou	[træʊ]
fedele (agg)	trou	[træʊ]
premura (f)	sorg	[sorχ]
premuroso (agg)	sorgsaam	[sorχsām]

sposi (m pl) novelli	pasgetroudes	[pas·χetræʊdes]
luna (f) di miele	wittebroodsdae	[vittebroəds·daə]
sposarsi (per una donna)	trou	[træʊ]
sposarsi (per un uomo)	trou	[træʊ]

nozze (f pl)	bruilof	[brœilof]
nozze (f pl) d'oro	goue bruilof	[χæʊə brœilof]
anniversario (m)	verjaardag	[ferjār·daχ]

amante (m)	minnaar	[minnār]
amante (f)	minnares	[minnares]

adulterio (m)	owerspel	[overspəl]
tradire (commettere adulterio)	owerspel pleeg	[overspəl pleəχ]
geloso (agg)	jaloers	[jalurs]
essere geloso	jaloers wees	[jalurs veəs]
divorzio (m)	egskeiding	[ɛχskæjdiŋ]
divorziare (vi)	skei	[skæj]

litigare (vi)	baklei	[baklæj]
fare pace	versoen	[fersun]
insieme	saam	[sām]
sesso (m)	seks	[seks]

felicità (f)	geluk	[χeluk]
felice (agg)	gelukkig	[χelukkəχ]
disgrazia (f)	ongeluk	[onχeluk]
infelice (agg)	ongelukkig	[onχelukkəχ]

Personalità. Sentimenti. Emozioni

61. Sentimenti. Emozioni

sentimento (m)	gevoel	[χeful]
sentimenti (m pl)	gevoelens	[χefulɛŋs]
sentire (vt)	voel	[ful]
fame (f)	honger	[hoŋər]
avere fame	honger wees	[hoŋər veəs]
sete (f)	dors	[dors]
avere sete	dors wees	[dors veəs]
sonnolenza (f)	slaperigheid	[slaperiχæjt]
avere sonno	vaak voel	[fãk ful]
stanchezza (f)	moegheid	[muχæjt]
stanco (agg)	moeg	[muχ]
stancarsi (vr)	moeg word	[muχ vort]
umore (m) (buon ~)	stemming	[stɛmmiŋ]
noia (f)	verveling	[ferfeliŋ]
annoiarsi (vr)	verveeld wees	[ferveəlt veəs]
isolamento (f)	afsondering	[afsondəriŋ]
isolarsi (vr)	jou afsonder	[jæʊ afsondər]
preoccupare (vt)	bekommerd maak	[bekommərt mãk]
essere preoccupato	bekommerd wees	[bekommərt veəs]
agitazione (f)	kommerwekkend	[kommər·wɛkkent]
preoccupazione (f)	vrees	[freəs]
preoccupato (agg)	behep	[behep]
essere nervoso	senuweeagtig wees	[senuveə·aχtəχ veəs]
andare in panico	paniekerig raak	[panikerəχ rãk]
speranza (f)	hoop	[hoəp]
sperare (vi, vt)	hoop	[hoəp]
certezza (f)	sekerheid	[sekərhæjt]
sicuro (agg)	seker	[sekər]
incertezza (f)	onsekerheid	[ɔŋsekərhæjt]
incerto (agg)	onseker	[ɔŋsekər]
ubriaco (agg)	dronk	[dronk]
sobrio (agg)	nugter	[nuχtər]
debole (agg)	swak	[swak]
fortunato (agg)	gelukkig	[χelukkəχ]
spaventare (vt)	bang maak	[baŋ mãk]
furia (f)	kwaadheid	[kwãdhæjt]
rabbia (f)	woede	[vudə]
depressione (f)	depressie	[deprɛssi]
disagio (m)	ongemak	[ɔnχəmak]

conforto (m)	gemak	[χemak]
rincrescere (vi)	jammer wees	[jammər veəs]
rincrescimento (m)	spyt	[spajt]
sfortuna (f)	teëspoed	[teɛsput]
tristezza (f)	droefheid	[drufhæjt]

vergogna (f)	skaamte	[skãmtə]
allegria (f)	vreugde	[frøəχdə]
entusiasmo (m)	entoesiasme	[ɛntusiasmə]
entusiasta (m)	entoesiasties	[ɛntusiastis]
mostrare entusiasmo	begeestering toon	[beχeəsteriŋ toən]

62. Personalità. Carattere

carattere (m)	karakter	[karaktər]
difetto (m)	karakterfout	[karaktər·fæʊt]
mente (f)	verstand	[ferstant]
intelletto (m)	verstand	[ferstant]

coscienza (f)	gewete	[χevetə]
abitudine (f)	gewoonte	[χevoentə]
capacità (f)	talent	[talent]
sapere (~ nuotare)	kan	[kan]

paziente (agg)	geduldig	[χeduldəχ]
impaziente (agg)	ongeduldig	[onχeduldəχ]
curioso (agg)	nuuskierig	[nɪskirəχ]
curiosità (f)	nuuskierigheid	[nɪskiriχæjt]

modestia (f)	beskeidenheid	[beskæjdenhæjt]
modesto (agg)	beskeie	[beskæje]
immodesto (agg)	onbeskeie	[onbeskæje]

pigrizia (f)	luiheid	[lœihæjt]
pigro (agg)	lui	[lœi]
poltrone (m)	luiaard	[lœiãrt]

furberia (f)	sluheid	[sluhæjt]
furbo (agg)	slu	[slu]
diffidenza (f)	wantroue	[vantræʊə]
diffidente (agg)	agterdogtig	[aχtərdoχtəχ]

generosità (f)	gulheid	[χulhæjt]
generoso (agg)	gulhartig	[χulhartəχ]
di talento	talentvol	[talentfol]
talento (m)	talent	[talent]

coraggioso (agg)	moedig	[mudəχ]
coraggio (m)	moed	[mut]
onesto (agg)	eerlik	[eərlik]
onestà (f)	eerlikheid	[eərlikhæjt]

| prudente (agg) | versigtig | [fersiχtəχ] |
| valoroso (agg) | dapper | [dappər] |

| serio (agg) | ernstig | [ɛrnstəχ] |
| severo (agg) | streng | [streŋ] |

deciso (agg)	vasberade	[fasberadə]
indeciso (agg)	besluiteloos	[beslœiteloəs]
timido (agg)	skaam	[skãm]
timidezza (f)	skaamheid	[skãmhæjt]

fiducia (f)	vertroue	[fertræʋə]
fidarsi (vr)	vertrou	[fertræʋ]
fiducioso (agg)	goedgelowig	[χudχəlovəχ]

sinceramente	opreg	[opreχ]
sincero (agg)	opregte	[opreχtə]
sincerità (f)	opregtheid	[opreχthæjt]
aperto (agg)	oop	[oəp]

tranquillo (agg)	kalm	[kalm]
sincero (agg)	openhartig	[openhartəχ]
ingenuo (agg)	naïef	[naïef]
distratto (agg)	verstrooid	[ferstrojt]
buffo (agg)	snaaks	[snãks]

avidità (f)	hebsug	[hebsuχ]
avido (agg)	hebsugtig	[hebsuχtəχ]
avaro (agg)	gierig	[χirəχ]
cattivo (agg)	boos	[boəs]
testardo (agg)	hardnekkig	[hardnɛkkəχ]
antipatico (agg)	onaangenaam	[onãnχənãm]

egoista (m)	selfsugtig	[sɛlfsuχtəχ]
egoistico (agg)	selfsugtig	[sɛlfsuχtəχ]
codardo (m)	laffaard	[laffãrt]
codardo (agg)	lafhartig	[lafhartəχ]

63. Dormire. Sogni

dormire (vi)	slaap	[slãp]
sonno (m) (stato di sonno)	slaap	[slãp]
sogno (m)	droom	[droəm]
sognare (fare sogni)	droom	[droəm]
sonnolento (agg)	vaak	[fãk]

letto (m)	bed	[bet]
materasso (m)	matras	[matras]
coperta (f)	kombers	[kombers]
cuscino (m)	kussing	[kussiŋ]
lenzuolo (m)	laken	[laken]

insonnia (f)	slaaploosheid	[slãploəshæjt]
insonne (agg)	slaaploos	[slãploəs]
sonnifero (m)	slaappil	[slãp·pil]
avere sonno	vaak voel	[fãk ful]
sbadigliare (vi)	gaap	[χãp]

andare a letto	gaan slaap	[xān slāp]
fare il letto	die bed opmaak	[di bet opmāk]
addormentarsi (vr)	aan die slaap raak	[ān di slāp rāk]

incubo (m)	nagmerrie	[naxmerri]
russare (m)	gesnork	[xesnork]
russare (vi)	snork	[snork]

sveglia (f)	wekker	[vɛkkər]
svegliare (vt)	wakker maak	[vakkər māk]
svegliarsi (vr)	wakker word	[vakkər vort]
alzarsi (vr)	opstaan	[opstān]
lavarsi (vr)	jou was	[jæʊ vas]

64. Umorismo. Risata. Felicità

umorismo (m)	humor	[humor]
senso (m) dello humour	humorsin	[humorsin]
divertirsi (vr)	jouself geniet	[jæʊsɛlf xenit]
allegro (agg)	vrolik	[frolik]
allegria (f)	pret	[pret]

sorriso (m)	glimlag	[xlimlax]
sorridere (vi)	glimlag	[xlimlax]
mettersi a ridere	begin lag	[bexin lax]
ridere (vi)	lag	[lax]
riso (m)	lag	[lax]

aneddoto (m)	anekdote	[anekdotə]
divertente (agg)	snaaks	[snāks]
ridicolo (agg)	snaaks	[snāks]

scherzare (vi)	grappies maak	[xrappis māk]
scherzo (m)	grappie	[xrappi]
gioia (f) (fare salti di ~)	vreugde	[frøəxdə]
rallegrarsi (vr)	bly wees	[blaj veəs]
allegro (agg)	bly	[blaj]

65. Discussione. Conversazione. Parte 1

comunicazione (f)	kommunikasie	[kommunikasi]
comunicare (vi)	kommunikeer	[kommunikeər]

conversazione (f)	gesprek	[xesprek]
dialogo (m)	dialoog	[dialoəx]
discussione (f)	diskussie	[diskussi]
dibattito (m)	dispuut	[dispɪt]
discutere (vi)	debatteer	[debatteər]

interlocutore (m)	gespreksgenoot	[xespreks·xenoət]
tema (m)	onderwerp	[ondərwerp]
punto (m) di vista	standpunt	[stand·punt]

opinione (f)	opinie	[opini]
discorso (m)	toespraak	[tusprāk]

discussione (f)	bespreking	[besprekiŋ]
discutere (~ una proposta)	bespreek	[bespreək]
conversazione (f)	gesprek	[χesprek]
conversare (vi)	gesels	[χesɛls]
incontro (m)	ontmoeting	[ontmutiŋ]
incontrarsi (vr)	ontmoet	[ontmut]

proverbio (m)	spreekwoord	[spreək·woərt]
detto (m)	gesegde	[χeseχdə]
indovinello (m)	raaisel	[rājsəl]
parola (f) d'ordine	wagwoord	[vaχ·woərt]
segreto (m)	geheim	[χəhæjm]

giuramento (m)	eed	[eət]
giurare (prestare giuramento)	sweer	[sweər]
promessa (f)	belofte	[beloftə]
promettere (vt)	beloof	[beloəf]

consiglio (m)	raad	[rāt]
consigliare (vt)	aanraai	[ānrāi]
seguire il consiglio	raad volg	[rāt folχ]
ubbidire (ai genitori)	luister na	[lœistər na]

notizia (f)	nuus	[nɪs]
sensazione (f)	sensasie	[sɛŋsasi]
informazioni (f pl)	inligting	[inliχtiŋ]
conclusione (f)	slotsom	[slotsom]
voce (f)	stem	[stem]
complimento (m)	kompliment	[kompliment]
gentile (agg)	gaaf	[χāf]

parola (f)	woord	[voərt]
frase (f)	frase	[frasə]
risposta (f)	antwoord	[antwoərt]

verità (f)	waarheid	[vārhæjt]
menzogna (f)	leuen	[løəen]

pensiero (m)	gedagte	[χedaχtə]
idea (f)	idee	[ideə]
fantasia (f)	verbeelding	[ferbeəldiŋ]

66. Discussione. Conversazione. Parte 2

rispettato (agg)	gerespekteer	[χerespekteər]
rispettare (vt)	respekteer	[respekteər]
rispetto (m)	respek	[respek]
Egregio ...	Geagte ...	[χeaχtə ...]

presentare (~ qn)	voorstel	[foərstəl]
fare la conoscenza di ...	kennismaak	[kɛnnismāk]

intenzione (f)	voorneme	[foərnemə]
avere intenzione	voornemens wees	[foərnemɛŋs veəs]
augurio (m)	wens	[vɛŋs]
augurare (vt)	wens	[vɛŋs]

sorpresa (f)	verrassing	[ferrassiŋ]
sorprendere (stupire)	verras	[ferras]
stupirsi (vr)	verbaas wees	[ferbās veəs]

dare (vt)	gee	[χeə]
prendere (vt)	vat	[fat]
rendere (vt)	teruggee	[teruχeə]
restituire (vt)	terugvat	[teruχfat]

scusarsi (vr)	verskoning vra	[ferskoniŋ fra]
scusa (f)	verskoning	[ferskoniŋ]
perdonare (vt)	vergewe	[ferχevə]

parlare (vi, vt)	praat	[prāt]
ascoltare (vi)	luister	[lœistər]
ascoltare fino in fondo	aanhoor	[ānhoər]
capire (vt)	verstaan	[ferstān]
mostrare (vt)	wys	[vajs]
guardare (vt)	kyk na ...	[kajk na ...]
chiamare (rivolgersi a)	roep	[rup]
dare fastidio	aflei	[aflæj]
disturbare (vt)	steur	[støər]
consegnare (vt)	deurgee	[døərχeə]

richiesta (f)	versoek	[fersuk]
chiedere (vt)	versoek	[fersuk]
esigenza (f)	eis	[æjs]
esigere (vt)	eis	[æjs]

stuzzicare (vt)	terg	[terχ]
canzonare (vt)	terg	[terχ]
burla (f), beffa (f)	spot	[spot]
soprannome (m)	bynaam	[bajnām]

allusione (f)	sinspeling	[sinspeliŋ]
alludere (vi)	sinspeel	[sinspeəl]
intendere (cosa intendi dire?)	impliseer	[impliseər]

descrizione (f)	beskrywing	[beskrajviŋ]
descrivere (vt)	beskryf	[beskrajf]
lode (f)	lof	[lof]
lodare (vt)	loof	[loəf]

delusione (f)	teleurstelling	[teløərstɛlliŋ]
deludere (vt)	teleurstel	[teløərstəl]
rimanere deluso	teleurgestel	[teløərχestəl]

supposizione (f)	veronderstelling	[feronderstɛlliŋ]
supporre (vt)	veronderstel	[feronderstəl]
avvertimento (m)	waarskuwing	[vārskuviŋ]
avvertire (vt)	waarsku	[vārsku]

67. Discussione. Conversazione. Parte 3

persuadere (vt)	ompraat	[omprãt]
tranquillizzare (vt)	kalmeer	[kalmeər]
silenzio (m) (il ~ è d'oro)	stilte	[stiltə]
tacere (vi)	stilbly	[stilblaj]
sussurrare (vt)	fluister	[flœistər]
sussurro (m)	gefluister	[χeflœistər]
francamente	openlik	[openlik]
secondo me ...	volgens my ...	[folχɛŋs maj ...]
dettaglio (m)	besonderhede	[besondərhedə]
dettagliato (agg)	gedetailleerd	[χedetajlleert]
dettagliatamente	in detail	[in detajl]
suggerimento (m)	wenk	[vɛnk]
sguardo (m)	kykie	[kajki]
gettare uno sguardo	kyk	[kajk]
fisso (agg)	strak	[strak]
battere le palpebre	knipper	[knippər]
ammiccare (vi)	knipoog	[knipoəχ]
accennare col capo	knik	[knik]
sospiro (m)	sug	[suχ]
sospirare (vi)	sug	[suχ]
sussultare (vi)	huiwer	[hœivər]
gesto (m)	gebaar	[χebãr]
toccare (~ il braccio)	aanraak	[ãnrãk]
afferrare (~ per il braccio)	vat	[fat]
picchiettare (~ la spalla)	op die skouer tik	[op di skæuər tik]
Attenzione!	Oppas!	[oppas!]
Davvero?	Regtig?	[reχtəχ?]
Sei sicuro?	Is jy seker?	[is jaj sekər?]
Buona fortuna!	Voorspoed!	[foərspud!]
Capito!	Ek sien!	[ɛk sin!]
Peccato!	Jammer!	[jammər!]

68. Accordo. Rifiuto

accordo (m)	toelating	[tulatiŋ]
essere d'accordo	toelaat	[tulãt]
approvazione (f)	goedkeuring	[χudkøəriŋ]
approvare (vt)	goedkeur	[χudkøər]
rifiuto (m)	weiering	[væjeriŋ]
rifiutarsi (vr)	weier	[væjer]
Perfetto!	Wonderlik!	[vondərlik!]
Va bene!	Goed!	[χud!]
D'accordo!	OK!	[okej!]
vietato, proibito (agg)	verbode	[ferbodə]

è proibito	dit is verbode	[dit is ferbodə]
è impossibile	dis onmoontlik	[dis onmoentlik]
sbagliato (agg)	onjuis	[onjœis]

respingere (~ una richiesta)	verwerp	[ferwerp]
sostenere (~ un'idea)	steun	[støən]
accettare (vt)	aanvaar	[ānfār]

confermare (vt)	bevestig	[befestəx]
conferma (f)	bevestiging	[befestəxiŋ]
permesso (m)	toelating	[tulatiŋ]
permettere (vt)	toelaat	[tulāt]
decisione (f)	besluit	[beslœit]
non dire niente	stilbly	[stilblaj]

condizione (f)	voorwaarde	[foərwārdə]
pretesto (m)	verskoning	[ferskoniŋ]
lode (f)	lof	[lof]
lodare (vt)	loof	[loəf]

69. Successo. Fortuna. Fiasco

successo (m)	sukses	[suksɛs]
con successo	suksesvol	[suksɛsfol]
ben riuscito (agg)	suksesvol	[suksɛsfol]

fortuna (f)	geluk	[xeluk]
Buona fortuna!	Voorspoed!	[foərspud!]
fortunato (giorno ~)	geluks-	[xeluks-]
fortunato (persona ~a)	gelukkig	[xelukkəx]

fiasco (m)	mislukking	[mislukkiŋ]
disdetta (f)	teëspoed	[teɛsput]
sfortuna (f)	teëspoed	[teɛsput]
fallito (agg)	onsuksesvol	[oŋsuksɛsfol]
disastro (m)	katastrofe	[katastrofə]

orgoglio (m)	trots	[trots]
orgoglioso (agg)	trots	[trots]
essere fiero di ...	trots wees	[trots veəs]

vincitore (m)	wenner	[vɛnnər]
vincere (vi)	wen	[ven]
perdere (subire una sconfitta)	verloor	[ferloər]
tentativo (m)	probeerslag	[probeərslax]
tentare (vi)	probeer	[probeər]
chance (f)	kans	[kaŋs]

70. Dispute. Sentimenti negativi

| grido (m) | skreeu | [skriʊ] |
| gridare (vi) | skreeu | [skriʊ] |

mettersi a gridare	begin skreeu	[beχin skriʋ]
litigio (m)	rusie	[rusi]
litigare (vi)	baklei	[baklæj]
lite (f)	stryery	[strajeraj]
dare scandalo (litigare)	spektakel maak	[spektakəl māk]
conflitto (m)	konflik	[konflik]
fraintendimento (m)	misverstand	[misferstant]

insulto (m)	belediging	[beledəχiŋ]
insultare (vt)	beledig	[beledəχ]
offeso (agg)	beledig	[beledəχ]
offesa (f)	gekrenktheid	[χekrɛnkthæjt]
offendere (qn)	beledig	[beledəχ]
offendersi (vr)	gekrenk voel	[χekrɛnk ful]

indignazione (f)	verontwaardiging	[ferontwārdəχiŋ]
indignarsi (vr)	verontwaardig wees	[ferontwārdəχ veəs]
lamentela (f)	klag	[klaχ]
lamentarsi (vr)	kla	[kla]

scusa (f)	verskoning	[ferskoniŋ]
scusarsi (vr)	verskoning vra	[ferskoniŋ fra]
chiedere scusa	om verskoning vra	[om ferskoniŋ fra]

critica (f)	kritiek	[kritik]
criticare (vt)	kritiseer	[kritiseər]
accusa (f)	beskuldiging	[beskuldəχiŋ]
accusare (vt)	beskuldig	[beskuldəχ]

vendetta (f)	wraak	[vrāk]
vendicare (vt)	wreek	[vreək]
vendicarsi (vr)	wraak neem	[vrāk neəm]

disprezzo (m)	minagting	[minaχtiŋ]
disprezzare (vt)	minag	[minaχ]
odio (m)	haat	[hāt]
odiare (vt)	haat	[hāt]

nervoso (agg)	senuweeagtig	[senuveə·aχtəχ]
essere nervoso	senuweeagtig wees	[senuveə·aχtəχ veəs]
arrabbiato (agg)	kwaad	[kwāt]
fare arrabbiare	kwaad maak	[kwāt māk]

umiliazione (f)	vernedering	[fernedəriŋ]
umiliare (vt)	verneder	[fernedər]
umiliarsi (vr)	jouself verneder	[jæusɛlf fernedər]

shock (m)	skok	[skok]
scandalizzare (vt)	skok	[skok]

problema (m) (avere ~i)	probleme	[probləmə]
spiacevole (agg)	onaangenaam	[onānχənām]

spavento (m), paura (f)	vrees	[freəs]
terribile (una tempesta ~)	verskriklik	[ferskriklik]
spaventoso (un racconto ~)	vreesaanjaend	[freəsānjaent]

| orrore (m) | afgryse | [afχrajsə] |
| orrendo (un crimine ~) | vreeslik | [freəslik] |

cominciare a tremare	begin beef	[beχin beəf]
piangere (vi)	huil	[hœil]
mettersi a piangere	begin huil	[beχin hœil]
lacrima (f)	traan	[trān]

colpa (f)	skuld	[skult]
senso (m) di colpa	skuldgevoel	[skultχəful]
vergogna (f)	skande	[skandə]
protesta (f)	protes	[protes]
stress (m)	stres	[stres]

disturbare (vt)	steur	[støər]
essere arrabbiato	woedend wees	[vudent veəs]
arrabbiato (agg)	kwaad	[kwāt]
porre fine a ...	beëindig	[beɛindəχ]
(~ una relazione)		
rimproverare (vt)	sweer	[sweər]

spaventarsi (vr)	skrik	[skrik]
colpire (vt)	slaan	[slān]
picchiarsi (vr)	baklei	[baklæj]

regolare (~ un conflitto)	besleg	[besleχ]
scontento (agg)	ontevrede	[ontefredə]
furioso (agg)	woedend	[vudent]

| Non sta bene! | Dis nie goed nie! | [dis ni χut ni!] |
| Fa male! | Dis sleg! | [dis sleχ!] |

Medicinali

71. Malattie

malattia (f)	siekte	[siktə]
essere malato	siek wees	[sik veəs]
salute (f)	gesondheid	[xesonthæjt]

raffreddore (m)	loopneus	[loəpnøəs]
tonsillite (f)	keelontsteking	[keəl·ontstekiŋ]
raffreddore (m)	verkoue	[ferkæuə]

bronchite (f)	bronchitis	[bronχitis]
polmonite (f)	longontsteking	[loŋ·ontstekiŋ]
influenza (f)	griep	[χrip]

miope (agg)	bysiende	[bajsində]
presbite (agg)	versiende	[fersində]
strabismo (m)	skeelheid	[skeəlhæjt]
strabico (agg)	skeel	[skeəl]
cateratta (f)	katarak	[katarak]
glaucoma (m)	gloukoom	[χlæukoəm]

ictus (m) cerebrale	beroerte	[berurtə]
attacco (m) di cuore	hartaanval	[hart·ānfal]
infarto (m) miocardico	hartinfark	[hart·infark]
paralisi (f)	verlamming	[ferlammiŋ]
paralizzare (vt)	verlam	[ferlam]

allergia (f)	allergie	[allerχi]
asma (f)	asma	[asma]
diabete (m)	suikersiekte	[sœikər·siktə]

| mal (m) di denti | tandpyn | [tand·pajn] |
| carie (f) | tandbederf | [tand·bederf] |

diarrea (f)	diarree	[diarreə]
stitichezza (f)	hardlywigheid	[hardlajviχæjt]
disturbo (m) gastrico	maagongesteldheid	[māχ·oŋəstɛldhæjt]
intossicazione (f) alimentare	voedselvergiftiging	[fudsəl·ferχiftəχiŋ]
intossicarsi (vr)	voedselvergiftiging kry	[fudsəl·ferχiftəχiŋ kraj]

artrite (f)	artritis	[artritis]
rachitide (f)	Engelse siekte	[ɛŋəlsə siktə]
reumatismo (m)	reumatiek	[røəmatik]
aterosclerosi (f)	artrosklerose	[artrosklerosə]

gastrite (f)	maagontsteking	[māχ·ontstekiŋ]
appendicite (f)	blindedermontsteking	[blindəderm·ontstekiŋ]
colecistite (f)	galblaasontsteking	[χalblās·ontstekiŋ]

ulcera (f)	maagsweer	[mãχsweər]
morbillo (m)	masels	[masɛls]
rosolia (f)	Duitse masels	[dœitsə masɛls]
itterizia (f)	geelsug	[χeəlsuχ]
epatite (f)	hepatitis	[hepatitis]

schizofrenia (f)	skisofrenie	[skisofreni]
rabbia (f)	hondsdolheid	[hondsdolhæjt]
nevrosi (f)	neurose	[nøərosə]
commozione (f) cerebrale	harsingskudding	[harsiŋ·skuddiŋ]

cancro (m)	kanker	[kankər]
sclerosi (f)	sklerose	[sklerosə]
sclerosi (f) multipla	veelvuldige sklerose	[feəlfuldiχə sklerosə]

alcolismo (m)	alkoholisme	[alkoholismə]
alcolizzato (m)	alkoholikus	[alkoholikus]
sifilide (f)	sifilis	[sifilis]
AIDS (m)	VIGS	[vigs]

tumore (m)	tumor	[tumor]
maligno (agg)	kwaadaardig	[kwãdãrdəχ]
benigno (agg)	goedaardig	[χudãrdəχ]

febbre (f)	koors	[koərs]
malaria (f)	malaria	[malaria]
cancrena (f)	gangreen	[χanχreən]
mal (m) di mare	seesiekte	[seə·siktə]
epilessia (f)	epilepsie	[ɛpilepsi]

epidemia (f)	epidemie	[ɛpidemi]
tifo (m)	tifus	[tifus]
tubercolosi (f)	tuberkulose	[tuberkulosə]
colera (m)	cholera	[χolera]
peste (f)	pes	[pes]

72. Sintomi. Cure. Parte 1

sintomo (m)	simptoom	[simptoəm]
temperatura (f)	temperatuur	[temperatır]
febbre (f) alta	koors	[koərs]
polso (m)	polsslag	[pols·slaχ]

capogiro (m)	duiseligheid	[dœiseliχæjt]
caldo (agg)	warm	[varm]
brivido (m)	koue rillings	[kæʊə rilliŋs]
pallido (un viso ~)	bleek	[bleək]

tosse (f)	hoes	[hus]
tossire (vi)	hoes	[hus]
starnutire (vi)	nies	[nis]
svenimento (m)	floute	[flæʊtə]
svenire (vi)	flou word	[flæʊ vort]
livido (m)	blou kol	[blæʊ kol]

bernoccolo (m)	knop	[knop]
farsi un livido	stamp	[stamp]
contusione (f)	besering	[beseriŋ]

zoppicare (vi)	hink	[hink]
slogatura (f)	ontwrigting	[ontwriχtiŋ]
slogarsi (vr)	ontwrig	[ontwrəχ]
frattura (f)	breuk	[brøək]
fratturarsi (vr)	n breuk hê	[n brøək hɛ:]

taglio (m)	sny	[snaj]
tagliarsi (vr)	jouself sny	[jæusɛlf snaj]
emorragia (f)	bloeding	[bludiŋ]

| scottatura (f) | brandwond | [brant·vont] |
| scottarsi (vr) | jouself brand | [jæusɛlf brant] |

pungere (vt)	prik	[prik]
pungersi (vr)	jouself prik	[jæusɛlf prik]
ferire (vt)	seermaak	[seərmāk]
ferita (f)	besering	[beseriŋ]
lesione (f)	wond	[vont]
trauma (m)	trauma	[trɔuma]

delirare (vi)	yl	[ajl]
tartagliare (vi)	stotter	[stottər]
colpo (m) di sole	sonsteek	[sɔŋ·steək]

73. Sintomi. Cure. Parte 2

| dolore (m), male (m) | pyn | [pajn] |
| scheggia (f) | splinter | [splintər] |

sudore (m)	sweet	[sweət]
sudare (vi)	sweet	[sweət]
vomito (m)	braak	[brāk]
convulsioni (f pl)	stuiptrekkings	[stœip·trɛkkiŋs]

incinta (agg)	swanger	[swaŋər]
nascere (vi)	gebore word	[χeborə vort]
parto (m)	geboorte	[χeboərtə]
essere in travaglio di parto	baar	[bār]
aborto (m)	aborsie	[aborsi]

respirazione (f)	asemhaling	[asemhaliŋ]
inspirazione (f)	inaseming	[inasemiŋ]
espirazione (f)	uitaseming	[œitasemiŋ]
espirare (vi)	uitasem	[œitasem]
inspirare (vi)	inasem	[inasem]

invalido (m)	invalide	[infalidə]
storpio (m)	kreupel	[krøəpəl]
drogato (m)	dwelmslaaf	[dwɛlm·slāf]
sordo (agg)	doof	[doəf]

| muto (agg) | stom | [stom] |
| sordomuto (agg) | doofstom | [doəf·stom] |

matto (agg)	swaksinnig	[swaksinnəχ]
matto (m)	kranksinnige	[kranksinniχə]
matta (f)	kranksinnige	[kranksinniχə]
impazzire (vi)	kranksinnig word	[kranksinnəχ vort]

gene (m)	geen	[χeən]
immunità (f)	immuniteit	[immunitæjt]
ereditario (agg)	erflik	[ɛrflik]
innato (agg)	aangebore	[ānχəborə]

virus (m)	virus	[firus]
microbo (m)	mikrobe	[mikrobə]
batterio (m)	bakterie	[bakteri]
infezione (f)	infeksie	[infeksi]

74. Sintomi. Cure. Parte 3

| ospedale (m) | hospitaal | [hospitāl] |
| paziente (m) | pasiënt | [pasiɛnt] |

diagnosi (f)	diagnose	[diaχnosə]
cura (f)	genesing	[χenesiŋ]
trattamento (m)	mediese behandeling	[medisə behandəliŋ]
curarsi (vr)	behandeling kry	[behandəliŋ kraj]
curare (vt)	behandel	[behandəl]
accudire (un malato)	versorg	[fersorχ]
assistenza (f)	versorging	[fersorχiŋ]

operazione (f)	operasie	[operasi]
bendare (vt)	verbind	[ferbint]
fasciatura (f)	verband	[ferbant]
vaccinazione (f)	inenting	[inɛntiŋ]
vaccinare (vt)	inent	[inɛnt]
iniezione (f)	inspuiting	[inspœitiŋ]

attacco (m) (~ epilettico)	aanval	[ānfal]
amputazione (f)	amputasie	[amputasi]
amputare (vt)	amputeer	[amputeər]
coma (m)	koma	[koma]
rianimazione (f)	intensiewe sorg	[intɛnsivə sorχ]

guarire (vi)	herstel	[herstəl]
stato (f) (del paziente)	kondisie	[kondisi]
conoscenza (f)	bewussyn	[bevussajn]
memoria (f)	geheue	[χəhøə]

estrarre (~ un dente)	trek	[trek]
otturazione (f)	vulsel	[fulsəl]
otturare (vt)	vul	[ful]
ipnosi (f)	hipnose	[hipnosə]
ipnotizzare (vt)	hipnotiseer	[hipnotiseər]

71

75. Medici

medico (m)	dokter	[doktər]
infermiera (f)	verpleegster	[ferpleəχ·stər]
medico (m) personale	lyfarts	[lajf·arts]
dentista (m)	tandarts	[tand·arts]
oculista (m)	oogarts	[oəχ·arts]
internista (m)	internis	[internis]
chirurgo (m)	chirurg	[ʃirurχ]
psichiatra (m)	psigiater	[psiχiatər]
pediatra (m)	kinderdokter	[kindər·doktər]
psicologo (m)	sielkundige	[silkundiχə]
ginecologo (m)	ginekoloog	[χinekoloəχ]
cardiologo (m)	kardioloog	[kardioloəχ]

76. Medicinali. Farmaci. Accessori

medicina (f)	medisyn	[medisajn]
rimedio (m)	geneesmiddel	[χeneəs·middəl]
prescrivere (vt)	voorskryf	[foərskrajf]
prescrizione (f)	voorskrif	[foərskrif]
compressa (f)	pil	[pil]
unguento (m)	salf	[salf]
fiala (f)	ampul	[ampul]
pozione (f)	mengsel	[meŋsəl]
sciroppo (m)	stroop	[stroəp]
pillola (f)	pil	[pil]
polverina (f)	poeier	[pujer]
benda (f)	verband	[ferbant]
ovatta (f)	watte	[vattə]
iodio (m)	iodium	[iodium]
cerotto (m)	pleister	[plæjstər]
contagocce (m)	oogdrupper	[oəχ·druppər]
termometro (m)	termometer	[termometər]
siringa (f)	spuitnaald	[spœit·nãlt]
sedia (f) a rotelle	rolstoel	[rol·stul]
stampelle (f pl)	krukke	[krukkə]
analgesico (m)	pynstiller	[pajn·stillər]
lassativo (m)	lakseermiddel	[lakseər·middəl]
alcol (m)	spiritus	[spiritus]
erba (f) officinale	geneeskragtige kruie	[χeneəs·kraχtiχə krœiə]
d'erbe (infuso ~)	kruie-	[krœie-]

77. Fumo. Prodotti di tabaccheria

tabacco (m)	tabak	[tabak]
sigaretta (f)	sigaret	[siχaret]
sigaro (m)	sigaar	[siχār]
pipa (f)	pyp	[pajp]
pacchetto (m) (di sigarette)	pakkie	[pakki]
fiammiferi (m pl)	vuurhoutjies	[fɪrhæʊkis]
scatola (f) di fiammiferi	vuurhoutjiedosie	[fɪrhæʊki·dosi]
accendino (m)	aansteker	[āŋstekər]
portacenere (m)	asbak	[asbak]
portasigarette (m)	sigarethouer	[siχaret·hæʊər]
bocchino (m)	sigaretpypie	[siχaret·pajpi]
filtro (m)	filter	[filtər]
fumare (vi, vt)	rook	[roək]
accendere una sigaretta	aansteek	[āŋsteək]
fumo (m)	rook	[roək]
fumatore (m)	roker	[rokər]
cicca (f), mozzicone (m)	stompie	[stompi]
fumo (m)	rook	[roək]
cenere (f)	as	[as]

HABITAT UMANO

Città

78. Città. Vita di città

città (f)	stad	[stat]
capitale (f)	hoofstad	[hoəf·stat]
villaggio (m)	dorp	[dorp]
mappa (f) della città	stadskaart	[stats·kārt]
centro (m) della città	sentrum	[sentrum]
sobborgo (m)	voorstad	[foərstat]
suburbano (agg)	voorstedelik	[foərstedelik]
periferia (f)	buitewyke	[bœitəvajkə]
dintorni (m pl)	omgewing	[omχeviŋ]
isolato (m)	stadswyk	[stats·wajk]
quartiere residenziale	woonbuurt	[voənbɪrt]
traffico (m)	verkeer	[ferkeər]
semaforo (m)	robot	[robot]
trasporti (m pl) urbani	openbare vervoer	[openbarə ferfur]
incrocio (m)	kruispunt	[krœis·punt]
passaggio (m) pedonale	sebraoorgang	[sebra·oərχaŋ]
sottopassaggio (m)	voetgangertonnel	[futχaŋər·tonnəl]
attraversare (vt)	oorsteek	[oərsteək]
pedone (m)	voetganger	[futχaŋər]
marciapiede (m)	sypaadjie	[saj·pādʒi]
ponte (m)	brug	[bruχ]
banchina (f)	wal	[val]
fontana (f)	fontein	[fontæjn]
vialetto (m)	laning	[laniŋ]
parco (m)	park	[park]
boulevard (m)	boulevard	[bulefar]
piazza (f)	plein	[plæjn]
viale (m), corso (m)	laan	[lān]
via (f), strada (f)	straat	[strāt]
vicolo (m)	systraat	[saj·strāt]
vicolo (m) cieco	doodloopstraat	[doədloəp·strāt]
casa (f)	huis	[hœis]
edificio (m)	gebou	[χebæʊ]
grattacielo (m)	wolkekrabber	[volkə·krabbər]
facciata (f)	gewel	[χevəl]
tetto (m)	dak	[dak]

finestra (f)	venster	[fɛŋstər]
arco (m)	arkade	[arkadə]
colonna (f)	kolom	[kolom]
angolo (m)	hoek	[huk]

vetrina (f)	uitstalraam	[œitstalrām]
insegna (f) (di negozi, ecc.)	reklamebord	[reklamə·bort]
cartellone (m)	plakkaat	[plakkāt]
cartellone (m) pubblicitario	reklameplakkaat	[reklamə·plakkāt]
tabellone (m) pubblicitario	aanplakbord	[ānplakbort]

pattume (m), spazzatura (f)	vullis	[fullis]
pattumiera (f)	vullisbak	[fullis·bak]
sporcare (vi)	rommel strooi	[rommel stroj]
discarica (f) di rifiuti	vullishoop	[fullis·hoəp]

cabina (f) telefonica	telefoonhokkie	[telefoən·hokki]
lampione (m)	lamppaal	[lamp·pāl]
panchina (f)	bank	[bank]

poliziotto (m)	polisieman	[polisi·man]
polizia (f)	polisie	[polisi]
mendicante (m)	bedelaar	[bedelār]
barbone (m)	daklose	[daklosə]

79. Servizi cittadini

negozio (m)	winkel	[vinkəl]
farmacia (f)	apteek	[apteek]
ottica (f)	optisiën	[optisiɛn]
centro (m) commerciale	winkelsentrum	[vinkəl·sentrum]
supermercato (m)	supermark	[supermark]

panetteria (f)	bakkery	[bakkeraj]
fornaio (m)	bakker	[bakkər]
pasticceria (f)	banketbakkery	[banket·bakkeraj]
drogheria (f)	kruidenierswinkel	[krœidenirs·vinkəl]
macelleria (f)	slagter	[slaχtər]

fruttivendolo (m)	groentewinkel	[χruntə·vinkəl]
mercato (m)	mark	[mark]

caffè (m)	koffiekroeg	[koffi·kruχ]
ristorante (m)	restaurant	[restourant]
birreria (f), pub (m)	kroeg	[kruχ]
pizzeria (f)	pizzeria	[pizzeria]

salone (m) di parrucchiere	haarsalon	[hār·salon]
ufficio (m) postale	poskantoor	[pos·kantoər]
lavanderia (f) a secco	droogskoonmakers	[droəχ·skoən·makers]
studio (m) fotografico	fotostudio	[foto·studio]

negozio (m) di scarpe	skoenwinkel	[skun·vinkəl]
libreria (f)	boekhandel	[buk·handəl]

75

negozio (m) sportivo	sportwinkel	[sport·vinkəl]
riparazione (f) di abiti	klereherstelwinkel	[klerə·herstəl·vinkəl]
noleggio (m) di abiti	klereverhuurwinkel	[klerə·ferhɪr·vinkəl]
noleggio (m) di film	videowinkel	[video·vinkəl]
circo (m)	sirkus	[sirkus]
zoo (m)	dieretuin	[dirə·tœin]
cinema (m)	bioskoop	[bioskoəp]
museo (m)	museum	[musøəm]
biblioteca (f)	biblioteek	[biblioteək]
teatro (m)	teater	[teatər]
teatro (m) dell'opera	opera	[opera]
locale notturno (m)	nagklub	[naχ·klup]
casinò (m)	kasino	[kasino]
moschea (f)	moskee	[moskeə]
sinagoga (f)	sinagoge	[sinaχoχə]
cattedrale (f)	katedraal	[katedrãl]
tempio (m)	tempel	[tempəl]
chiesa (f)	kerk	[kerk]
istituto (m)	kollege	[kolledʒ]
università (f)	universiteit	[unifersitæjt]
scuola (f)	skool	[skoəl]
prefettura (f)	stadhuis	[stat·hœis]
municipio (m)	stadhuis	[stat·hœis]
albergo, hotel (m)	hotel	[hotəl]
banca (f)	bank	[bank]
ambasciata (f)	ambassade	[ambassadə]
agenzia (f) di viaggi	reisagentskap	[ræjs·aχentskap]
ufficio (m) informazioni	inligtingskantoor	[inliχtiŋs·kantoər]
ufficio (m) dei cambi	wisselkantoor	[vissəl·kantoər]
metropolitana (f)	metro	[metro]
ospedale (m)	hospitaal	[hospitãl]
distributore (m) di benzina	petrolstasie	[petrol·stasi]
parcheggio (m)	parkeerterrein	[parkeər·terræjn]

80. Cartelli

insegna (f) (di negozi, ecc.)	reklamebord	[reklamə·bort]
iscrizione (f)	kennisgewing	[kɛnnis·χeviŋ]
cartellone (m)	plakkaat	[plakkãt]
segnale (m) di direzione	rigtingwyser	[riχtiŋ·wajsər]
freccia (f)	pyl	[pajl]
avvertimento (m)	waarskuwing	[vãrskuviŋ]
avviso (m)	waarskuwingsbord	[vãrskuviŋs·bort]
avvertire, avvisare (vt)	waarsku	[vãrsku]
giorno (m) di riposo	rusdag	[rusdaχ]

| orario (m) | diensrooster | [diŋs·roəstər] |
| orario (m) di apertura | besigheidsure | [besiχæjts·urə] |

BENVENUTI!	WELKOM!	[vɛlkom!]
ENTRATA	INGANG	[inχaŋ]
USCITA	UITGANG	[œitχaŋ]

SPINGERE	STOOT	[stoət]
TIRARE	TREK	[trek]
APERTO	OOP	[oəp]
CHIUSO	GESLUIT	[χeslœit]

| DONNE | DAMES | [dames] |
| UOMINI | MANS | [maŋs] |

SCONTI	AFSLAG	[afslaχ]
SALDI	UITVERKOPING	[œitferkopiŋ]
NOVITÀ!	NUUT!	[nɪt!]
GRATIS	GRATIS	[χratis]

ATTENZIONE!	PAS OP!	[pas op!]
COMPLETO	VOLBESPREEK	[folbespreək]
RISERVATO	BESPREEK	[bespreək]

AMMINISTRAZIONE	ADMINISTRASIE	[administrasi]
RISERVATO	SLEGS PERSONEEL	[sleχs personeəl]
AL PERSONALE		

ATTENTI AL CANE	PAS OP VIR DIE HOND!	[pas op fir di hont!]
VIETATO FUMARE!	ROOK VERBODE	[roək ferbodə]
NON TOCCARE	NIE AANRAAK NIE!	[ni ānrāk ni!]

PERICOLOSO	GEVAARLIK	[χefārlik]
PERICOLO	GEVAAR	[χefār]
ALTA TENSIONE	HOOGSPANNING	[hoəχ·spanniŋ]
DIVIETO DI BALNEAZIONE	NIE SWEM NIE	[ni swem ni]
GUASTO	BUITE WERKING	[bœitə verkiŋ]

INFIAMMABILE	ONTVLAMBAAR	[ontflambār]
VIETATO	VERBODE	[ferbodə]
VIETATO L'INGRESSO	TOEGANG VERBODE!	[tuχaŋ ferbode!]
VERNICE FRESCA	NAT VERF	[nat ferf]

81. Mezzi pubblici in città

autobus (m)	bus	[bus]
tram (m)	trem	[trem]
filobus (m)	trembus	[trembus]
itinerario (m)	busroete	[bus·rutə]
numero (m)	nommer	[nommər]

andare in ...	ry per ...	[raj pər ...]
salire (~ sull'autobus)	inklim	[inklim]
scendere da ...	uitklim ...	[œitklim ...]

fermata (f) (~ dell'autobus)	halte	[haltə]
prossima fermata (f)	volgende halte	[folχendə haltə]
capolinea (m)	eindpunt	[æjnd·punt]
orario (m)	diensrooster	[diŋs·roəstər]
aspettare (vt)	wag	[vaχ]

biglietto (m)	kaartjie	[kãrki]
prezzo (m) del biglietto	reistarief	[ræjs·tarif]

cassiere (m)	kaartjieverkoper	[kãrki·ferkopər]
controllo (m) dei biglietti	kaartjiekontrole	[kãrki·kontrolə]
bigliettaio (m)	kontroleur	[kontroløər]

essere in ritardo	laat wees	[lãt veəs]
perdere (~ il treno)	mis	[mis]
avere fretta	haastig wees	[hãstəχ veəs]

taxi (m)	taxi	[taksi]
taxista (m)	taxibestuurder	[taksi·bestɪrdər]
in taxi	per taxi	[pər taksi]
parcheggio (m) di taxi	taxistaanplek	[taksi·stãnplek]

traffico (m)	verkeer	[ferkeər]
ingorgo (m)	verkeersknoop	[ferkeərs·knoəp]
ore (f pl) di punta	spitsuur	[spits·ɪr]
parcheggiarsi (vr)	parkeer	[parkeər]
parcheggiare (vt)	parkeer	[parkeər]
parcheggio (m)	parkeerterrein	[parkeər·terræjn]

metropolitana (f)	metro	[metro]
stazione (f)	stasie	[stasi]
prendere la metropolitana	die metro vat	[di metro fat]
treno (m)	trein	[træjn]
stazione (f) ferroviaria	treinstasie	[træjn·stasi]

82. Visita turistica

monumento (m)	monument	[monument]
fortezza (f)	fort	[fort]
palazzo (m)	paleis	[palæjs]
castello (m)	kasteel	[kasteəl]
torre (f)	toring	[toriŋ]
mausoleo (m)	mausoleum	[mɔusoløəm]

architettura (f)	argitektuur	[arχitektɪr]
medievale (agg)	Middeleeus	[middeliʊs]
antico (agg)	oud	[æʊt]
nazionale (agg)	nasionaal	[naʃionãl]
famoso (agg)	bekend	[bekent]

turista (m)	toeris	[turis]
guida (f)	gids	[χids]
escursione (f)	uitstappie	[œitstappi]
fare vedere	wys	[vajs]

raccontare (vt)	vertel	[fertəl]
trovare (vt)	vind	[fint]
perdersi (vr)	verdwaal	[ferdwāl]
mappa (f) (~ della metropolitana)	kaart	[kārt]
piantina (f) (~ della città)	kaart	[kārt]
souvenir (m)	aandenking	[āndenkiŋ]
negozio (m) di articoli da regalo	geskenkwinkel	[xeskɛnk·vinkəl]
fare foto	fotografeer	[fotoχrafeər]
fotografarsi	jou portret laat maak	[jæʊ portret lāt māk]

83. Acquisti

comprare (vt)	koop	[koəp]
acquisto (m)	aankoop	[ānkoəp]
fare acquisti	inkopies doen	[inkopis dʉn]
shopping (m)	inkoop	[inkoəp]
essere aperto (negozio)	oop wees	[oəp veəs]
essere chiuso	toe wees	[tu veəs]
calzature (f pl)	skoeisel	[skuisəl]
abbigliamento (m)	klere	[klerə]
cosmetica (f)	kosmetika	[kosmetika]
alimentari (m pl)	voedingsware	[fudiŋs·warə]
regalo (m)	present	[present]
commesso (m)	verkoper	[ferkopər]
commessa (f)	verkoopsdame	[ferkoəps·damə]
cassa (f)	kassier	[kassir]
specchio (m)	spieël	[spiɛl]
banco (m)	toonbank	[toən·bank]
camerino (m)	paskamer	[pas·kamər]
provare (~ un vestito)	aanpas	[ānpas]
stare bene (vestito)	pas	[pas]
piacere (vi)	hou van	[hæʊ fan]
prezzo (m)	prys	[prajs]
etichetta (f) del prezzo	pryskaartjie	[prajs·kārki]
costare (vt)	kos	[kos]
Quanto?	Hoeveel?	[hufeəl?]
sconto (m)	afslag	[afslaχ]
no muy caro (agg)	billik	[billik]
a buon mercato	goedkoop	[χudkoəp]
caro (agg)	duur	[dɪr]
È caro	dis duur	[dis dɪr]
noleggio (m)	verhuur	[ferhɪr]
noleggiare (~ un abito)	verhuur	[ferhɪr]

credito (m)	krediet	[kredit]
a credito	op krediet	[op kredit]

84. Denaro

soldi (m pl)	geld	[χɛlt]
cambio (m)	valutaruil	[faluta·rœil]
corso (m) di cambio	wisselkoers	[vissəl·kurs]
bancomat (m)	OTM	[o·te·em]
moneta (f)	muntstuk	[muntstuk]

dollaro (m)	dollar	[dollar]
euro (m)	euro	[øəro]

lira (f)	lira	[lira]
marco (m)	Duitse mark	[dœitsə mark]
franco (m)	frank	[frank]
sterlina (f)	pond sterling	[pont sterliŋ]
yen (m)	yen	[jɛn]

debito (m)	skuld	[skult]
debitore (m)	skuldenaar	[skuldenãr]
prestare (~ i soldi)	uitleen	[œitleən]
prendere in prestito	leen	[leən]

banca (f)	bank	[bank]
conto (m)	rekening	[rekəniŋ]
versare (vt)	deponeer	[deponeər]
prelevare dal conto	trek	[trek]

carta (f) di credito	kredietkaart	[kredit·kãrt]
contanti (m pl)	kontant	[kontant]
assegno (m)	tjek	[tʃek]
libretto (m) di assegni	tjekboek	[tʃek·buk]

portafoglio (m)	beursie	[bøørsi]
borsellino (m)	muntstukbeursie	[muntstuk·bøørsi]
cassaforte (f)	brandkas	[brant·kas]

erede (m)	erfgenaam	[ɛrfχənãm]
eredità (f)	erfenis	[ɛrfenis]
fortuna (f)	fortuin	[fortœin]

affitto (m), locazione (f)	huur	[hɪr]
canone (m) d'affitto	huur	[hɪr]
affittare (dare in affitto)	huur	[hɪr]

prezzo (m)	prys	[prajs]
costo (m)	prys	[prajs]
somma (f)	som	[som]

spendere (vt)	spandeer	[spandeər]
spese (f pl)	onkoste	[onkostə]
economizzare (vi, vt)	besuinig	[besœinəχ]

economico (agg)	ekonomies	[ɛkonomis]
pagare (vi, vt)	betaal	[betāl]
pagamento (m)	betaling	[betaliŋ]
resto (m) (dare il ~)	wisselgeld	[vissəl·χɛlt]

imposta (f)	belasting	[belastiŋ]
multa (f), ammenda (f)	boete	[butə]
multare (vt)	beboet	[bebut]

85. Posta. Servizio postale

ufficio (m) postale	poskantoor	[pos·kantoər]
posta (f) (lettere, ecc.)	pos	[pos]
postino (m)	posbode	[pos·bodə]
orario (m) di apertura	besigheidsure	[besiχæjts·urə]

lettera (f)	brief	[brif]
raccomandata (f)	geregistreerde brief	[χereχistreerdə brif]
cartolina (f)	poskaart	[pos·kārt]
telegramma (m)	telegram	[teleχram]
pacco (m) postale	pakkie	[pakki]
vaglia (m) postale	geldoorplasing	[χɛld·oərplasiŋ]

ricevere (vt)	ontvang	[ontfaŋ]
spedire (vt)	stuur	[strr]
invio (m)	versending	[fersendiŋ]

indirizzo (m)	adres	[adres]
codice (m) postale	poskode	[pos·kodə]
mittente (m)	sender	[sendər]
destinatario (m)	ontvanger	[ontfaŋər]

nome (m)	voornaam	[foərnām]
cognome (m)	van	[fan]

tariffa (f)	postarief	[pos·tarif]
ordinario (agg)	standaard	[standārt]
standard (agg)	ekonomies	[ɛkonomis]

peso (m)	gewig	[χeveχ]
pesare (vt)	weeg	[veeχ]
busta (f)	koevert	[kufert]
francobollo (m)	posseël	[pos·seɛl]

Abitazione. Casa

86. Casa. Abitazione

casa (f)	huis	[hœis]
a casa	tuis	[tœis]
cortile (m)	werf	[vɛrf]
recinto (m)	omheining	[omhæjniŋ]
mattone (m)	baksteen	[baksteən]
di mattoni	baksteen-	[baksteən-]
pietra (f)	klip	[klip]
di pietra	klip-	[klip-]
beton (m)	beton	[beton]
di beton	beton-	[beton-]
nuovo (agg)	nuut	[nɪt]
vecchio (agg)	ou	[æʊ̯]
fatiscente (edificio ~)	vervalle	[fɛrfallə]
moderno (agg)	moderne	[modɛrnə]
a molti piani	multiverdieping-	[multi·fɛrdipiŋ-]
alto (agg)	hoë	[hoɛ]
piano (m)	verdieping	[fɛrdipiŋ]
di un piano	enkelverdieping	[ɛnkəl·fɛrdipiŋ]
pianoterra (m)	eerste verdieping	[eərstə fɛrdipiŋ]
ultimo piano (m)	boonste verdieping	[boəŋstə vɛrdipiŋ]
tetto (m)	dak	[dak]
ciminiera (f)	skoorsteen	[skoərsteən]
tegola (f)	dakteëls	[daktɛɛls]
di tegole	geteël	[χeteɛl]
soffitta (f)	solder	[soldər]
finestra (f)	venster	[fɛŋstər]
vetro (m)	glas	[χlas]
davanzale (m)	vensterbank	[fɛŋstər·bank]
imposte (f pl)	luik	[lœik]
muro (m)	muur	[mɪr]
balcone (m)	balkon	[balkon]
tubo (m) pluviale	reënpyp	[reɛn·pajp]
su, di sopra	bo	[bo]
andare di sopra	boontoe gaan	[boentu χãn]
scendere (vi)	afkom	[afkom]
trasferirsi (vr)	verhuis	[fɛrhœis]

87. Casa. Ingresso. Ascensore

entrata (f)	ingang	[inχaŋ]
scala (f)	trap	[trap]
gradini (m pl)	treetjies	[treəkis]
ringhiera (f)	leuning	[løəniŋ]
hall (f) (atrio d'ingresso)	voorportaal	[foər·portāl]
cassetta (f) della posta	posbus	[pos·bus]
secchio (m) della spazzatura	vullisblik	[fullis·blik]
scivolo (m) per la spazzatura	vullisgeut	[fullis·χøət]
ascensore (m)	hysbak	[hajsbak]
montacarichi (m)	vraghysbak	[fraχ·hajsbak]
cabina (f) di ascensore	hysbak	[hajsbak]
prendere l'ascensore	hysbak neem	[hajsbak neəm]
appartamento (m)	woonstel	[voeŋstəl]
inquilini (m pl)	bewoners	[bevoners]
vicino (m)	buurman	[bɪrman]
vicina (f)	buurvrou	[bɪrfræʊ]
vicini (m pl)	bure	[burə]

88. Casa. Elettricità

elettricità (f)	krag, elektrisiteit	[kraχ], [elektrisitæjt]
lampadina (f)	gloeilamp	[χlui·lamp]
interruttore (m)	skakelaar	[skakəlār]
fusibile (m)	sekering	[sekəriŋ]
filo (m)	kabel	[kabəl]
impianto (m) elettrico	bedrading	[bedradiŋ]
contatore (m) dell'elettricità	kragmeter	[kraχ·metər]
lettura, indicazione (f)	lesings	[lesiŋs]

89. Casa. Porte. Serrature

porta (f)	deur	[døər]
cancello (m)	hek	[hek]
maniglia (f)	deurknop	[døər·knop]
togliere il catenaccio	oopsluit	[oəpslœit]
aprire (vt)	oopmaak	[oəpmāk]
chiudere (vt)	sluit	[slœit]
chiave (f)	sleutel	[sløətəl]
mazzo (m)	bos	[bos]
cigolare (vi)	kraak	[krāk]
cigolio (m)	gekraak	[χekrāk]
cardine (m)	skarnier	[skarnir]
zerbino (m)	deurmat	[døər·mat]
serratura (f)	deurslot	[døər·slot]

buco (m) della serratura	sleutelgat	[sløøtəl·χat]
chiavistello (m)	grendel	[χrendəl]
catenaccio (m)	deurknip	[døør·knip]
lucchetto (m)	hangslot	[haŋslot]

suonare (~ il campanello)	lui	[lœi]
suono (m)	gelui	[χelœi]
campanello (m)	deurklokkie	[døør·klokki]
pulsante (m)	belknoppie	[bɛl·knoppi]
bussata (f)	klop	[klop]
bussare (vi)	klop	[klop]

codice (m)	kode	[kodə]
serratura (f) a codice	kombinasieslot	[kombinasi·slot]
citofono (m)	interkom	[interkom]
numero (m) (~ civico)	nommer	[nommər]
targhetta (f) di porta	naambordjie	[nãm·bordʒi]
spioncino (m)	loergaatjie	[lurχãki]

90. Casa di campagna

villaggio (m)	dorp	[dorp]
orto (m)	groentetuin	[χrunte·tœin]
recinto (m)	heining	[hæjniŋ]
steccato (m)	spitspaalheining	[spitspãl·hæjniŋ]
cancelletto (m)	tuinhekkie	[tœin·hɛkki]

granaio (m)	graanstoorplek	[χrãŋ·stoərplek]
cantina (f), scantinato (m)	wortelkelder	[vortəl·keldər]
capanno (m)	tuinhuisie	[tœin·hœisi]
pozzo (m)	waterput	[vatər·put]

stufa (f)	houtkaggel	[hæʊt·kaχχəl]
attizzare (vt)	die houtkaggel stook	[di hæʊt·kaχχəl stoək]
legna (f) da ardere	brandhout	[brant·hæʊt]
ciocco (m)	stomp	[stomp]

veranda (f)	stoep	[stup]
terrazza (f)	dek	[dek]
scala (f) d'ingresso	ingangstrappie	[inχaŋs·trappi]
altalena (f)	swaai	[swãi]

91. Villa. Palazzo

casa (f) di campagna	buitewoning	[bœite·voniŋ]
villa (f)	landhuis	[land·hœis]
ala (f)	vleuel	[fløøəl]
giardino (m)	tuin	[tœin]
parco (m)	park	[park]
serra (f)	tropiese kweekhuis	[tropisə kweek·hœis]
prendersi cura (~ del giardino)	versorg	[fersorχ]

piscina (f)	swembad	[swem·bat]
palestra (f)	gim	[χim]
campo (m) da tennis	tennisbaan	[tɛnnis·bān]
home cinema (m)	huisteater	[hœis·teatər]
garage (m)	garage	[χaraʒə]

| proprietà (f) privata | privaat besit | [prifāt besit] |
| terreno (m) privato | privaateiendom | [prifāt·æjendom] |

| avvertimento (m) | waarskuwing | [vārskuviŋ] |
| cartello (m) di avvertimento | waarskuwingsbord | [vārskuviŋs·bort] |

sicurezza (f)	sekuriteit	[sekuritæjt]
guardia (f) giurata	veiligheidswag	[fæjliχæjts·waχ]
allarme (f) antifurto	diefalarm	[dif·alarm]

92. Castello. Reggia

castello (m)	kasteel	[kasteəl]
palazzo (m)	paleis	[palæjs]
fortezza (f)	fort	[fort]

muro (m)	ringmuur	[riŋ·mɪr]
torre (f)	toring	[toriŋ]
torre (f) principale	toring	[toriŋ]

saracinesca (f)	valhek	[falhek]
tunnel (m)	tonnel	[tonnəl]
fossato (m)	grag	[χraχ]
catena (f)	ketting	[kɛttiŋ]
feritoia (f)	skietgat	[skitχat]

magnifico (agg)	pragtig	[praχtəχ]
maestoso (agg)	majestueus	[majestuøəs]
inespugnabile (agg)	onneembaar	[onneəmbār]
medievale (agg)	Middeleeus	[middeliʊs]

93. Appartamento

appartamento (m)	woonstel	[voəŋstəl]
camera (f), stanza (f)	kamer	[kamər]
camera (f) da letto	slaapkamer	[slāp·kamər]
sala (f) da pranzo	eetkamer	[eət·kamər]
salotto (m)	sitkamer	[sit·kamər]
studio (m)	studeerkamer	[studeər·kamər]
ingresso (m)	ingangsportaal	[inχaŋs·portāl]
bagno (m)	badkamer	[bad·kamər]
gabinetto (m)	toilet	[tojlet]

soffitto (m)	plafon	[plafon]
pavimento (m)	vloer	[flur]
angolo (m)	hoek	[huk]

94. Appartamento. Pulizie

pulire (vt)	skoonmaak	[skoənmāk]
mettere via	bêre	[bærə]
polvere (f)	stof	[stof]
impolverato (agg)	stoffig	[stoffəχ]
spolverare (vt)	afstof	[afstof]
aspirapolvere (m)	stofsuier	[stof·sœiər]
passare l'aspirapolvere	stofsuig	[stofsœiχ]
spazzare (vi, vt)	vee	[feə]
spazzatura (f)	veegsel	[feəχsəl]
ordine (m)	orde	[ordə]
disordine (m)	wanorde	[vanordə]
frettazzo (m)	mop	[mop]
strofinaccio (m)	stoflap	[stoflap]
scopa (f)	kort besem	[kort besem]
paletta (f)	skoppie	[skoppi]

95. Arredamento. Interno

mobili (m pl)	meubels	[møəbɛls]
tavolo (m)	tafel	[tafel]
sedia (f)	stoel	[stul]
letto (m)	bed	[bet]
divano (m)	rusbank	[rusbank]
poltrona (f)	gemakstoel	[χemak·stul]
libreria (f)	boekkas	[buk·kas]
ripiano (m)	rak	[rak]
armadio (m)	klerekas	[klerə·kas]
attaccapanni (m) da parete	kapstok	[kapstok]
appendiabiti (m) da terra	kapstok	[kapstok]
comò (m)	laaikas	[lājkas]
tavolino (m) da salotto	koffietafel	[koffi·tafəl]
specchio (m)	spieël	[spiɛl]
tappeto (m)	mat	[mat]
tappetino (m)	matjie	[maki]
camino (m)	vuurherd	[fɪr·hert]
candela (f)	kers	[kers]
candeliere (m)	kandelaar	[kandelār]
tende (f pl)	gordyne	[χordajnə]
carta (f) da parati	muurpapier	[mɪr·papir]
tende (f pl) alla veneziana	blindings	[blindiŋs]
lampada (f) da tavolo	tafellamp	[tafel·lamp]
lampada (f) da parete	muurlamp	[mɪr·lamp]

| lampada (f) a stelo | staanlamp | [stān·lamp] |
| lampadario (m) | kroonlugter | [kroən·luχtər] |

gamba (f)	poot	[poət]
bracciolo (m)	armleuning	[arm·løəniŋ]
spalliera (f)	rugleuning	[ruχ·løəniŋ]
cassetto (m)	laai	[lāi]

96. Biancheria da letto

biancheria (f) da letto	beddegoed	[beddə·χut]
cuscino (m)	kussing	[kussiŋ]
federa (f)	kussingsloop	[kussiŋ·sloəp]
coperta (f)	duvet	[dufet]
lenzuolo (m)	laken	[lakən]
copriletto (m)	bedsprei	[bed·spræj]

97. Cucina

cucina (f)	kombuis	[kombœis]
gas (m)	gas	[χas]
fornello (m) a gas	gasstoof	[χas·stoəf]
fornello (m) elettrico	elektriese stoof	[elektrisə stoəf]
forno (m)	oond	[oent]
forno (m) a microonde	mikrogolfoond	[mikroχolf·oent]

frigorifero (m)	yskas	[ajs·kas]
congelatore (m)	vrieskas	[friskas]
lavastoviglie (f)	skottelgoedwasser	[skottɛlχud·wassər]

tritacarne (m)	vleismeul	[flæjs·møəl]
spremifrutta (m)	versapper	[fersappər]
tostapane (m)	broodrooster	[broəd·roəstər]
mixer (m)	menger	[meŋər]

macchina (f) da caffè	koffiemasjien	[koffi·maʃin]
caffettiera (f)	koffiepot	[koffi·pot]
macinacaffè (m)	koffiemeul	[koffi·møəl]

bollitore (m)	fluitketel	[flœit·ketəl]
teiera (f)	teepot	[teə·pot]
coperchio (m)	deksel	[deksəl]
colino (m) da tè	teesiffie	[teə·siffi]

cucchiaio (m)	lepel	[lepəl]
cucchiaino (m) da tè	teelepeltjie	[teə·lepəlki]
cucchiaio (m)	soplepel	[sop·lepəl]
forchetta (f)	vurk	[furk]
coltello (m)	mes	[mes]

| stoviglie (f pl) | tafelgerei | [tafel·χeræj] |
| piatto (m) | bord | [bort] |

piattino (m)	piering	[piriŋ]
cicchetto (m)	likeurglas	[likøər·χlas]
bicchiere (m) (~ d'acqua)	glas	[χlas]
tazzina (f)	koppie	[koppi]

zuccheriera (f)	suikerpot	[sœikər·pot]
saliera (f)	soutvaatjie	[sæut·fāki]
pepiera (f)	pepervaatjie	[pepər·fāki]
burriera (f)	botterbakkie	[bottər·bakki]

pentola (f)	soppot	[sop·pot]
padella (f)	braaipan	[brāj·pan]
mestolo (m)	opskeplepel	[opskep·lepəl]
colapasta (m)	vergiet	[ferχit]
vassoio (m)	skinkbord	[skink·bort]

bottiglia (f)	bottel	[bottəl]
barattolo (m) di vetro	fles	[fles]
latta, lattina (f)	blikkie	[blikki]

apribottiglie (m)	botteloopmaker	[bottəl·oəpmakər]
apriscatole (m)	blikoopmaker	[blik·oəpmakər]
cavatappi (m)	kurktrekker	[kurk·trɛkkər]
filtro (m)	filter	[filtər]
filtrare (vt)	filter	[filtər]

| spazzatura (f) | vullis | [fullis] |
| pattumiera (f) | vullisbak | [fullis·bak] |

98. Bagno

bagno (m)	badkamer	[bad·kamər]
acqua (f)	water	[vatər]
rubinetto (m)	kraan	[krān]
acqua (f) calda	warme water	[varmə vatər]
acqua (f) fredda	koue water	[kæuə vatər]

dentifricio (m)	tandepasta	[tandə·pasta]
lavarsi i denti	tande borsel	[tandə borsəl]
spazzolino (m) da denti	tandeborsel	[tandə·borsəl]

rasarsi (vr)	skeer	[skeər]
schiuma (f) da barba	skeerroom	[skeər·roəm]
rasoio (m)	skeermes	[skeər·mes]

lavare (vt)	was	[vas]
fare un bagno	bad	[bat]
doccia (f)	stort	[stort]
fare una doccia	stort	[stort]

vasca (f) da bagno	bad	[bat]
water (m)	toilet	[tojlet]
lavandino (m)	wasbak	[vas·bak]
sapone (m)	seep	[seəp]

porta (m) sapone	seepbakkie	[seəp·bakki]
spugna (f)	spons	[spɔŋs]
shampoo (m)	sjampoe	[ʃampu]
asciugamano (m)	handdoek	[handduk]
accappatoio (m)	badjas	[batjas]
bucato (m)	was	[vas]
lavatrice (f)	wasmasjien	[vas·maʃin]
fare il bucato	die wasgoed was	[di vasχut vas]
detersivo (m) per il bucato	waspoeier	[vas·pujer]

99. Elettrodomestici

televisore (m)	TV-stel	[te·fe-stəl]
registratore (m) a nastro	bandspeler	[band·speler]
videoregistratore (m)	videomasjien	[video·maʃin]
radio (f)	radio	[radio]
lettore (m)	speler	[speler]
videoproiettore (m)	videoprojektor	[video·projektor]
home cinema (m)	tuisfliekteater	[tœis·flik·teatər]
lettore (m) DVD	DVD-speler	[de·fe·de-speler]
amplificatore (m)	versterker	[fersterkər]
console (f) video giochi	videokonsole	[video·kɔŋsolə]
videocamera (f)	videokamera	[video·kamera]
macchina (f) fotografica	kamera	[kamera]
fotocamera (f) digitale	digitale kamera	[diχitalə kamera]
aspirapolvere (m)	stofsuier	[stof·sœiər]
ferro (m) da stiro	strykyster	[strajk·ajstər]
asse (f) da stiro	strykplank	[strajk·plank]
telefono (m)	telefoon	[telefoən]
telefonino (m)	selfoon	[sɛlfoən]
macchina (f) da scrivere	tikmasjien	[tik·maʃin]
macchina (f) da cucire	naaimasjien	[naj·maʃin]
microfono (m)	mikrofoon	[mikrofoən]
cuffia (f)	koptelefoon	[kop·telefoən]
telecomando (m)	afstandsbeheer	[afstands·beheər]
CD (m)	CD	[se·de]
cassetta (f)	kasset	[kasset]
disco (m) (vinile)	plaat	[plãt]

100. Riparazioni. Restauro

lavori (m pl) di restauro	opknapwerk	[opknap·werk]
rinnovare (ridecorare)	opknap	[opknap]
riparare (vt)	herstel	[herstəl]
mettere in ordine	aan kant maak	[ãn kant mãk]

rifare (vt)	oordoen	[oərdun]
pittura (f)	verf	[ferf]
pitturare (~ un muro)	verf	[ferf]
imbianchino (m)	skilder	[skildər]
pennello (m)	verfborsel	[ferf·borsəl]

imbiancatura (f)	witkalk	[vitkalk]
imbiancare (vt)	wit	[vit]

carta (f) da parati	muurpapier	[mɪr·papir]
tappezzare (vt)	behang	[behaŋ]
vernice (f)	vernis	[fernis]
verniciare (vt)	vernis	[fernis]

101. Impianto idraulico

acqua (f)	water	[vatər]
acqua (f) calda	warme water	[varmə vatər]
acqua (f) fredda	koue water	[kæʊə vatər]
rubinetto (m)	kraan	[krãn]

goccia (f)	druppel	[druppəl]
gocciolare (vi)	drup	[drup]
perdere (il tubo, ecc.)	lek	[lek]
perdita (f) (~ dai tubi)	lekkasie	[lɛkkasi]
pozza (f)	poeletjie	[puləki]

tubo (m)	pyp	[pajp]
valvola (f)	kraan	[krãn]
intasarsi (vr)	verstop raak	[ferstop rãk]

strumenti (m pl)	gereedskap	[χereədskap]
chiave (f) inglese	skroefsleutel	[skruf·sløətəl]
svitare (vt)	losskroef	[losskruf]
avvitare (stringere)	vasskroef	[fasskruf]

stasare (vt)	oopmaak	[oəpmãk]
idraulico (m)	loodgieter	[loədχitər]
seminterrato (m)	kelder	[kɛldər]
fognatura (f)	riolering	[rioleriŋ]

102. Incendio. Conflagrazione

fuoco (m)	brand	[brant]
fiamma (f)	vlam	[flam]
scintilla (f)	vonk	[fonk]
fumo (m)	rook	[roək]
fiaccola (f)	fakkel	[fakkel]
falò (m)	kampvuur	[kampfɪr]

benzina (f)	petrol	[petrol]
cherosene (m)	kerosien	[kerosin]

combustibile (agg)	ontvambaar	[ontfambãr]
esplosivo (agg)	ontplofbaar	[ontplofbãr]
VIETATO FUMARE!	ROOK VERBODE	[roək ferbodə]

sicurezza (f)	veiligheid	[fæjliχæjt]
pericolo (m)	gevaar	[χefãr]
pericoloso (agg)	gevaarlik	[χefãrlik]

prendere fuoco	vlam vat	[flam fat]
esplosione (f)	ontploffing	[ontploffiŋ]
incendiare (vt)	aan die brand steek	[ãn di brant steək]
incendiario (m)	brandstigter	[brant·stiχtər]
incendio (m) doloso	brandstigting	[brant·stiχtiŋ]

divampare (vi)	brand	[brant]
bruciare (vi)	brand	[brant]
bruciarsi (vr)	afbrand	[afbrant]

chiamare i pompieri	die brandweer roep	[di brantveər rup]
pompiere (m)	brandweerman	[brantveər·man]
autopompa (f)	brandweerwa	[brantveər·wa]
corpo (m) dei pompieri	brandweer	[brantveər]
autoscala (f) da pompieri	brandweerwaleer	[brantveər·wa·leər]

manichetta (f)	brandslang	[brant·slaŋ]
estintore (m)	brandblusser	[brant·blussər]
casco (m)	helmet	[hɛlmet]
sirena (f)	sirene	[sirenə]

gridare (vi)	skreeu	[skriʊ]
chiamare in aiuto	hulp roep	[hulp rup]
soccorritore (m)	redder	[rɛddər]
salvare (vt)	red	[ret]

arrivare (vi)	aankom	[ãnkom]
spegnere (vt)	blus	[blus]
acqua (f)	water	[vatər]
sabbia (f)	sand	[sant]

rovine (f pl)	ruïnes	[ruïnes]
crollare (edificio)	instort	[instort]
cadere (vi)	val	[fal]
collassare (vi)	instort	[instort]

frammento (m)	brokstukke	[brokstukkə]
cenere (f)	as	[as]

asfissiare (vi)	verstik	[ferstik]
morire, perire (vi)	omkom	[omkom]

ATTIVITÀ UMANA

Lavoro. Affari. Parte 1

103. Ufficio. Lavorare in ufficio

uffici (m pl) (gli ~ della società)	kantoor	[kantoər]
ufficio (m)	kantoor	[kantoər]
portineria (f)	ontvangs	[ontfaŋs]
segretario (m)	sekretaris	[sekretaris]
segretaria (f)	sekretaresse	[sekretarɛssə]
direttore (m)	direkteur	[direktøər]
manager (m)	bestuurder	[bestɪrdər]
contabile (m)	boekhouer	[bukhæʋər]
impiegato (m)	werknemer	[verknemər]
mobili (m pl)	meubels	[møəbɛls]
scrivania (f)	lessenaar	[lɛssenār]
poltrona (f)	draaistoel	[drāj·stul]
cassettiera (f)	laaikas	[lājkas]
appendiabiti (m) da terra	kapstok	[kapstok]
computer (m)	rekenaar	[rekənār]
stampante (f)	drukker	[drukkər]
fax (m)	faksmasjien	[faks·maʃin]
fotocopiatrice (f)	fotostaatmasjien	[fotostāt·maʃin]
carta (f)	papier	[papir]
cancelleria (f)	kantoorbenodigdhede	[kantoər·benodiχdhedə]
tappetino (m) del mouse	muismatjie	[mœis·maki]
foglio (m)	blaai	[blāi]
cartella (f)	binder	[bindər]
catalogo (m)	katalogus	[kataloχus]
elenco (m) del telefono	telefoongids	[telefoən·χids]
documentazione (f)	dokumentasie	[dokumentasi]
opuscolo (m)	brosjure	[broʃurə]
volantino (m)	strooibiljet	[stroj·biljet]
campione (m)	monsterkaart	[mɔŋstər·kārt]
formazione (f)	opleidingsvergadering	[oplæjdiŋs·ferχaderiŋ]
riunione (f)	vergadering	[ferχaderiŋ]
pausa (f) pranzo	middagpouse	[middaχ·pæʋsə]
fare copie	aantal kopieë maak	[āntal kopiɛ māk]
telefonare (vi, vt)	bel	[bəl]
rispondere (vi, vt)	antwoord	[antwoərt]
passare (glielo passo)	deursit	[døərsit]

fissare (organizzare)	reël	[reɛl]
dimostrare (vt)	demonstreer	[demɔŋstreər]
essere assente	afwesig wees	[afwesəχ veəs]
assenza (f)	afwesigheid	[afwesiχæjt]

104. Operazioni d'affari. Parte 1

| attività (f) | besigheid | [besiχæjt] |
| occupazione (f) | beroep | [berup] |

ditta (f)	firma	[firma]
compagnia (f)	maatskappy	[mātskappaj]
corporazione (f)	korporasie	[korporasi]
impresa (f)	onderneming	[ondərnemiŋ]
agenzia (f)	agentskap	[aχentskap]

accordo (m)	ooreenkoms	[oereənkoms]
contratto (m)	kontrak	[kontrak]
affare (m)	transaksie	[traŋsaksi]
ordine (m) (ordinazione)	bestelling	[bestɛlliŋ]
termine (m) dell'accordo	voorwaarde	[foərwārdə]

all'ingrosso	groothandels-	[χroət·handəls-]
all'ingrosso (agg)	groothandels-	[χroət·handəls-]
vendita (f) all'ingrosso	groothandel	[χroət·handəl]
al dettaglio (agg)	kleinhandels-	[klæjn·handəls-]
vendita (f) al dettaglio	kleinhandel	[klæjn·handəl]

concorrente (m)	konkurrent	[konkurrent]
concorrenza (f)	konkurrensie	[konkurreŋsi]
competere (vi)	kompeteer	[kompeteər]

| socio (m), partner (m) | vennoot | [fɛnnoət] |
| partenariato (m) | vennootskap | [fɛnnoətskap] |

crisi (f)	krisis	[krisis]
bancarotta (f)	bankrotskap	[bankrotskap]
fallire (vi)	bankrot speel	[bankrot speəl]
difficoltà (f)	moeilikheid	[muilikhæjt]
problema (m)	probleem	[probleəm]
disastro (m)	katastrofe	[katastrofə]

economia (f)	ekonomie	[ɛkonomi]
economico (agg)	ekonomiese	[ɛkonomisə]
recessione (f) economica	ekonomiese agteruitgang	[ɛkonomisə aχtər·œitχaŋ]

| scopo (m), obiettivo (m) | doel | [dul] |
| incarico (m) | opdrag | [opdraχ] |

commerciare (vi)	handel	[handəl]
rete (f) (~ di distribuzione)	netwerk	[netwerk]
giacenza (f)	voorraad	[foərrāt]
assortimento (m)	reeks	[reeks]
leader (m), capo (m)	leier	[læjer]

| grande (agg) | groot | [χroət] |
| monopolio (m) | monopolie | [monopoli] |

teoria (f)	teorie	[teori]
pratica (f)	praktyk	[praktajk]
esperienza (f)	ervaring	[ɛrfariŋ]
tendenza (f)	tendens	[tendɛŋs]
sviluppo (m)	ontwikkeling	[ontwikkeliŋ]

105. Operazioni d'affari. Parte 2

| profitto (m) | wins | [vins] |
| profittevole (agg) | voordelig | [foərdeləχ] |

delegazione (f)	delegasie	[deleχasi]
stipendio (m)	salaris	[salaris]
correggere (vt)	korrigeer	[korriχeər]
viaggio (m) d'affari	sakereis	[sakerӕjs]
commissione (f)	kommissie	[kommissi]

controllare (vt)	kontroleer	[kontroleər]
conferenza (f)	konferensie	[konferɛŋsi]
licenza (f)	lisensie	[lisɛŋsi]
affidabile (agg)	betroubaar	[betrӕʊbār]

iniziativa (f) (progetto nuovo)	inisiatief	[inisiatif]
norma (f)	norm	[norm]
circostanza (f)	omstandigheid	[omstandiχӕjt]
mansione (f)	taak	[tāk]

impresa (f)	organisasie	[orχanisasi]
organizzazione (f)	organisasie	[orχanisasi]
organizzato (agg)	georganiseer	[χeorχaniseər]
annullamento (m)	kansellering	[kaŋsɛlleriŋ]
annullare (vt)	kanselleer	[kaŋsɛlleər]
rapporto (m) (~ ufficiale)	verslag	[ferslaχ]

brevetto (m)	patent	[patent]
brevettare (vt)	patenteer	[patenteər]
pianificare (vt)	beplan	[beplan]

premio (m)	bonus	[bonus]
professionale (agg)	professioneel	[profɛssioneel]
procedura (f)	prosedure	[prosedurə]

esaminare (~ un contratto)	ondersoek	[ondərsuk]
calcolo (m)	berekening	[berekeniŋ]
reputazione (f)	reputasie	[reputasi]
rischio (m)	risiko	[risiko]
dirigere (~ un'azienda)	beheer	[beheər]
informazioni (f pl)	informasie	[informasi]
proprietà (f)	eiendom	[ӕjendom]
unione (f)	unie	[uni]
(~ Italiana Vini, ecc.)		

assicurazione (f) sulla vita	lewensversekering	[lɛvɛŋs·fersekeriŋ]
assicurare (vt)	verseker	[fersekər]
assicurazione (f)	versekering	[fersekeriŋ]

asta (f)	veiling	[fæjliŋ]
avvisare (informare)	laat weet	[lāt veət]
gestione (f)	beheer	[beheər]
servizio (m)	diens	[diŋs]

forum (m)	forum	[forum]
funzionare (vi)	funksioneer	[funksioneər]
stadio (m) (fase)	stadium	[stadium]
giuridico (agg)	regs-	[reχs-]
esperto (m) legale	regsgeleerde	[reχs·χeleərdə]

106. Attività produttiva. Lavori

stabilimento (m)	fabriek	[fabrik]
fabbrica (f)	fabriek	[fabrik]
officina (f) di produzione	werkplek	[verkplek]
stabilimento (m)	bedryf	[bedrajf]

industria (f)	industrie	[industri]
industriale (agg)	industrieel	[industriəl]
industria (f) pesante	swaar industrie	[swār industri]
industria (f) leggera	ligte industrie	[liχtə industri]

prodotti (m pl)	produkte	[produktə]
produrre (vt)	produseer	[produseər]
materia (f) prima	grondstowwe	[χront·stowə]

caposquadra (m)	voorman	[foərman]
squadra (f)	werkspan	[verks·pan]
operaio (m)	werker	[verkər]

giorno (m) lavorativo	werksdag	[verks·daχ]
pausa (f)	pouse	[pæusə]
riunione (f)	vergadering	[ferχaderiŋ]
discutere (~ di un problema)	bespreek	[bespreək]

piano (m)	plan	[plan]
eseguire il piano	die plan uitvoer	[di plan œitfur]
tasso (m) di produzione	produksienorm	[produksi·norm]
qualità (f)	kwaliteit	[kwalitæjt]
controllo (m)	kontrole	[kontrolə]
controllo (m) di qualità	kwaliteitskontrole	[kwalitæjts·kontrolə]

sicurezza (f) sul lavoro	werkplekveiligheid	[verkplek·fæjliχæjt]
disciplina (f)	dissipline	[dissiplinə]
infrazione (f)	oortreding	[oərtrediŋ]
violare (~ le regole)	oortree	[oərtreə]

| sciopero (m) | staking | [stakiŋ] |
| scioperante (m) | staker | [stakər] |

| fare sciopero | staak | [stãk] |
| sindacato (m) | vakbond | [fakbont] |

inventare (vt)	uitvind	[œitfint]
invenzione (f)	uitvinding	[œitfindiŋ]
ricerca (f)	navorsing	[naforsiŋ]
migliorare (vt)	verbeter	[ferbetər]
tecnologia (f)	tegnologie	[teχnoloχi]
disegno (m) tecnico	tegniese tekening	[teχnisə tekəniŋ]

carico (m)	vrag	[fraχ]
caricatore (m)	laaier	[lãjer]
caricare (~ un camion)	laai	[lãi]
caricamento (m)	laai	[lãi]
scaricare (vt)	uitlaai	[œitlãi]
scarico (m)	uitlaai	[œitlãi]

trasporto (m)	vervoer	[ferfur]
società (f) di trasporti	vervoermaatskappy	[ferfur·mãtskappaj]
trasportare (vt)	vervoer	[ferfur]

vagone (m) merci	trok	[trok]
cisterna (f)	tenk	[tɛnk]
camion (m)	vragmotor	[fraχ·motor]

| macchina (f) utensile | werktuigmasjien | [verktœiχ·maʃin] |
| meccanismo (m) | meganisme | [meχanismə] |

rifiuti (m pl) industriali	industriële afval	[industriɛlə affal]
imballaggio (m)	verpakking	[ferpakkiŋ]
imballare (vt)	verpak	[ferpak]

107. Contratto. Accordo

contratto (m)	kontrak	[kontrak]
accordo (m)	ooreenkoms	[oəreənkoms]
allegato (m)	addendum	[addendum]

firma (f)	handtekening	[hand·tekəniŋ]
firmare (vt)	onderteken	[ondərtekən]
timbro (m) (su documenti)	stempel	[stempəl]

oggetto (m) del contratto	onderwerp van ooreenkoms	[ondərwerp fan oəreənkoms]
clausola (f)	klousule	[klæusulə]
parti (f pl) (in un contratto)	partye	[partaje]
sede (f) legale	wetlike adres	[vetlikə adres]

sciogliere un contratto	die kontrak verbreek	[di kontrak ferbreek]
obbligo (m)	verpligting	[ferpliχtiŋ]
responsabilità (f)	verantwoordelikheid	[ferant·voərdelikhæjt]
forza (f) maggiore	oormag	[oərmaχ]
discussione (f)	geskil	[χeskil]
sanzioni (f pl)	boete	[butə]

108. Import-export

importazione (f)	invoer	[infur]
importatore (m)	invoerder	[infurdər]
importare (vt)	invoer	[infur]
d'importazione (agg)	invoer-	[infur-]
esportazione (f)	uitvoer	[œitfur]
esportatore (m)	uitvoerder	[œitfurdər]
esportare (vt)	uitvoer	[œitfur]
d'esportazione (agg)	uitvoer-	[œitfur-]
merce (f)	goedere	[χuderə]
carico (m)	besending	[besendiŋ]
peso (m)	gewig	[χevəχ]
volume (m)	volume	[folumə]
metro (m) cubo	kubieke meter	[kubikə metər]
produttore (m)	produsent	[produsent]
società (f) di trasporti	vervoermaatskappy	[ferfur·mãtskappaj]
container (m)	houer	[hæʊər]
frontiera (f)	grens	[χrɛŋs]
dogana (f)	doeane	[duanə]
dazio (m) doganale	doeanereg	[duanə·reχ]
doganiere (m)	doeanebeampte	[duanə·beamptə]
contrabbando (m)	smokkel	[smokkəl]
merci (f pl) contrabbandate	smokkelgoed	[smokkəl·χut]

109. Mezzi finanziari

azione (f)	aandeel	[ãndeəl]
obbligazione (f)	obligasie	[obliχasi]
cambiale (f)	promesse	[promɛssə]
borsa (f)	beurs	[bøərs]
quotazione (f)	aandeelkoers	[ãndeəl·kurs]
diminuire di prezzo	daal	[dãl]
aumentare di prezzo	styg	[stajχ]
quota (f)	aandeel	[ãndeəl]
pacchetto (m) di maggioranza	meerderheidsbelang	[meərderhæjts·belaŋ]
investimento (m)	belegging	[beleχχiŋ]
investire (vt)	belê	[belɛ:]
percento (m)	persent	[persent]
interessi (m pl)	rente	[rentə]
(su investimenti)		
profitto (m)	wins	[vins]
redditizio (agg)	voordelig	[foərdeləχ]

imposta (f)	belasting	[belastiŋ]
valuta (f) (~ estera)	valuta	[faluta]
nazionale (agg)	nasionaal	[naʃionāl]
cambio (m) (~ valuta)	wissel	[vissəl]

contabile (m)	boekhouer	[bukhæʋər]
ufficio (m) contabilità	boekhouding	[bukhæʋdiŋ]

bancarotta (f)	bankrotskap	[bankrotskap]
fallimento (m)	ineenstorting	[ineɛŋstortiŋ]
rovina (f)	bankrotskap	[bankrotskap]
andare in rovina	geruïneer wees	[χeruïneər veəs]
inflazione (f)	inflasie	[inflasi]
svalutazione (f)	devaluasie	[defaluasi]

capitale (m)	kapitaal	[kapitāl]
reddito (m)	inkomste	[inkomstə]
giro (m) di affari	omset	[omset]
risorse (f pl)	hulpbronne	[hulpbronnə]
mezzi (m pl) finanziari	monetêre hulpbronne	[monetæerə hulpbronnə]

spese (f pl) generali	oorhoofse koste	[oərhoəfsə kostə]
ridurre (~ le spese)	verminder	[fermindər]

110. Marketing

marketing (m)	bemarking	[bemarkiŋ]
mercato (m)	mark	[mark]
segmento (m) di mercato	marksegment	[mark·seχment]

prodotto (m)	produk	[produk]
merce (f)	goedere	[χuderə]

marca (f)	merk	[merk]
marchio (m) di fabbrica	handelsmerk	[handəls·merk]

logotipo (m)	logo	[loχo]
logo (m)	logo	[loχo]

domanda (f)	vraag	[frāχ]
offerta (f)	aanbod	[ānbot]

bisogno (m)	behoefte	[behuftə]
consumatore (m)	verbruiker	[ferbrœikər]

analisi (f)	analise	[analisə]
analizzare (vt)	analiseer	[analiseer]

posizionamento (m)	plasing	[plasiŋ]
posizionare (vt)	plaas	[plās]

prezzo (m)	prys	[prajs]
politica (f) dei prezzi	prysbeleid	[prajs·belæjt]
determinazione (f) dei prezzi	prysvorming	[prajs·formiŋ]

111. Pubblicità

pubblicità (f)	reklame	[reklamə]
pubblicizzare (vt)	adverteer	[adferteər]
bilancio (m) (budget)	begroting	[beχrotiŋ]
annuncio (m)	advertensie	[adfertɛŋsi]
pubblicità (f) televisiva	TV-advertensie	[te·fe-adfertɛŋsi]
pubblicità (f) radiofonica	radioreklame	[radio·reklamə]
pubblicità (f) esterna	buitereklame	[bœitə·reklamə]
mass media (m pl)	massamedia	[massa·media]
periodico (m)	tydskrif	[tajdskrif]
immagine (f)	imago	[imaχo]
slogan (m)	slagspreuk	[slaχ·sprøək]
motto (m)	motto	[motto]
campagna (f)	veldtog	[fɛldtoχ]
campagna (f) pubblicitaria	reklameveldtog	[reklamə·fɛldtoχ]
gruppo (m) di riferimento	doelgroep	[dul·χrup]
biglietto (m) da visita	besigheidskaartjie	[besiχæjts·kārki]
volantino (m)	strooibiljet	[stroj·biljet]
opuscolo (m)	brosjure	[broʃurə]
pieghevole (m)	pamflet	[pamflet]
bollettino (m)	nuusbrief	[nɪsbrif]
insegna (f) (di negozi, ecc.)	reklamebord	[reklamə·bort]
cartellone (m)	plakkaat	[plakkāt]
tabellone (m) pubblicitario	aanplakbord	[ānplakbort]

112. Attività bancaria

banca (f)	bank	[bank]
filiale (f)	tak	[tak]
consulente (m)	bankklerk	[bank·klerk]
direttore (m)	bestuurder	[bestɪrdər]
conto (m) bancario	bankrekening	[bank·rekəniŋ]
numero (m) del conto	rekeningnommer	[rekəniŋ·nommər]
conto (m) corrente	tjekrekening	[tʃek·rekəniŋ]
conto (m) di risparmio	spaarrekening	[spār·rekəniŋ]
chiudere il conto	die rekening sluit	[di rekəniŋ slœit]
prelevare dal conto	trek	[trek]
deposito (m)	deposito	[deposito]
trasferimento (m) telegrafico	telegrafiese oorplasing	[teleχrafisə oərplasiŋ]
rimettere i soldi	oorplaas	[oərplās]
somma (f)	som	[som]
Quanto?	Hoeveel?	[hufeəl?]

99

| firma (f) | handtekening | [hand·tekəniŋ] |
| firmare (vt) | onderteken | [ondərtekən] |

carta (f) di credito	kredietkaart	[kredit·kãrt]
codice (m)	kode	[kodə]
numero (m) della carta di credito	kredietkaartnommer	[kredit·kãrt·nommər]
bancomat (m)	OTM	[o·te·em]

| assegno (m) | tjek | [tʃek] |
| libretto (m) di assegni | tjekboek | [tʃek·buk] |

| prestito (m) | lening | [leniŋ] |
| garanzia (f) | waarborg | [vãrborχ] |

113. Telefono. Conversazione telefonica

telefono (m)	telefoon	[telefoən]
telefonino (m)	selfoon	[sɛlfoən]
segreteria (f) telefonica	antwoordmasjien	[antwoərt·maʃin]

| telefonare (vi, vt) | bel | [bəl] |
| chiamata (f) | oproep | [oprup] |

Pronto!	Hallo!	[hallo!]
chiedere (domandare)	vra	[fra]
rispondere (vi, vt)	antwoord	[antwoərt]

udire (vt)	hoor	[hoər]
bene	goed	[χut]
male	nie goed nie	[ni χut ni]
disturbi (m pl)	steurings	[støəriŋs]

cornetta (f)	gehoorstuk	[χehoərstuk]
alzare la cornetta	optel	[optəl]
riattaccare la cornetta	afskakel	[afskakəl]

occupato (agg)	besig	[besəχ]
squillare (del telefono)	lui	[lœi]
elenco (m) telefonico	telefoongids	[telefoən·χids]

locale (agg)	lokale	[lokalə]
telefonata (f) urbana	lokale oproep	[lokalə oprup]
interurbano (agg)	langafstand	[lanχ·afstant]
telefonata (f) interurbana	langafstand oproep	[lanχ·afstant oprup]
internazionale (agg)	internasionale	[internaʃionalə]
telefonata (f) internazionale	internasionale oproep	[internaʃionalə oprup]

114. Telefono cellulare

| telefonino (m) | selfoon | [sɛlfoən] |
| schermo (m) | skerm | [skerm] |

| tasto (m) | knoppie | [knoppi] |
| scheda SIM (f) | SIMkaart | [sim·kãrt] |

pila (f)	battery	[battəraj]
essere scarico	pap wees	[pap veəs]
caricabatteria (m)	batterylaaier	[battəraj·lajer]

menù (m)	spyskaart	[spajs·kãrt]
impostazioni (f pl)	instellings	[instɛlliŋs]
melodia (f)	wysie	[vajsi]
scegliere (vt)	kies	[kis]

calcolatrice (f)	sakrekenaar	[sakrekənãr]
segreteria (f) telefonica	stempos	[stem·pos]
sveglia (f)	wekker	[vɛkkər]
contatti (m pl)	kontakte	[kontaktə]

| messaggio (m) SMS | SMS | [es·em·es] |
| abbonato (m) | intekenaar | [intekənãr] |

115. Articoli di cancelleria

| penna (f) a sfera | bolpen | [bol·pen] |
| penna (f) stilografica | vulpen | [ful·pen] |

matita (f)	potlood	[potloət]
evidenziatore (m)	merkpen	[merk·pen]
pennarello (m)	viltpen	[filt·pen]

| taccuino (m) | notaboekie | [nota·buki] |
| agenda (f) | dagboek | [daχ·buk] |

righello (m)	liniaal	[liniãl]
calcolatrice (f)	sakrekenaar	[sakrekənãr]
gomma (f) per cancellare	uitveër	[œitfeɛr]
puntina (f)	duimspyker	[dœim·spajkər]
graffetta (f)	skuifspeld	[skœif·spɛlt]

colla (f)	gom	[χom]
pinzatrice (f)	krammasjien	[kram·maʃin]
perforatrice (f)	ponsmasjien	[poŋs·maʃin]
temperamatite (m)	skerpmaker	[skerp·makər]

116. Diversi tipi di documenti

resoconto (m)	verslag	[ferslaχ]
accordo (m)	ooreenkoms	[oereənkoms]
modulo (m) di richiesta	aansoekvorm	[ãŋsuk·form]
autentico (agg)	outentiek	[æutentik]
tesserino (m)	lapelkaart	[lapəl·kãrt]
biglietto (m) da visita	besigheidskaartjie	[besiχæjts·kãrki]
certificato (m)	sertifikaat	[sertifikãt]

assegno (m) (fare un ~)	tjek	[tʃek]
conto (m) (in un ristorante)	rekening	[rekəniŋ]
costituzione (f)	grondwet	[χront·wet]

contratto (m)	kontrak	[kontrak]
copia (f)	kopie	[kopi]
copia (f) (~ di un contratto)	kopie	[kopi]

dichiarazione (f)	doeaneverklaring	[duanə·ferklariŋ]
documento (m)	dokument	[dokument]
patente (f) di guida	bestuurslisensie	[bestɪrs·lisɛŋsi]
allegato (m)	addendum	[addendum]
modulo (m)	vorm	[form]

carta (f) d'identità	identiteitskaart	[identitæjts·kãrt]
richiesta (f) di informazioni	navraag	[nafrãχ]
biglietto (m) d'invito	uitnodiging	[œitnodəχiŋ]
fattura (f)	rekening	[rekəniŋ]

legge (f)	wet	[vet]
lettera (f) (missiva)	brief	[brif]
carta (f) intestata	briefhoof	[brifhoəf]
lista (f) (~ di nomi, ecc.)	lys	[lajs]
manoscritto (m)	manuskrip	[manuskrip]
bollettino (m)	nuusbrief	[nɪsbrif]
appunto (m), nota (f)	briefie	[brifi]

lasciapassare (m)	lapelkaart	[lapəl·kãrt]
passaporto (m)	paspoort	[paspoərt]
permesso (m)	permit	[permit]
curriculum vitae (f)	curriculum vitae	[kurrikulum fitaə]
nota (f) di addebito	skuldbekentenis	[skuld·bekentənis]
ricevuta (f)	kwitansie	[kwitaŋsi]
scontrino (m)	strokie	[stroki]
rapporto (m)	verslag	[ferslaχ]

mostrare (vt)	wys	[vajs]
firmare (vt)	onderteken	[ondərtekən]
firma (f)	handtekening	[hand·tekəniŋ]
timbro (m) (su documenti)	stempel	[stempəl]
testo (m)	teks	[teks]
biglietto (m)	kaartjie	[kãrki]

cancellare (~ dalla lista)	doodtrek	[doədtrek]
riempire (~ un modulo)	invul	[inful]

bolla (f) di consegna	vragbrief	[fraχ·brif]
testamento (m)	testament	[testament]

117. Generi di attività commerciali

servizi (m pl) di contabilità	boekhoudienste	[bukhæu·diŋstə]
pubblicità (f)	reklame	[reklamə]
agenzia (f) pubblicitaria	reklameburo	[reklamə·buro]

condizionatori (m pl) d'aria	lugversorger	[luχfersorχər]
compagnia (f) aerea	lugredery	[luχrederaj]
bevande (f pl) alcoliche	alkoholiese dranke	[alkoholisə drankə]
antiquariato (m)	antiek	[antik]
galleria (f) d'arte	kunsgalery	[kuns·χaleraj]
società (f)	ouditeursdienste	[æʊditøərs·diŋstə]
di revisione contabile		
imprese (f pl) bancarie	bankwese	[bankwesə]
bar (m)	kroeg	[kruχ]
salone (m) di bellezza	skoonheidssalon	[skoənhæjts·salon]
libreria (f)	boekhandel	[buk·handəl]
birreria (f)	brouery	[bræʊeraj]
business centre (m)	sakesentrum	[sakə·sentrum]
scuola (f) di commercio	besigheidsskool	[besiχæjts·skoəl]
casinò (m)	kasino	[kasino]
edilizia (f)	boubedryf	[bæʊbedrajf]
consulenza (f)	advieskantoor	[adfis·kantoər]
odontoiatria (f)	tandekliniek	[tandə·klinik]
design (m)	ontwerp	[ontwerp]
farmacia (f)	apteek	[apteək]
lavanderia (f) a secco	droogskoonmakers	[droəχ·skoən·makers]
agenzia (f) di collocamento	arbeidsburo	[arbæjds·buro]
servizi (m pl) finanziari	finansiële dienste	[finaŋsiɛlə diŋstə]
industria (f) alimentare	voedingsware	[fudiŋs·warə]
agenzia (f) di pompe funebri	begrafnisonderneming	[beχrafnis·ondərnemiŋ]
mobili (m pl)	meubels	[møəbɛls]
abbigliamento (m)	klerasie	[klerasi]
albergo, hotel (m)	hotel	[hotəl]
gelato (m)	roomys	[roəm·ajs]
industria (f)	industrie	[industri]
assicurazione (f)	versekering	[fersekeriŋ]
internet (f)	internet	[internet]
investimenti (m pl)	investerings	[infesteriŋs]
gioielliere (m)	juwelier	[juvelir]
gioielli (m pl)	juweliersware	[juvelirs·warə]
lavanderia (f)	wassery	[vasseraj]
consulente (m) legale	regsadviseur	[reχs·adfisøər]
industria (f) leggera	ligte industrie	[liχtə industri]
rivista (f)	tydskrif	[tajdskrif]
vendite (f pl)	posorderbedryf	[pos·ordər·bedrajf]
per corrispondenza		
medicina (f)	geneesmiddels	[χeneəs·middəls]
cinema (m)	bioskoop	[bioskoəp]
museo (m)	museum	[musøəm]
agenzia (f) di stampa	nuusagentskap	[nɪs·aχentskap]
giornale (m)	koerant	[kurant]
locale notturno (m)	nagklub	[naχ·klup]

petrolio (m)	olie	[oli]
corriere (m) espresso	koerierdienste	[kurir·diŋstə]
farmaci (m pl)	farmasie	[farmasi]
stampa (f) (~ di libri)	drukkery	[drukkəraj]
casa (f) editrice	uitgewery	[œitχeveraj]

radio (f)	radio	[radio]
beni (m pl) immobili	eiendom	[æjendom]
ristorante (m)	restaurant	[restɔurant]

agenzia (f) di sicurezza	sekuriteitsfirma	[sekuritæjts·firma]
sport (m)	sport	[sport]
borsa (f)	beurs	[bøərs]
negozio (m)	winkel	[vinkəl]
supermercato (m)	supermark	[supermark]
piscina (f)	swembad	[swem·bat]

sartoria (f)	kleremaker	[klerə·makər]
televisione (f)	televisie	[telefisi]
teatro (m)	teater	[teatər]
commercio (m)	handel	[handəl]
mezzi (m pl) di trasporto	vervoer	[ferfur]
viaggio (m)	reisbedryf	[ræjs·bedrajf]

veterinario (m)	veearts	[feə·arts]
deposito, magazzino (m)	pakhuis	[pak·hœis]
trattamento (m) dei rifiuti	afvalinsameling	[affal·insameliŋ]

Lavoro. Affari. Parte 2

118. Spettacolo. Mostra

fiera (f)	skou	[skæʊ]
fiera (f) campionaria	handelsskou	[handəls·skæʊ]
partecipazione (f)	deelneming	[deəlnemiŋ]
partecipare (vi)	deelneem	[deəlneəm]
partecipante (m)	deelnemer	[deəlnemər]
direttore (m)	bestuurder	[bestɪrdər]
ufficio (m) organizzativo	organisasiekantoor	[orχanisasi·kantoər]
organizzatore (m)	organiseerder	[orχaniseərdər]
organizzare (vt)	organiseer	[orχaniseər]
domanda (f) di partecipazione	deelnemingsvorm	[deəlnemiŋs·form]
riempire (vt)	invul	[inful]
dettagli (m pl)	besonderhede	[besondərhedə]
informazione (f)	informasie	[informasi]
prezzo (m)	prys	[prajs]
incluso (agg)	insluitend	[inslœitent]
includere (vt)	insluit	[inslœit]
pagare (vi, vt)	betaal	[betāl]
quota (f) d'iscrizione	registrasiefooi	[reχistrasi·foj]
entrata (f)	ingang	[inχaŋ]
padiglione (m)	paviljoen	[pafiljun]
registrare (vt)	registreer	[reχistreər]
tesserino (m)	lapelkaart	[lapəl·kārt]
stand (m)	stalletjie	[stalləki]
prenotare (riservare)	bespreek	[bespreək]
vetrina (f)	uistalkas	[œistalkas]
faretto (m)	kollig	[kolləχ]
design (m)	ontwerp	[ontwerp]
collocare (vt)	sit	[sit]
collocarsi (vr)	geplaas wees	[χeplās veəs]
distributore (m)	verdeler	[ferdelər]
fornitore (m)	verskaffer	[ferskaffər]
fornire (vt)	verskaf	[ferskaf]
paese (m)	land	[lant]
straniero (agg)	buitelands	[bœitəlands]
prodotto (m)	produk	[produk]
associazione (f)	vereniging	[ferenəχiŋ]
sala (f) conferenze	konferensiesaal	[konfɛrɛŋsi·sāl]

| congresso (m) | kongres | [konχres] |
| concorso (m) | wedstryd | [vedstrajt] |

visitatore (m)	besoeker	[besukər]
visitare (vt)	besoek	[besuk]
cliente (m)	kliënt	[kliɛnt]

119. Mezzi di comunicazione di massa

giornale (m)	koerant	[kurant]
rivista (f)	tydskrif	[tajdskrif]
stampa (f) (giornali, ecc.)	pers	[pers]
radio (f)	radio	[radio]
stazione (f) radio	omroep	[omrup]
televisione (f)	televisie	[telefisi]

presentatore (m)	aanbieder	[ānbidər]
annunciatore (m)	nuusleser	[nɪslesər]
commentatore (m)	kommentator	[kommentator]

giornalista (m)	joernalis	[jurnalis]
corrispondente (m)	korrespondent	[korrespondɛnt]
fotocronista (m)	persfotograaf	[pers·fotoχrāf]
cronista (m)	verslaggewer	[ferslaχ·χevər]

| redattore (m) | redakteur | [redaktøər] |
| redattore capo (m) | hoofredakteur | [hoəf·redaktøər] |

abbonarsi a ...	inteken op ...	[intekən op ...]
abbonamento (m)	intekening	[intekəniŋ]
abbonato (m)	intekenaar	[intekənār]
leggere (vi, vt)	lees	[leəs]
lettore (m)	leser	[lesər]

tiratura (f)	oplaag	[oplāχ]
mensile (agg)	maandeliks	[māndəliks]
settimanale (agg)	wekliks	[veəkliks]
numero (m)	nommer	[nommər]
fresco (agg)	nuwe	[nuvə]

testata (f)	opskrif	[opskrif]
trafiletto (m)	kort artikel	[kort artikəl]
rubrica (f)	kolom	[kolom]
articolo (m)	artikel	[artikəl]
pagina (f)	bladsy	[bladsaj]

servizio (m), reportage (m)	veslag	[feslaχ]
evento (m)	gebeurtenis	[χebøərtenis]
sensazione (f)	sensasie	[sɛŋsasi]
scandalo (m)	skandaal	[skandāl]
scandaloso (agg)	skandelik	[skandəlik]
enorme (un ~ scandalo)	groot	[χroət]
trasmissione (f)	program	[proχram]
intervista (f)	onderhoud	[ondərhæut]

trasmissione (f) in diretta	regstreekse uitsending	[reχstreekse œitsendiŋ]
canale (m)	kanaal	[kanāl]

120. Agricoltura

agricoltura (f)	landbou	[landbæʊ]
contadino (m)	boer	[bur]
contadina (f)	boervrou	[bur·fræʊ]
fattore (m)	boer	[bur]

trattore (m)	trekker	[trɛkkər]
mietitrebbia (f)	stroper	[stropər]

aratro (m)	ploeg	[pluχ]
arare (vt)	ploeg	[pluχ]
terreno (m) coltivato	ploegland	[pluχlant]
solco (m)	voor	[foər]

seminare (vt)	saai	[sāi]
seminatrice (f)	saaier	[sājer]
semina (f)	saai	[sāi]

falce (f)	sens	[sɛŋs]
falciare (vt)	maai	[māi]

pala (f)	graaf	[χrāf]
scavare (vt)	omspit	[omspit]

zappa (f)	skoffel	[skoffəl]
zappare (vt)	skoffel	[skoffəl]
erbaccia (f)	onkruid	[onkrœit]

innaffiatoio (m)	gieter	[χitər]
innaffiare (vt)	nat gooi	[nat χoj]
innaffiamento (m)	nat gooi	[nat χoj]

forca (f)	gaffel	[χaffəl]
rastrello (m)	hark	[hark]

concime (m)	misstof	[misstof]
concimare (vt)	bemes	[bemes]
letame (m)	misstof	[misstof]

campo (m)	veld	[fɛlt]
prato (m)	weiland	[væjlant]
orto (m)	groentetuin	[χruntə·tœin]
frutteto (m)	boord	[boərt]

pascolare (vt)	wei	[væj]
pastore (m)	herder	[herdər]
pascolo (m)	weiland	[væjlant]

allevamento (m) di bestiame	veeboerdery	[fee·burderaj]
allevamento (m) di pecore	skaapboerdery	[skāp·burderaj]

piantagione (f)	aanplanting	[ānplantiŋ]
filare (m) (un ~ di alberi)	bedding	[beddiŋ]
serra (f) da orto	broeikas	[bruikas]

| siccità (f) | droogte | [droəχtə] |
| secco, arido (un'estate ~a) | droog | [droəχ] |

grano (m)	graan	[χrān]
cereali (m pl)	graangewasse	[χrān·χəwassə]
raccogliere (vt)	oes	[us]

mugnaio (m)	meulenaar	[møələnār]
mulino (m)	meul	[møəl]
macinare (~ il grano)	maal	[māl]
farina (f)	meelblom	[meəl·blom]
paglia (f)	strooi	[stroj]

121. Edificio. Attività di costruzione

cantiere (m) edile	bouperseel	[bæʊ·perseəl]
costruire (vt)	bou	[bæʊ]
operaio (m) edile	bouwerker	[bæʊ·verkər]

progetto (m)	projek	[projek]
architetto (m)	argitek	[arχitek]
operaio (m)	werker	[verkər]

fondamenta (f pl)	fondament	[fondament]
tetto (m)	dak	[dak]
palo (m) di fondazione	heipaal	[hæjpāl]
muro (m)	muur	[mɪr]

| barre (f pl) di rinforzo | betonstaal | [betoŋ·stāl] |
| impalcatura (f) | steiers | [stæjers] |

beton (m)	beton	[beton]
granito (m)	graniet	[χranit]
pietra (f)	klip	[klip]
mattone (m)	baksteen	[baksteən]

sabbia (f)	sand	[sant]
cemento (m)	sement	[sement]
intonaco (m)	pleister	[plæjstər]
intonacare (vt)	pleister	[plæjstər]

pittura (f)	verf	[ferf]
pitturare (vt)	verf	[ferf]
botte (f)	drom	[drom]

gru (f)	kraan	[krān]
sollevare (vt)	optel	[optəl]
abbassare (vt)	laat sak	[lāt sak]
bulldozer (m)	stootskraper	[stoət·skrapər]
scavatrice (f)	graafmasjien	[χrāf·maʃin]

cucchiaia (f)	bak	[bak]
scavare (vt)	grawe	[χravə]
casco (m) (~ di sicurezza)	helmet	[hɛlmet]

122. Scienza. Ricerca. Scienziati

scienza (f)	wetenskap	[vetɛŋskap]
scientifico (agg)	wetenskaplik	[vetɛŋskaplik]
scienziato (m)	wetenskaplike	[vetɛŋskaplikə]
teoria (f)	teorie	[teori]

assioma (m)	aksioma	[aksioma]
analisi (f)	analise	[analisə]
analizzare (vt)	analiseer	[analiseər]
argomento (m)	argument	[arχument]
sostanza, materia (f)	substansie	[substaŋsi]

ipotesi (f)	hipotese	[hipotesə]
dilemma (m)	dilemma	[dilɛmma]
tesi (f)	proefskrif	[prufskrif]
dogma (m)	dogma	[doχma]

dottrina (f)	doktrine	[doktrinə]
ricerca (f)	navorsing	[naforsiŋ]
fare ricerche	navors	[nafors]
prova (f)	toetse	[tutsə]
laboratorio (m)	laboratorium	[laboratorium]

metodo (m)	metode	[metodə]
molecola (f)	molekule	[molekulə]
monitoraggio (m)	monitering	[moniteriŋ]
scoperta (f)	ontdekking	[ontdɛkkiŋ]

postulato (m)	postulaat	[postulāt]
principio (m)	beginsel	[beχinsəl]
previsione (f)	voorspelling	[foərspɛlliŋ]
fare previsioni	voorspel	[foərspəl]

sintesi (f)	sintese	[sintesə]
tendenza (f)	tendens	[tendɛŋs]
teorema (m)	stelling	[stɛlliŋ]

| insegnamento (m) | leer | [leər] |
| fatto (m) | feit | [fæjt] |

| spedizione (f) | ekspedisie | [ɛkspedisi] |
| esperimento (m) | eksperiment | [ɛksperiment] |

accademico (m)	akademikus	[akademikus]
laureato (m)	baccalaureus	[bakalɔurøəs]
dottore (m)	doktor	[doktor]
professore (m) associato	medeprofessor	[medə·profɛssor]
Master (m)	Magister	[maχistər]
professore (m)	professor	[profɛssor]

Professioni e occupazioni

123. Ricerca di un lavoro. Licenziamento

lavoro (m)	baantjie	[bānki]
organico (m)	personeel	[personeel]
personale (m)	personeel	[personeel]
carriera (f)	loopbaan	[loəpbān]
prospettiva (f)	vooruitsigte	[foərœit·siχtə]
abilità (f pl)	meesterskap	[meesterskap]
selezione (f) (~ del personale)	seleksie	[seleksi]
agenzia (f) di collocamento	arbeidsburo	[arbæjds·buro]
curriculum vitae (f)	curriculum vitae	[kurrikulum fitaə]
colloquio (m)	werksonderhoud	[werk·ondərhæʊt]
posto (m) vacante	vakature	[fakaturə]
salario (m)	salaris	[salaris]
stipendio (m) fisso	vaste salaris	[fastə salaris]
compenso (m)	loon	[loən]
carica (f), funzione (f)	posisie	[posisi]
mansione (f)	taak	[tāk]
mansioni (f pl) di lavoro	reeks opdragte	[reeks opdraχtə]
occupato (agg)	besig	[besəχ]
licenziare (vt)	afdank	[afdank]
licenziamento (m)	afdanking	[afdankiŋ]
disoccupazione (f)	werkloosheid	[verkloəshæjt]
disoccupato (m)	werkloos	[verkloəs]
pensionamento (m)	pensioen	[pɛnsiun]
andare in pensione	met pensioen gaan	[met pɛnsiun χān]

124. Gente d'affari

direttore (m)	direkteur	[direktøer]
dirigente (m)	bestuurder	[bestɪrdər]
capo (m)	baas	[bās]
superiore (m)	hoof	[hoəf]
capi (m pl)	hoofde	[hoəfdə]
presidente (m)	direkteur	[direktøer]
presidente (m) (impresa)	voorsitter	[foərsittər]
vice (m)	adjunk	[adjunk]
assistente (m)	assistent	[assistent]

segretario (m)	sekretaris	[sekretaris]
assistente (m) personale	persoonlike assistent	[persoənlikə assistent]

uomo (m) d'affari	sakeman	[sakəman]
imprenditore (m)	entrepreneur	[ɛntrəprenøər]
fondatore (m)	stigter	[stiχtər]
fondare (vt)	stig	[stiχ]

socio (m)	stigter	[stiχtər]
partner (m)	vennoot	[fɛnnoət]
azionista (m)	aandeelhouer	[āndeəl·hæʋər]

milionario (m)	miljoenêr	[miljunær]
miliardario (m)	miljardêr	[miljardær]
proprietario (m)	eienaar	[æjenār]
latifondista (m)	grondeienaar	[χront·æjenār]

cliente (m) (di professionista)	kliënt	[kliɛnt]
cliente (m) abituale	vaste kliënt	[fastə kliɛnt]
compratore (m)	koper	[kopər]
visitatore (m)	besoeker	[besukər]

professionista (m)	professioneel	[profɛssioneəl]
esperto (m)	kenner	[kɛnnər]
specialista (m)	spesialis	[spesialis]

banchiere (m)	bankier	[bankir]
broker (m)	makelaar	[makəlār]

cassiere (m)	kassier	[kassir]
contabile (m)	boekhouer	[bukhæʋər]
guardia (f) giurata	veiligheidswag	[fæjliχæjts·waχ]

investitore (m)	belegger	[beleχər]
debitore (m)	skuldenaar	[skuldenār]
creditore (m)	krediteur	[kreditøər]
mutuatario (m)	lener	[lenər]

importatore (m)	invoerder	[infurdər]
esportatore (m)	uitvoerder	[œitfurdər]

produttore (m)	produsent	[produsent]
distributore (m)	verdeler	[ferdelər]
intermediario (m)	tussenpersoon	[tussən·persoən]

consulente (m)	raadgewer	[rāt·χevər]
rappresentante (m)	verkoopsagent	[ferkoəps·aχent]
agente (m)	agent	[aχent]
assicuratore (m)	versekeringsagent	[fersəkeriŋs·aχent]

125. Professioni amministrative

cuoco (m)	kok	[kok]
capocuoco (m)	sjef	[ʃef]

fornaio (m)	bakker	[bakkər]
barista (m)	kroegman	[kruχman]
cameriere (m)	kelner	[kɛlnər]
cameriera (f)	kelnerin	[kɛlnərin]

avvocato (m)	advokaat	[adfokãt]
esperto (m) legale	prokureur	[prokurøər]
notaio (m)	notaris	[notaris]

elettricista (m)	elektrisiën	[ɛlektrisiɛn]
idraulico (m)	loodgieter	[loədχitər]
falegname (m)	timmerman	[timmerman]

massaggiatore (m)	masseerder	[masseərdər]
massaggiatrice (f)	masseerster	[masseərstər]
medico (m)	dokter	[doktər]

taxista (m)	taxibestuurder	[taksi·bestɪrdər]
autista (m)	bestuurder	[bestɪrdər]
fattorino (m)	koerier	[kurir]

cameriera (f)	kamermeisie	[kamər·mæjsi]
guardia (f) giurata	veiligheidswag	[fæjliχæjts·waχ]
hostess (f)	lugwaardin	[luχ·wãrdin]

insegnante (m, f)	onderwyser	[ondərwajsər]
bibliotecario (m)	bibliotekaris	[bibliotekaris]
traduttore (m)	vertaler	[fertalər]
interprete (m)	tolk	[tolk]
guida (f)	gids	[χids]

parrucchiere (m)	haarkapper	[hãr·kappər]
postino (m)	posbode	[pos·bodə]
commesso (m)	verkoper	[ferkopər]

giardiniere (m)	tuinman	[tœin·man]
domestico (m)	bediende	[bedində]
domestica (f)	bediende	[bedində]
donna (f) delle pulizie	skoonmaakster	[skoən·mãkstər]

126. Professioni militari e gradi

soldato (m) semplice	soldaat	[soldãt]
sergente (m)	sersant	[sersant]
tenente (m)	luitenant	[lœitənant]
capitano (m)	kaptein	[kaptæjn]

maggiore (m)	majoor	[majoər]
colonnello (m)	kolonel	[kolonəl]
generale (m)	generaal	[χenerãl]
maresciallo (m)	maarskalk	[mãrskalk]
ammiraglio (m)	admiraal	[admirãl]
militare (m)	leër	[leɛr]
soldato (m)	soldaat	[soldãt]

| ufficiale (m) | offisier | [offisir] |
| comandante (m) | kommandant | [kommandant] |

guardia (f) di frontiera	grenswag	[χrɛŋs·waχ]
marconista (m)	radio-operateur	[radio-operatøər]
esploratore (m)	verkenner	[ferkɛnnər]
geniere (m)	sappeur	[sappøər]
tiratore (m)	skutter	[skuttər]
navigatore (m)	navigator	[nafiχator]

127. Funzionari. Sacerdoti

| re (m) | koning | [koniŋ] |
| regina (f) | koningin | [koniŋin] |

| principe (m) | prins | [prins] |
| principessa (f) | prinses | [prinsəs] |

| zar (m) | tsaar | [tsār] |
| zarina (f) | tsarina | [tsarina] |

presidente (m)	president	[president]
ministro (m)	minister	[ministər]
primo ministro (m)	eerste minister	[eerstə ministər]
senatore (m)	senator	[senator]

diplomatico (m)	diplomaat	[diplomāt]
console (m)	konsul	[kɔŋsul]
ambasciatore (m)	ambassadeur	[ambassadøər]
consigliere (m)	adviseur	[adfisøər]

funzionario (m)	amptenaar	[amptənar]
prefetto (m)	prefek	[prefek]
sindaco (m)	burgermeester	[burgər·meestər]

| giudice (m) | regter | [reχtər] |
| procuratore (m) | aanklaer | [ānklaər] |

missionario (m)	sendeling	[sendəliŋ]
monaco (m)	monnik	[monnik]
abate (m)	ab	[ap]
rabbino (m)	rabbi	[rabbi]

visir (m)	visier	[fisir]
scià (m)	sjah	[ʃah]
sceicco (m)	sjeik	[ʃæjk]

128. Professioni agricole

apicoltore (m)	byeboer	[bajebur]
pastore (m)	herder	[herdər]
agronomo (m)	landboukundige	[landbæʊ·kundiχə]

| allevatore (m) di bestiame | veeteler | [feə·telər] |
| veterinario (m) | veearts | [feə·arts] |

fattore (m)	boer	[bur]
vinificatore (m)	wynmaker	[vajn·makər]
zoologo (m)	dierkundige	[dir·kundiχə]
cowboy (m)	cowboy	[kovboj]

129. Professioni artistiche

| attore (m) | akteur | [aktøər] |
| attrice (f) | aktrise | [aktrisə] |

| cantante (m) | sanger | [saŋər] |
| cantante (f) | sangeres | [saŋəres] |

| danzatore (m) | danser | [daŋsər] |
| ballerina (f) | danseres | [daŋsəres] |

| artista (m) | verhoogkunstenaar | [ferhoəχ·kunstənãr] |
| artista (f) | verhoogkunstenares | [ferhoəχ·kunstənares] |

musicista (m)	musikant	[musikant]
pianista (m)	pianis	[pianis]
chitarrista (m)	kitaarspeler	[kitãr·spelər]

direttore (m) d'orchestra	dirigent	[diriχent]
compositore (m)	komponis	[komponis]
impresario (m)	impresario	[impresario]

regista (m)	filmregisseur	[film·reχissøər]
produttore (m)	produsent	[produsent]
sceneggiatore (m)	draaiboekskrywer	[drãjbuk·skrajvər]
critico (m)	kritikus	[kritikus]

scrittore (m)	skrywer	[skrajvər]
poeta (m)	digter	[diχtər]
scultore (m)	beeldhouer	[beəldhæuər]
pittore (m)	kunstenaar	[kunstenãr]

giocoliere (m)	jongleur	[jonχløər]
pagliaccio (m)	hanswors	[haŋswors]
acrobata (m)	akrobaat	[akrobãt]
prestigiatore (m)	goëlaar	[χoɛlãr]

130. Professioni varie

medico (m)	dokter	[doktər]
infermiera (f)	verpleegster	[ferpleəχ·stər]
psichiatra (m)	psigiater	[psiχiatər]
dentista (m)	tandarts	[tand·arts]
chirurgo (m)	chirurg	[ʃirurχ]

astronauta (m)	astronout	[astronæʊt]
astronomo (m)	astronoom	[astronoəm]
pilota (m)	piloot	[piloət]

autista (m)	bestuurder	[bestɪrdər]
macchinista (m)	treindrywer	[træjn·drajvər]
meccanico (m)	werktuigkundige	[verktœiχ·kundiχə]

minatore (m)	mynwerker	[majn·werkər]
operaio (m)	werker	[verkər]
operaio (m) metallurgico	slotmaker	[slot·makər]
falegname (m)	skrynwerker	[skrajn·werkər]
tornitore (m)	draaibankwerker	[drājbank·werkər]
operaio (m) edile	bouwerker	[bæʊ·verkər]
saldatore (m)	sweiser	[swæjsər]

professore (m)	professor	[profɛssor]
architetto (m)	argitek	[arχitek]
storico (m)	historikus	[historikus]
scienziato (m)	wetenskaplike	[vetɛŋskaplikə]
fisico (m)	fisikus	[fisikus]
chimico (m)	skeikundige	[skæjkundiχə]

archeologo (m)	argeoloog	[arχeoloəχ]
geologo (m)	geoloog	[χeoloəχ]
ricercatore (m)	navorser	[naforsər]

baby-sitter (m, f)	babasitter	[babasittər]
insegnante (m, f)	onderwyser	[ondərwajsər]

redattore (m)	redakteur	[redaktøər]
redattore capo (m)	hoofredakteur	[hoəf·redaktøər]
corrispondente (m)	korrespondent	[korrespondɛnt]
dattilografa (f)	tikster	[tikstər]

designer (m)	ontwerper	[ontwerpər]
esperto (m) informatico	rekenaarkenner	[rekənār·kɛnnər]
programmatore (m)	programmeur	[proχrammøər]
ingegnere (m)	ingenieur	[inχeniøər]

marittimo (m)	matroos	[matroəs]
marinaio (m)	seeman	[seəman]
soccorritore (m)	redder	[rɛddər]

pompiere (m)	brandweerman	[brantveər·man]
poliziotto (m)	polisieman	[polisi·man]
guardiano (m)	bewaker	[bevakər]
detective (m)	speurder	[spøərdər]

doganiere (m)	doeanebeampte	[duanə·beamptə]
guardia (f) del corpo	lyfwag	[lajf·waχ]
guardia (f) carceraria	tronkbewaarder	[tronk·bevārdər]
ispettore (m)	inspekteur	[inspektøər]

sportivo (m)	sportman	[sportman]
allenatore (m)	breier	[bræjer]

macellaio (m)	slagter	[slaχtər]
calzolaio (m)	skoenmaker	[skun·makər]
uomo (m) d'affari	handelaar	[handəlār]
caricatore (m)	laaier	[lājer]

| stilista (m) | modeontwerper | [modə·ontwerpər] |
| modella (f) | model | [modəl] |

131. Attività lavorative. Condizione sociale

| scolaro (m) | skoolseun | [skoəl·søən] |
| studente (m) | student | [student] |

filosofo (m)	filosoof	[filosoəf]
economista (m)	ekonoom	[εkonoəm]
inventore (m)	uitvinder	[œitfindər]

disoccupato (m)	werkloos	[verkloəs]
pensionato (m)	pensioentrekker	[pεnsiun·trεkkər]
spia (f)	spioen	[spiun]

detenuto (m)	gevangene	[χefaŋənə]
scioperante (m)	staker	[stakər]
burocrate (m)	burokraat	[burokrāt]
viaggiatore (m)	reisiger	[ræjsiχər]

omosessuale (m)	gay	[χaaj]
hacker (m)	kuberkraker	[kubər·krakər]
hippy (m, f)	hippie	[hippi]

bandito (m)	bandiet	[bandit]
sicario (m)	huurmoordenaar	[hɪr·moərdenār]
drogato (m)	dwelmslaaf	[dwεlm·slāf]
trafficante (m) di droga	dwelmhandelaar	[dwεlm·handəlār]
prostituta (f)	prostituut	[prostitɪt]
magnaccia (m)	pooier	[pojer]

stregone (m)	towenaar	[tovenār]
strega (f)	heks	[heks]
pirata (m)	piraat, seerower	[pirāt], [seə·rovər]
schiavo (m)	slaaf	[slāf]
samurai (m)	samoerai	[samuraj]
selvaggio (m)	wilde	[vildə]

Sport

132. Tipi di sport. Sportivi

sportivo (m)	sportman	[sportman]
sport (m)	sportsoorte	[sport·soǝrtǝ]
pallacanestro (m)	basketbal	[basketbal]
cestista (m)	basketbalspeler	[basketbal·spelǝr]
baseball (m)	bofbal	[bofbal]
giocatore (m) di baseball	bofbalspeler	[bofbal·spelǝr]
calcio (m)	sokker	[sokkǝr]
calciatore (m)	sokkerspeler	[sokkǝr·spelǝr]
portiere (m)	doelwagter	[dul·waχtǝr]
hockey (m)	hokkie	[hokki]
hockeista (m)	hokkiespeler	[hokki·spelǝr]
pallavolo (m)	vlugbal	[fluχbal]
pallavolista (m)	vlugbalspeler	[fluχbal·spelǝr]
pugilato (m)	boks	[boks]
pugile (m)	bokser	[boksǝr]
lotta (f)	stoei	[stui]
lottatore (m)	stoeier	[stujer]
karate (m)	karate	[karatǝ]
karateka (m)	karatevegter	[karatǝ·feχtǝr]
judo (m)	judo	[judo]
judoista (m)	judoka	[judoka]
tennis (m)	tennis	[tɛnnis]
tennista (m)	tennisspeler	[tɛnnis·spelǝr]
nuoto (m)	swem	[swem]
nuotatore (m)	swemmer	[swemmǝr]
scherma (f)	skerm	[skerm]
schermitore (m)	skermer	[skermǝr]
scacchi (m pl)	skaak	[skāk]
scacchista (m)	skaakspeler	[skāk·spelǝr]
alpinismo (m)	alpinisme	[alpinismǝ]
alpinista (m)	alpinis	[alpinis]
corsa (f)	hardloop	[hardloǝp]

corridore (m)	hardloper	[hardloper]
atletica (f) leggera	atletiek	[atletik]
atleta (m)	atleet	[atleet]

| ippica (f) | perdry | [perdraj] |
| fantino (m) | ruiter | [rœiter] |

pattinaggio (m) artistico	kunsskaats	[kuns·skãts]
pattinatore (m)	kunsskaatser	[kuns·skãtser]
pattinatrice (f)	kunsskaatser	[kuns·skãtser]

| pesistica (f) | gewigoptel | [χeviχ·optel] |
| pesista (m) | gewigopteller | [χeviχ·optɛller] |

| automobilismo (m) | motorwedren | [motor·wedren] |
| pilota (m) | renjaer | [renjaer] |

| ciclismo (m) | fiets | [fits] |
| ciclista (m) | fietser | [fitser] |

salto (m) in lungo	verspring	[fer·spriŋ]
salto (m) con l'asta	polsstokspring	[polsstok·spriŋ]
saltatore (m)	springer	[spriŋer]

133. Tipi di sport. Varie

football (m) americano	sokker	[sokker]
badminton (m)	pluimbal	[plœimbal]
biathlon (m)	tweekamp	[tweekamp]
biliardo (m)	biljart	[biljart]

bob (m)	bobslee	[bobslee]
culturismo (m)	liggaamsbou	[liχχãmsbæʊ]
pallanuoto (m)	waterpolo	[vater·polo]
pallamano (m)	handbal	[handbal]
golf (m)	gholf	[golf]

canottaggio (m)	roei	[rui]
immersione (f) subacquea	duik	[dœik]
sci (m) di fondo	veldski	[fɛlt·ski]
tennis (m) da tavolo	tafeltennis	[tafel·tɛnnis]

vela (f)	seil	[sæjl]
rally (m)	tydren jaag	[tajdren jãχ]
rugby (m)	rugby	[ragbi]
snowboard (m)	sneeuplankry	[sniʊ·plankraj]
tiro (m) con l'arco	boogskiet	[boeχ·skit]

134. Palestra

| bilanciere (m) | staafgewig | [stãf·χeveχ] |
| manubri (m pl) | handgewigte | [hand·χeviχte] |

attrezzo (m) sportivo	oefenmasjien	[ufen·maʃin]
cyclette (f)	oefenfiets	[ufen·fits]
tapis roulant (m)	trapmeul	[trapmøəl]

sbarra (f)	rekstok	[rekstok]
parallele (f pl)	brug	[bruχ]
cavallo (m)	springperd	[sprin·pert]
materassino (m)	oefenmat	[ufen·mat]

corda (f) per saltare	springtou	[sprin·tæʋ]
aerobica (f)	aërobiese oefeninge	[aɛrobisə ufeninə]
yoga (m)	joga	[joga]

135. Hockey

hockey (m)	hokkie	[hokki]
hockeista (m)	hokkiespeler	[hokki·spelər]
giocare a hockey	hokkie speel	[hokki speəl]
ghiaccio (m)	ys	[ajs]

disco (m)	skyf	[skajf]
bastone (m) da hockey	hokkiestok	[hokki·stok]
pattini (m pl)	ysskaatse	[ajs·skātsə]

| bordo (m) | bord | [bort] |
| tiro (m) | skoot | [skoət] |

| portiere (m) | doelwagter | [dul·waχtər] |
| gol (m) | doelpunt | [dulpunt] |

tempo (m)	periode	[periodə]
secondo tempo (m)	tweede periode	[tweədə periodə]
panchina (f)	plaasvervangersbank	[plās·ferfaŋers·bank]

136. Calcio

calcio (m)	sokker	[sokkər]
calciatore (m)	sokkerspeler	[sokkər·spelər]
giocare a calcio	sokker speel	[sokkər speəl]

La Prima Divisione	seniorliga	[senior·liχa]
società (f) calcistica	sokkerklub	[sokkər·klup]
allenatore (m)	breier	[bræjer]
proprietario (m)	eienaar	[æjenār]

squadra (f)	span	[span]
capitano (m) di squadra	spankaptein	[spanə·kaptæjn]
giocatore (m)	speler	[spelər]
riserva (f)	plaasvervanger	[plās·ferfaŋər]

| attaccante (m) | voorspeler | [foər·spelər] |
| centrocampista (m) | middelvoorspeler | [middəlfoər·spelər] |

bomber (m)	doelpuntmaker	[dulpunt·makər]
terzino (m)	verdediger	[ferdediχər]
mediano (m)	middelveldspeler	[middəlfɛld·spelər]
partita (f)	wedstryd	[vedstrajt]
incontrarsi (vr)	ontmoet	[ontmut]
finale (m)	finale	[finalə]
semifinale (m)	semi-finale	[semi-finalə]
campionato (m)	kampioenskap	[kampiunskap]
tempo (m)	helfte	[hɛlftə]
primo tempo (m)	eerste helfte	[eərstə hɛlftə]
intervallo (m)	rustyd	[rustajt]
porta (f)	doel	[dul]
portiere (m)	doelwagter	[dul·waχtər]
palo (m)	doelpale	[dul·palə]
traversa (f)	dwarslat	[dwars·lat]
rete (f)	net	[net]
pallone (m)	bal	[bal]
passaggio (m)	deurgee	[døərχeə]
calcio (m), tiro (m)	skop	[skop]
tirare un calcio	skop	[skop]
calcio (m) di punizione	vryskop	[frajskop]
calcio (m) d'angolo	hoekskop	[hukskop]
attacco (m)	aanval	[ānfal]
contrattacco (m)	teenaanval	[teən·ānfal]
combinazione (f)	kombinasie	[kombinasi]
arbitro (m)	skeidsregter	[skæjds·reχtər]
fischiare (vi)	die fluitjie blaas	[di flœiki blās]
fischio (m)	fluitsienjaal	[flœit·sinjāl]
fallo (m)	oortreding	[oərtrediŋ]
espellere dal campo	van die veld stuur	[fan di fɛlt stɪr]
cartellino (m) giallo	geel kaart	[χeəl kārt]
cartellino (m) rosso	rooi kaart	[roj kārt]
squalifica (f)	diskwalifikasie	[diskvalifikasi]
squalificare (vt)	diskwalifiseer	[diskvalifiseər]
rigore (m)	strafskop	[strafskop]
barriera (f)	muur	[mɪr]
segnare (~ un gol)	doel aanteken	[dul āntekən]
gol (m)	doelpunt	[dulpunt]
sostituzione (f)	plaasvervanging	[plās·ferfaŋiŋ]
sostituire (vt)	vervang	[ferfaŋ]
regole (f pl)	reëls	[reɛls]
tattica (f)	taktiek	[taktik]
stadio (m)	stadion	[stadion]
tribuna (f)	tribune	[tribunə]
tifoso, fan (m)	ondersteuner	[ondərstøənər]
gridare (vi)	skreeu	[skriʊ]

tabellone (m) segnapunti	telbord	[tɛlbort]
punteggio (m)	stand	[stant]
sconfitta (f)	nederlaag	[nedərlãχ]
subire una sconfitta	verloor	[ferloər]
pareggio (m)	gelykspel	[χelajkspəl]
pareggiare (vi)	gelykop speel	[χelajkop speəl]
vittoria (f)	oorwinning	[oərwinniŋ]
vincere (vi)	wen	[ven]
campione (m)	kampioen	[kampiun]
migliore (agg)	beste	[bestə]
congratularsi (con qn per qc)	gelukwens	[χelukwɛŋs]
commentatore (m)	kommentator	[kommentator]
commentare (vt)	verslag lewer	[ferslaχ levər]
trasmissione (f)	uitsending	[œitsendiŋ]

137. Sci alpino

sciare (vi)	ski	[ski]
stazione (f) sciistica	berg ski-oord	[berχ ski-oərt]
sciovia (f)	skihysbak	[ski·hajsbak]
bastoni (m pl) da sci	skistokke	[ski·stokkə]
pendio (m)	helling	[hɛlliŋ]
slalom (m)	slalom	[slalom]

138. Tennis. Golf

golf (m)	gholf	[golf]
golf club (m)	gholfklub	[golf·klup]
golfista (m)	gholfspeler	[golf·spelər]
buca (f)	putjie	[puki]
mazza (f) da golf	gholfstok	[golf·stok]
carrello (m) da golf	gholfkarretjie	[golf·karrəki]
tennis (m)	tennis	[tɛnnis]
campo (m) da tennis	tennisbaan	[tɛnnis·bān]
battuta (f)	afslaan	[afslān]
servire (vt)	afslaan	[afslān]
racchetta (f)	raket	[raket]
rete (f)	net	[net]
palla (f)	bal	[bal]

139. Scacchi

scacchi (m pl)	skaak	[skāk]
pezzi (m pl) degli scacchi	skaakstukke	[skāk·stukkə]

scacchista (m)	skaakspeler	[skāk·spelər]
scacchiera (f)	skaakbord	[skāk·bort]
pezzo (m)	stuk	[stuk]

Bianchi (m pl)	wit	[vit]
Neri (m pl)	swart	[swart]

pedina (f)	pion	[pion]
alfiere (m)	loper	[lopər]
cavallo (m)	ruiter	[rœitər]
torre (f)	toring	[toriŋ]
regina (f)	dame	[damə]
re (m)	koning	[koniŋ]

mossa (m)	skuif	[skœif]
muovere (vt)	skuif	[skœif]
sacrificare (vt)	opoffer	[opoffər]
arrocco (m)	rokade	[rokadə]
scacco (m)	skaak	[skāk]
scacco matto (m)	skaakmat	[skāk·mat]

torneo (m) di scacchi	skaakwedstryd	[skāk·wedstrajt]
gran maestro (m)	Grootmeester	[xroet·meəstər]
combinazione (f)	kombinasie	[kombinasi]
partita (f) (~ a scacchi)	spel	[spəl]
dama (f)	damspel	[dam·spəl]

140. Pugilato

pugilato (m), boxe (f)	boks	[boks]
incontro (m)	geveg	[xefeχ]
incontro (m) di boxe	boksgeveg	[boks·χefəχ]
round (m)	rondte	[rondtə]

ring (m)	kryt	[krajt]
gong (m)	gong	[χoŋ]

pugno (m)	hou	[hæʋ]
knock down (m)	uitklophou	[œitklophæʋ]
knock-out (m)	uitklophou	[œitklophæʋ]
mettere knock-out	uitklophou plant	[œitklophæʋ plant]
guantone (m) da pugile	bokshandskoen	[boks·handskun]
arbitro (m)	skeidsregter	[skæjds·reχtər]

peso (m) leggero	liggegewig	[liχχə·χevəχ]
peso (m) medio	middelgewig	[middəl·χevəχ]
peso (m) massimo	swaargewig	[swār·χevəχ]

141. Sport. Varie

Giochi (m pl) Olimpici	Olimpiese Spele	[olimpisə spelə]
vincitore (m)	oorwinnaar	[oərwinnār]

ottenere la vittoria	wen	[ven]
vincere (vi)	wen	[ven]
leader (m), capo (m)	leier	[læjer]
essere alla guida	lei	[læj]
primo posto (m)	eerste plek	[eərstə plek]
secondo posto (m)	tweede plek	[tweədə plek]
terzo posto (m)	derde plek	[derdə plek]
medaglia (f)	medalje	[medalje]
trofeo (m)	trofee	[trofeə]
coppa (f) (trofeo)	beker	[bekər]
premio (m)	prys	[prajs]
primo premio (m)	hoofprys	[hoəf·prajs]
record (m)	rekord	[rekort]
finale (m)	finale	[finalə]
finale (agg)	finale	[finalə]
campione (m)	kampioen	[kampiun]
campionato (m)	kampioenskap	[kampiunskap]
stadio (m)	stadion	[stadion]
tribuna (f)	tribune	[tribunə]
tifoso, fan (m)	ondersteuner	[ondərstøənər]
avversario (m)	teëstander	[teɛstandər]
partenza (f)	wegspringplek	[veχspriŋ·plek]
traguardo (m)	eindstreep	[æjnd·streəp]
sconfitta (f)	nederlaag	[nedərlãχ]
perdere (vt)	verloor	[fərloər]
arbitro (m)	skeidsregter	[skæjds·reχtər]
giuria (f)	beoordelaars	[be·oərdelãrs]
punteggio (m)	stand	[stant]
pareggio (m)	gelykspel	[χelajkspəl]
pareggiare (vi)	gelykop speel	[χelajkop speəl]
punto (m)	punt	[punt]
risultato (m)	puntestand	[puntəstant]
tempo (primo ~)	periode	[periodə]
intervallo (m)	rustyd	[rustajt]
doping (m)	opkikkers	[opkikkərs]
penalizzare (vt)	straf	[straf]
squalificare (vt)	diskwalifiseer	[diskwalifiseər]
attrezzatura (f)	apparaat	[apparãt]
giavellotto (m)	spies	[spis]
peso (m) (sfera metallica)	koeël	[kuɛl]
biglia (f) (palla)	bal	[bal]
obiettivo (m)	doelwit	[dulwit]
bersaglio (m)	teiken	[tæjkən]

sparare (vi)	**skiet**	[skit]
preciso (agg)	**akkuraat**	[akkurāt]
allenatore (m)	**breier**	[bræjer]
allenare (vt)	**afrig**	[afrəχ]
allenarsi (vr)	**oefen**	[ufen]
allenamento (m)	**oefen**	[ufen]
palestra (f)	**gimnastieksaal**	[χimnastik·sāl]
esercizio (m)	**oefening**	[ufeniŋ]
riscaldamento (m)	**opwarm**	[opwarm]

Istruzione

142. Scuola

| scuola (f) | skool | [skoəl] |
| direttore (m) di scuola | prinsipaal | [prinsipāl] |

allievo (m)	leerder	[leərdər]
allieva (f)	leerder	[leərdər]
scolaro (m)	skoolseun	[skoəl·søən]
scolara (f)	skooldogter	[skoəl·doχtər]

insegnare (qn)	leer	[leər]
imparare (una lingua)	leer	[leər]
imparare a memoria	van buite leer	[fan bœitə leər]

studiare (vi)	leer	[leər]
frequentare la scuola	op skool wees	[op skoəl veəs]
andare a scuola	skooltoe gaan	[skoəltu χān]

| alfabeto (m) | alfabet | [alfabet] |
| materia (f) | vak | [fak] |

classe (f)	klaskamer	[klas·kamər]
lezione (f)	les	[les]
ricreazione (f)	pouse	[pæʊsə]
campanella (f)	skoolbel	[skoəl·bəl]
banco (m)	skoolbank	[skoəl·bank]
lavagna (f)	bord	[bort]

voto (m)	simbool	[simboəl]
voto (m) alto	goeie punt	[χuje punt]
voto (m) basso	slegte punt	[sleχtə punt]

errore (m)	fout	[fæʊt]
fare errori	foute maak	[fæʊtə māk]
correggere (vt)	korrigeer	[korriχeər]
bigliettino (m)	afskryfbriefie	[afskrajf·brifi]

| compiti (m pl) | huiswerk | [hœis·werk] |
| esercizio (m) | oefening | [ufeniŋ] |

essere presente	aanwesig wees	[ānwesəχ veəs]
essere assente	afwesig wees	[afwesəχ veəs]
mancare le lezioni	stokkies draai	[stokkis drāj]

punire (vt)	straf	[straf]
punizione (f)	straf	[straf]
comportamento (m)	gedrag	[χedraχ]
pagella (f)	rapport	[rapport]

matita (f)	potlood	[potloət]
gomma (f) per cancellare	uitveër	[œitfɛɛr]
gesso (m)	kryt	[krajt]
astuccio (m) portamatite	potloodsakkie	[potloət·sakki]
cartella (f)	boekesak	[bukə·sak]
penna (f)	pen	[pen]
quaderno (m)	skryfboek	[skrajf·buk]
manuale (m)	handboek	[hand·buk]
compasso (m)	passer	[passər]
disegnare (tracciare)	tegniese tekeninge maak	[tɛχnisə tekənikə mãk]
disegno (m) tecnico	tegniese tekening	[tɛχnisə tekəniŋ]
poesia (f)	gedig	[χedəχ]
a memoria	van buite	[fan bœitə]
imparare a memoria	van buite leer	[fan bœitə leər]
vacanze (f pl) scolastiche	skoolvakansie	[skoəl·fakaŋsi]
essere in vacanza	met vakansie wees	[met fakaŋsi veəs]
passare le vacanze	jou vakansie deurbring	[jæʊ fakaŋsi døərbriŋ]
prova (f) scritta	toets	[tuts]
composizione (f)	opstel	[opstəl]
dettato (m)	diktee	[dikteə]
esame (m)	eksamen	[ɛksamen]
esperimento (m)	eksperiment	[ɛksperiment]

143. Istituto superiore. Università

accademia (f)	akademie	[akademi]
università (f)	universiteit	[unifersitæjt]
facoltà (f)	fakulteit	[fakultæjt]
studente (m)	student	[student]
studentessa (f)	student	[student]
docente (m, f)	lektor	[lektor]
aula (f)	lesingsaal	[lesiŋ·sãl]
diplomato (m)	gegradueerde	[χeχradueərdə]
diploma (m)	sertifikaat	[sertifikãt]
tesi (f)	proefskrif	[prufskrif]
ricerca (f)	navorsing	[naforsiŋ]
laboratorio (m)	laboratorium	[laboratorium]
lezione (f)	lesing	[lesiŋ]
compagno (m) di corso	medestudent	[medə·student]
borsa (f) di studio	beurs	[bøərs]
titolo (m) accademico	akademiese graad	[akademisə χrãt]

144. Scienze. Discipline

matematica (f)	wiskunde	[vɪskundə]
algebra (f)	algebra	[alχebra]
geometria (f)	meetkunde	[meetkundə]
astronomia (f)	astronomie	[astronomi]
biologia (f)	biologie	[bioloχi]
geografia (f)	geografie	[χeoχrafi]
geologia (f)	geologie	[χeoloχi]
storia (f)	geskiedenis	[χeskidenis]
medicina (f)	geneeskunde	[χeneəs·kundə]
pedagogia (f)	pedagogie	[pedaχoχi]
diritto (m)	regte	[reχtə]
fisica (f)	fisika	[fisika]
chimica (f)	chemie	[χemi]
filosofia (f)	filosofie	[filosofi]
psicologia (f)	sielkunde	[silkundə]

145. Sistema di scrittura. Ortografia

grammatica (f)	grammatika	[χrammatika]
lessico (m)	woordeskat	[voərdeskat]
fonetica (f)	fonetika	[fonetika]
sostantivo (m)	selfstandige naamwoord	[sɛlfstandiχə nãmwoərt]
aggettivo (m)	byvoeglike naamwoord	[bajfuχlikə nãmvoərt]
verbo (m)	werkwoord	[verk·woərt]
avverbio (m)	bijwoord	[bij·woərt]
pronome (m)	voornaamwoord	[foərnãm·voərt]
interiezione (f)	tussenwerpsel	[tussən·werpsəl]
preposizione (f)	voorsetsel	[foərsetsəl]
radice (f)	stam	[stam]
desinenza (f)	agtervoegsel	[aχtər·fuχsəl]
prefisso (m)	voorvoegsel	[foər·fuχsəl]
sillaba (f)	lettergreep	[lɛttər·χreəp]
suffisso (m)	agtervoegsel, suffiks	[aχtər·fuχsəl], [suffiks]
accento (m)	klemteken	[klem·tekən]
apostrofo (m)	afkappingsteken	[afkappiŋs·tekən]
punto (m)	punt	[punt]
virgola (f)	komma	[komma]
punto (m) e virgola	kommapunt	[komma·punt]
due punti	dubbelpunt	[dubbəl·punt]
puntini di sospensione	beletselteken	[beletsəl·tekən]
punto (m) interrogativo	vraagteken	[frãχ·tekən]
punto (m) esclamativo	uitroepteken	[œitrup·tekən]

virgolette (f pl)	aanhalingstekens	[ãnhaliŋs·tekəŋs]
tra virgolette	tussen aanhalingstekens	[tussən ãnhaliŋs·tekəŋs]
parentesi (f pl)	hakies	[hakis]
tra parentesi	tussen hakies	[tussən hakis]
trattino (m)	koppelteken	[koppəl·tekən]
lineetta (f)	strepie	[strepi]
spazio (m) (tra due parole)	spasie	[spasi]
lettera (f)	letter	[lɛttər]
lettera (f) maiuscola	hoofletter	[hoəf·lɛttər]
vocale (f)	klinker	[klinkər]
consonante (f)	konsonant	[kɔŋsonant]
proposizione (f)	sin	[sin]
soggetto (m)	onderwerp	[ondərwerp]
predicato (m)	predikaat	[predikãt]
riga (f)	reël	[reɛl]
capoverso (m)	paragraaf	[paraχrãf]
parola (f)	woord	[voərt]
gruppo (m) di parole	woordgroep	[voərt·χrup]
espressione (f)	uitdrukking	[œitdrukkiŋ]
sinonimo (m)	sinoniem	[sinonim]
antonimo (m)	antoniem	[antonim]
regola (f)	reël	[reɛl]
eccezione (f)	uitsondering	[œitsondəriŋ]
giusto (corretto)	korrek	[korrek]
coniugazione (f)	vervoeging	[ferfuχiŋ]
declinazione (f)	verbuiging	[ferbœəχiŋ]
caso (m) nominativo	naamval	[nãmfal]
domanda (f)	vraag	[frãχ]
sottolineare (vt)	onderstreep	[ondərstreəp]
linea (f) tratteggiata	stippellyn	[stippəl·lajn]

146. Lingue straniere

lingua (f)	taal	[tãl]
straniero (agg)	vreemd	[freəmt]
lingua (f) straniera	vreemde taal	[freəmdə tãl]
studiare (vt)	studeer	[studeər]
imparare (una lingua)	leer	[leər]
leggere (vi, vt)	lees	[leəs]
parlare (vi, vt)	praat	[prãt]
capire (vt)	verstaan	[ferstãn]
scrivere (vi, vt)	skryf	[skrajf]
rapidamente	vinnig	[finnəχ]
lentamente	stadig	[stadəχ]

correntemente	vlot	[flot]
regole (f pl)	reëls	[rɛɛls]
grammatica (f)	grammatika	[χrammatika]
lessico (m)	woordeskat	[voərdeskat]
fonetica (f)	fonetika	[fonetika]

manuale (m)	handboek	[hand·buk]
dizionario (m)	woordeboek	[voərdə·buk]
manuale (m) autodidattico	selfstudie boek	[sɛlfstudi buk]
frasario (m)	taalgids	[tāl·χids]

cassetta (f)	kasset	[kasset]
videocassetta (f)	videoband	[video·bant]
CD (m)	CD	[se·de]
DVD (m)	DVD	[de·fe·de]

alfabeto (m)	alfabet	[alfabet]
compitare (vt)	spel	[spel]
pronuncia (f)	uitspraak	[œitsprāk]
accento (m)	aksent	[aksent]

vocabolo (m)	woord	[voərt]
significato (m)	betekenis	[betekənis]

corso (m) (~ di francese)	kursus	[kursus]
iscriversi (vr)	inskryf	[inskrajf]
insegnante (m, f)	onderwyser	[ondərwajsər]

traduzione (f) (fare una ~)	vertaling	[fertaliŋ]
traduzione (f) (un testo)	vertaling	[fertaliŋ]
traduttore (m)	vertaler	[fertalər]
interprete (m)	tolk	[tolk]

poliglotta (m)	poliglot	[poliχlot]
memoria (f)	geheue	[χəhøə]

147. Personaggi delle fiabe

Babbo Natale (m)	Kersvader	[kers·fadər]
Cenerentola (f)	Assepoester	[assepustər]
sirena (f)	meermin	[meərmin]
Nettuno (m)	Neptunus	[neptunus]

mago (m)	towenaar	[tovenār]
fata (f)	feetjie	[feəki]
magico (agg)	magies	[maχis]
bacchetta (f) magica	towerstaf	[tovər·staf]

fiaba (f), favola (f)	sprokie	[sproki]
miracolo (m)	wonderwerk	[vondərwerk]
nano (m)	dwerg	[dwerχ]
trasformarsi in ...	verander in ...	[ferandər in ...]
fantasma (m)	spook	[spoək]
spettro (m)	gees	[χees]

mostro (m)	monster	[mɔŋstər]
drago (m)	draak	[drãk]
gigante (m)	reus	[røəs]

148. Segni zodiacali

Ariete (m)	Ram	[ram]
Toro (m)	Stier	[stir]
Gemelli (m pl)	Tweelinge	[tweəliŋə]
Cancro (m)	Kreef	[kreəf]
Leone (m)	Leeu	[liʊ]
Vergine (f)	Maagd	[mãχt]

Bilancia (f)	Weegskaal	[veəχskãl]
Scorpione (m)	Skerpioen	[skerpiun]
Sagittario (m)	Boogskutter	[boəχskuttər]
Capricorno (m)	Steenbok	[steənbok]
Acquario (m)	Waterman	[vatərman]
Pesci (m pl)	Visse	[fissə]

carattere (m)	karakter	[karaktər]
tratti (m pl) del carattere	karaktertrekke	[karaktər·trɛkkə]
comportamento (m)	gedrag	[χedraχ]
predire il futuro	waarsê	[vãrsɛ:]
cartomante (f)	waarsêer	[vãrsɛər]
oroscopo (m)	horoskoop	[horoskoəp]

Arte

149. Teatro

teatro (m)	teater	[teatər]
opera (f)	opera	[opera]
operetta (f)	operette	[operɛttə]
balletto (m)	ballet	[ballet]
cartellone (m)	plakkaat	[plakkãt]
compagnia (f) teatrale	teatergeselskap	[teatər·xesɛlskap]
tournée (f)	toer	[tur]
andare in tourn?e	op toer wees	[op tur veəs]
fare le prove	repeteer	[repeteər]
prova (f)	repetisie	[repetisi]
repertorio (m)	repertoire	[repertuarə]
rappresentazione (f)	voorstelling	[foərstɛllin]
spettacolo (m)	opvoering	[opfurin]
opera (f) teatrale	toneelstuk	[toneel·stuk]
biglietto (m)	kaartjie	[kãrki]
botteghino (m)	loket	[lokət]
hall (f)	voorportaal	[foər·portãl]
guardaroba (f)	bewaarkamer	[bevãr·kamər]
cartellino (m) del guardaroba	bewaarkamerkaartjie	[bevãr·kamər·kãrki]
binocolo (m)	verkyker	[ferkajkər]
maschera (f)	plekaanwyser	[plek·ãnwajsər]
platea (f)	stalles	[stalles]
balconata (f)	balkon	[balkon]
prima galleria (f)	eerste balkon	[eərstə balkon]
palco (m)	losie	[losi]
fila (f)	ry	[raj]
posto (m)	sitplek	[sitplek]
pubblico (m)	gehoor	[xehoər]
spettatore (m)	toehoorders	[tuhoərders]
battere le mani	klap	[klap]
applauso (m)	applous	[applæʊs]
ovazione (f)	toejuiging	[tujœəxin]
palcoscenico (m)	verhoog	[ferhoəx]
sipario (m)	gordyn	[xordajn]
scenografia (f)	dekor	[dekor]
quinte (f pl)	agter die verhoog	[axtər di ferhoəx]
scena (f) (l'ultima ~)	toneel	[toneəl]
atto (m)	bedryf	[bedrajf]
intervallo (m)	pouse	[pæʊsə]

150. Cinema

attore (m)	akteur	[aktøər]
attrice (f)	aktrise	[aktrisə]
cinema (m) (industria)	filmbedryf	[film·bedrajf]
film (m)	fliek	[flik]
puntata (f)	episode	[ɛpisodə]
film (m) giallo	speurfliek	[spøər·flik]
film (m) d'azione	aksiefliek	[aksi·flik]
film (m) d'avventure	avontuurfliek	[afontɪr·flik]
film (m) di fantascienza	wetenskapfiksiefilm	[vetɛŋskapfiksi·film]
film (m) d'orrore	gruwelfliek	[χruvɛl·flik]
film (m) comico	komedie	[komedi]
melodramma (m)	melodrama	[melodrama]
dramma (m)	drama	[drama]
film (m) a soggetto	rolprent	[rolprent]
documentario (m)	dokumentêre rolprent	[dokumentɛrə rolprent]
cartoni (m pl) animati	tekenfilm	[tekən·film]
cinema (m) muto	stilprent	[stil·prent]
parte (f)	rol	[rol]
parte (f) principale	hoofrol	[hoəf·rol]
recitare (vi, vt)	speel	[speəl]
star (f), stella (f)	filmster	[film·stər]
noto (agg)	bekend	[bekent]
famoso (agg)	beroemd	[berumt]
popolare (agg)	gewild	[χevilt]
sceneggiatura (m)	draaiboek	[drãjbuk]
sceneggiatore (m)	draaiboekskrywer	[drãjbuk·skrajvər]
regista (m)	filmregisseur	[film·reχissøər]
produttore (m)	produsent	[produsent]
assistente (m)	assistent	[assistent]
cameraman (m)	kameraman	[kameraman]
cascatore (m)	waaghals	[vãχhals]
controfigura (f)	dubbel	[dubbəl]
provino (m)	filmtoets	[film·tuts]
ripresa (f)	skiet	[skit]
troupe (f) cinematografica	filmspan	[film·span]
set (m)	rolprentstel	[rolprent·stəl]
cinepresa (f)	kamera	[kamera]
cinema (m) (~ all'aperto)	bioskoop	[bioskoəp]
schermo (m)	skerm	[skerm]
colonna (f) sonora	klankbaan	[klank·bãn]
effetti (m pl) speciali	spesiale effekte	[spesialə ɛffektə]
sottotitoli (m pl)	onderskrif	[ondərskrif]
titoli (m pl) di coda	erkenning	[ɛrkɛnniŋ]
traduzione (f)	vertaling	[fertaliŋ]

151. Pittura

arte (f)	kuns	[kuns]
belle arti (f pl)	skone kunste	[skonə kunstə]
galleria (f) d'arte	kunsgalery	[kuns·ꭓaleraj]
mostra (f)	kunsuitstalling	[kuns·œitstalliŋ]

pittura (f)	skildery	[skilderaj]
grafica (f)	grafiese kuns	[ꭓrafisə kuns]
astrattismo (m)	abstrakte kuns	[abstraktə kuns]
impressionismo (m)	impressionisme	[imprɛssionismə]

quadro (m)	skildery	[skilderaj]
disegno (m)	tekening	[tekəniŋ]
cartellone, poster (m)	plakkaat	[plakkāt]

illustrazione (f)	illustrasie	[illustrasi]
miniatura (f)	miniatuur	[miniatɪr]
copia (f)	kopie	[kopi]
riproduzione (f)	reproduksie	[reproduksi]

mosaico (m)	mosaiek	[mosajek]
vetrata (f)	gebrandskilderde venster	[ꭓebrandskilderdə fɛŋstər]
affresco (m)	fresko	[fresko]
incisione (f)	gravure	[ꭓrafurə]

busto (m)	borsbeeld	[borsbeəlt]
scultura (f)	beeldhouwerk	[beəldhæʊverk]
statua (f)	standbeeld	[standbeəlt]
gesso (m)	gips	[ꭓips]
in gesso	gips-	[ꭓips-]

ritratto (m)	portret	[portret]
autoritratto (m)	selfportret	[sɛlf·portret]
paesaggio (m)	landskap	[landskap]
natura (f) morta	stillewe	[stillevə]
caricatura (f)	karikatuur	[karikatɪr]
abbozzo (m)	skets	[skets]

colore (m)	verf	[ferf]
acquerello (m)	waterverf	[vatər·ferf]
olio (m)	olieverf	[oli·ferf]
matita (f)	potlood	[potloət]
inchiostro (m) di china	Indiese ink	[indisə ink]
carbone (m)	houtskool	[hæʊts·koəl]

| disegnare (a matita) | teken | [tekən] |
| dipingere (un quadro) | skilder | [skildər] |

posare (vi)	poseer	[poseər]
modello (m)	naakmodel	[nākmodəl]
modella (f)	naakmodel	[nākmodəl]

| pittore (m) | kunstenaar | [kunstenār] |
| opera (f) d'arte | kunswerk | [kuns·werk] |

| capolavoro (m) | meesterstuk | [meester·stuk] |
| laboratorio (m) (di artigiano) | studio | [studio] |

tela (f)	doek	[duk]
cavalletto (m)	skildersesel	[skilders·esel]
tavolozza (f)	palet	[palet]

cornice (f) (~ di un quadro)	raam	[rãm]
restauro (m)	restourasie	[restæurasi]
restaurare (vt)	restoureer	[restæureer]

152. Letteratura e poesia

letteratura (f)	literatuur	[literatɪr]
autore (m)	skrywer	[skrajvər]
pseudonimo (m)	skuilnaam	[skœil·nãm]

libro (m)	boek	[buk]
volume (m)	deel	[deel]
sommario (m), indice (m)	inhoudsopgawe	[inhæuds·opχave]
pagina (f)	bladsy	[bladsaj]
protagonista (m)	hoofkarakter	[hoef·karaktər]
autografo (m)	outograaf	[æutoχrãf]

racconto (m)	kortverhaal	[kort·ferhãl]
romanzo (m) breve	novelle	[nofɛllə]
romanzo (m)	roman	[roman]
opera (f) (~ letteraria)	werk	[verk]
favola (f)	fabel	[fabəl]
giallo (m)	speurroman	[spøər·roman]

verso (m)	gedig	[χedəχ]
poesia (f) (~ lirica)	digkuns	[diχkuns]
poema (m)	epos	[ɛpos]
poeta (m)	digter	[diχtər]

narrativa (f)	fiksie	[fiksi]
fantascienza (f)	wetenskapsfiksie	[vetɛŋskaps·fiksi]
avventure (f pl)	avonture	[afonturə]
letteratura (f) formativa	opvoedkundige literatuur	[opfutkundiχə literatɪr]
libri (m pl) per l'infanzia	kinderliteratuur	[kindər·literatɪr]

153. Circo

circo (m)	sirkus	[sirkus]
tendone (m) del circo	rondreisende sirkus	[rondræjsendə sirkus]
programma (m)	program	[proχram]
spettacolo (m)	voorstelling	[foərstɛlliŋ]

numero (m)	nommer	[nommər]
arena (f)	sirkusring	[sirkus·riŋ]
pantomima (m)	pantomime	[pantomimə]

pagliaccio (m)	hanswors	[haŋswors]
acrobata (m)	akrobaat	[akrobãt]
acrobatica (f)	akrobatiek	[akrobatik]
ginnasta (m)	gimnas	[ximnas]
ginnastica (m)	gimnastiek	[ximnastik]
salto (m) mortale	salto	[salto]

forzuto (m)	atleet	[atleət]
domatore (m)	temmer	[tɛmmər]
cavallerizzo (m)	ruiter	[rœitər]
assistente (m)	assistent	[assistent]

acrobazia (f)	waaghalsige toertjie	[vāχhalsiχə turki]
gioco (m) di prestigio	goëltoertjie	[χoɛl·turki]
prestigiatore (m)	goëlaar	[χoɛlãr]

giocoliere (m)	jongleur	[jonχløər]
giocolare (vi)	jongleer	[jonχleər]
ammaestratore (m)	dresseerder	[drɛsseer·dər]
ammaestramento (m)	dressering	[drɛsseriŋ]
ammaestrare (vt)	afrig	[afrəχ]

154. Musica. Musica pop

musica (f)	musiek	[musik]
musicista (m)	musikant	[musikant]
strumento (m) musicale	musiekinstrument	[musik·instrument]
suonare ...	speel ...	[speəl ...]

chitarra (f)	kitaar	[kitãr]
violino (m)	viool	[fioəl]
violoncello (m)	tjello	[ʧello]
contrabbasso (m)	kontrabas	[kontrabas]
arpa (f)	harp	[harp]

pianoforte (m)	piano	[piano]
pianoforte (m) a coda	vleuelklavier	[fløɛl·klafir]
organo (m)	orrel	[orrəl]

strumenti (m pl) a fiato	blaasinstrumente	[blãs·instrumentə]
oboe (m)	hobo	[hobo]
sassofono (m)	saksofoon	[saksofoən]
clarinetto (m)	klarinet	[klarinet]
flauto (m)	dwarsfluit	[dwars·flœit]
tromba (f)	trompet	[trompet]

fisarmonica (f)	trekklavier	[trɛkklafir]
tamburo (m)	trommel	[tromməl]

duetto (m)	duet	[duet]
trio (m)	trio	[trio]
quartetto (m)	kwartet	[kwartet]
coro (m)	koor	[koər]
orchestra (f)	orkes	[orkes]

musica (f) pop	popmusiek	[pop·musik]
musica (f) rock	rockmusiek	[rok·musik]
gruppo (m) rock	rockgroep	[rok·χrup]
jazz (m)	jazz	[jazz]
idolo (m)	held	[hɛlt]
ammiratore (m)	bewonderaar	[bevondərãr]
concerto (m)	konsert	[kɔŋsert]
sinfonia (f)	simfonie	[simfoni]
composizione (f)	komposisie	[komposisi]
comporre (vt), scrivere (vt)	komponeer	[komponeər]
canto (m)	sang	[saŋ]
canzone (f)	lied	[lit]
melodia (f)	wysie	[vajsi]
ritmo (m)	ritme	[ritmə]
blues (m)	blues	[blues]
note (f pl)	bladmusiek	[blad·musik]
bacchetta (f)	dirigeerstok	[diriχeər·stok]
arco (m)	strykstok	[strajk·stok]
corda (f)	snaar	[snãr]
custodia (f) (~ della chitarra)	houer	[hæuər]

Ristorante. Intrattenimento. Viaggi

155. Escursione. Viaggio

turismo (m)	toerisme	[turismə]
turista (m)	toeris	[turis]
viaggio (m) (all'estero)	reis	[ræjs]
avventura (f)	avontuur	[afontɪr]
viaggio (m) (corto)	reis	[ræjs]
vacanza (f)	vakansie	[fakaŋsi]
essere in vacanza	met vakansie wees	[met fakaŋsi veəs]
riposo (m)	rus	[rus]
treno (m)	trein	[træjn]
in treno	per trein	[pər træjn]
aereo (m)	vliegtuig	[fliχtœiχ]
in aereo	per vliegtuig	[pər fliχtœiχ]
in macchina	per motor	[pər motor]
in nave	per skip	[pər skip]
bagaglio (m)	bagasie	[baχasi]
valigia (f)	tas	[tas]
carrello (m)	bagasiekarretjie	[baχasi·karrəki]
passaporto (m)	paspoort	[paspoərt]
visto (m)	visum	[fisum]
biglietto (m)	kaartjie	[kārki]
biglietto (m) aereo	lugkaartjie	[luχ·kārki]
guida (f)	reisgids	[ræjsχids]
carta (f) geografica	kaart	[kārt]
località (f)	gebied	[χebit]
luogo (m)	plek	[plek]
ogetti (m pl) esotici	eksotiese dinge	[ɛksotisə diŋə]
esotico (agg)	eksoties	[ɛksotis]
sorprendente (agg)	verbasend	[ferbasent]
gruppo (m)	groep	[χrup]
escursione (f)	uitstappie	[œitstappi]
guida (f) (cicerone)	gids	[χids]

156. Hotel

albergo, hotel (m)	hotel	[hotəl]
motel (m)	motel	[motəl]
tre stelle	drie-ster	[dri-stər]

| cinque stelle | vyf-ster | [fajf-stər] |
| alloggiare (vi) | oornag | [oərnaχ] |

camera (f)	kamer	[kamər]
camera (f) singola	enkelkamer	[ɛnkəl·kamər]
camera (f) doppia	dubbelkamer	[dubbəl·kamər]

| mezza pensione (f) | met aandete, bed en ontbyt | [met āndetə], [bet en ontbajt] |
| pensione (f) completa | volle losies | [follə losis] |

con bagno	met bad	[met bat]
con doccia	met stortbad	[met stort·bat]
televisione (f) satellitare	satelliet-TV	[satɛllit-te·fe]
condizionatore (m)	lugversorger	[luχfersorχər]
asciugamano (m)	handdoek	[handduk]
chiave (f)	sleutel	[sløətəl]

amministratore (m)	bestuurder	[bestɪrdər]
cameriera (f)	kamermeisie	[kamər·mæjsi]
portabagagli (m)	hoteljoggie	[hotəl·joχi]
portiere (m)	portier	[portir]

ristorante (m)	restaurant	[restourant]
bar (m)	kroeg	[kruχ]
colazione (f)	ontbyt	[ontbajt]
cena (f)	aandete	[āndetə]
buffet (m)	buffetete	[buffetetə]

| hall (f) (atrio d'ingresso) | voorportaal | [foər·portāl] |
| ascensore (m) | hysbak | [hajsbak] |

| NON DISTURBARE | MOENIE STEUR NIE | [muni støər ni] |
| VIETATO FUMARE! | ROOK VERBODE | [roək ferbodə] |

157. Libri. Lettura

libro (m)	boek	[buk]
autore (m)	outeur	[æutøər]
scrittore (m)	skrywer	[skrajvər]
scrivere (vi, vt)	skryf	[skrajf]

lettore (m)	leser	[lesər]
leggere (vi, vt)	lees	[leəs]
lettura (f) (sala di ~)	lees	[leəs]

| in silenzio (leggere ~) | stil | [stil] |
| ad alta voce | hardop | [hardop] |

pubblicare (vt)	uitgee	[œitχeə]
pubblicazione (f)	uitgee	[œitχeə]
editore (m)	uitgewer	[œitχevər]
casa (f) editrice	uitgewery	[œitχevəraj]
uscire (vi)	verskyn	[ferskajn]
uscita (f)	verskyn	[ferskajn]

tiratura (f)	oplaag	[oplãχ]
libreria (f)	boekhandel	[buk·handəl]
biblioteca (f)	biblioteek	[biblioteək]
romanzo (m) breve	novelle	[nofɛllə]
racconto (m)	kortverhaal	[kort·ferhāl]
romanzo (m)	roman	[roman]
giallo (m)	speurroman	[spøər·roman]
memorie (f pl)	memoires	[memuares]
leggenda (f)	legende	[leχendə]
mito (m)	mite	[mitə]
poesia (f), versi (m pl)	poësie	[poɛsi]
autobiografia (f)	outobiografie	[æutobioχrafi]
opere (f pl) scelte	bloemlesing	[blumlesiŋ]
fantascienza (f)	wetenskapsfiksie	[vetɛŋskaps·fiksi]
titolo (m)	titel	[titel]
introduzione (f)	inleiding	[inlæjdiŋ]
frontespizio (m)	titelblad	[titel·blat]
capitolo (m)	hoofstuk	[hoəfstuk]
frammento (m)	fragment	[fraχment]
episodio (m)	episode	[ɛpisodə]
soggetto (m)	plot	[plot]
contenuto (m)	inhoud	[inhæʊt]
sommario (m)	inhoudsopgawe	[inhæʊds·opχavə]
protagonista (m)	hoofkarakter	[hoəf·karaktər]
volume (m)	deel	[deəl]
copertina (f)	omslag	[omslaχ]
rilegatura (f)	band	[bant]
segnalibro (m)	bladwyser	[blat·vajsər]
pagina (f)	bladsy	[bladsaj]
sfogliare (~ le pagine)	deurblaai	[døərblāi]
margini (m pl)	marges	[marχəs]
annotazione (f)	annotasie	[annotasi]
nota (f) (a fondo pagina)	voetnota	[fut·nota]
testo (m)	teks	[teks]
carattere (m)	lettertipe	[lɛttər·tipə]
refuso (m)	drukfout	[druk·fæʊt]
traduzione (f)	vertaling	[fertaliŋ]
tradurre (vt)	vertaal	[fertāl]
originale (m) (leggere l'~)	oorspronklike	[oərspronklikə]
famoso (agg)	beroemd	[berumt]
sconosciuto (agg)	onbekend	[onbekent]
interessante (agg)	interessante	[interessantə]
best seller (m)	blitsverkoper	[blits·ferkopər]
dizionario (m)	woordeboek	[voərdə·buk]
manuale (m)	handboek	[hand·buk]
enciclopedia (f)	ensiklopedie	[ɛŋsiklopedi]

139

158. Caccia. Pesca

caccia (f)	jag	[jaχ]
cacciare (vt)	jag	[jaχ]
cacciatore (m)	jagter	[jaχtər]
sparare (vi)	skiet	[skit]
fucile (m)	geweer	[χeveər]
cartuccia (f)	patroon	[patroən]
pallini (m pl) da caccia	hael	[haəl]
tagliola (f) (~ per orsi)	slagyster	[slaχ·ajstər]
trappola (f) (~ per uccelli)	valstrik	[falstrik]
cadere in trappola	in die valstrik trap	[in di falstrik trap]
tendere una trappola	n valstrik lê	[ə falstrik lɛ:]
bracconiere (m)	wildstroper	[vilt·stropər]
cacciagione (m)	wild	[vilt]
cane (m) da caccia	jaghond	[jaχ·hont]
safari (m)	safari	[safari]
animale (m) impagliato	opgestopte dier	[opχestoptə dir]
pescatore (m)	visterman	[fisterman]
pesca (f)	vis vang	[fis faŋ]
pescare (vi)	vis vang	[fis faŋ]
canna (f) da pesca	visstok	[fis·stok]
lenza (f)	vislyn	[fis·lajn]
amo (m)	vishoek	[fis·huk]
galleggiante (m)	vlotter	[flottər]
esca (f)	aas	[ās]
lanciare la canna	lyngooi	[lajnχoj]
abboccare (pesce)	byt	[bajt]
pescato (m)	vang	[faŋ]
buco (m) nel ghiaccio	gat in die ys	[χat in di ajs]
rete (f)	visnet	[fis·net]
barca (f)	boot	[boət]
gettare la rete	die net gooi	[di net χoj]
tirare le reti	die net intrek	[di net intrek]
cadere nella rete	in die net val	[in di net fal]
baleniere (m)	walvisvanger	[valfis·vaŋər]
baleniera (f) (nave)	walvisboot	[valfis·boət]
rampone (m)	harpoen	[harpun]

159. Ciochi. Biliardo

biliardo (m)	biljart	[biljart]
sala (f) da biliardo	biljartkamer	[biljart·kamər]
bilia (f)	bal	[bal]
stecca (f) da biliardo	biljartstok	[biljart·stok]
buca (f)	sakkie	[sakki]

160. Giochi. Carte da gioco

quadri (m pl)	diamante	[diamantə]
picche (f pl)	skoppens	[skoppɛns]
cuori (m pl)	harte	[hartə]
fiori (m pl)	klawers	[klavərs]
asso (m)	aas	[ãs]
re (m)	koning	[koniŋ]
donna (f)	dame	[damə]
fante (m)	boer	[bur]
carta (f) da gioco	speelkaart	[speəl·kārt]
carte (f pl)	kaarte	[kārtə]
briscola (f)	troefkaart	[truf·kārt]
mazzo (m) di carte	pak kaarte	[pak kārtə]
punto (m)	punt	[punt]
dare le carte	uitdeel	[œitdeəl]
mescolare (~ le carte)	skommel	[skomməl]
turno (m)	beurt	[bøərt]
baro (m)	valsspeler	[fals·spelər]

161. Casinò. Roulette

casinò (m)	kasino	[kasino]
roulette (f)	roulette	[ræʊlɛt]
puntata (f)	inset	[inset]
puntare su ...	wed	[vet]
rosso (m)	rooi	[roj]
nero (m)	swart	[swart]
puntare sul rosso	wed op rooi	[vet op roj]
puntare sul nero	wed op swart	[vet op swart]
croupier (m)	kroepier	[krupir]
far girare la ruota	die wiel draai	[di vil drāi]
regole (f pl) del gioco	reëls	[reɛls]
fiche (f)	tjip	[ʧip]
vincere (vi, vt)	wen	[ven]
vincita (f)	wins	[vins]
perdere (vt)	verloor	[ferloər]
perdita (f)	verlies	[ferlis]
giocatore (m)	speler	[spelər]
black jack (m)	blackjack	[blɛk dʒɛk]
gioco (m) dei dadi	dobbelspel	[dobbəl·spəl]
dadi (m pl)	dobbelsteen	[dobbəl·steən]
slot machine (f)	muntoutomaat	[munt·æʊtomāt]

162. Riposo. Giochi. Varie

passeggiare (vi)	wandel	[vandəl]
passeggiata (f)	wandeling	[vandəliŋ]
gita (f)	motorrit	[motor·rit]
avventura (f)	avontuur	[afontɪr]
picnic (m)	piekniek	[piknik]
gioco (m)	spel	[spel]
giocatore (m)	speler	[spelər]
partita (f) (~ a scacchi)	spel	[spel]
collezionista (m)	versamelaar	[fersamelãr]
collezionare (vt)	versamel	[fersaməl]
collezione (f)	versameling	[fersameliŋ]
cruciverba (m)	blokkiesraaisel	[blokkis·rãisəl]
ippodromo (m)	perderesiesbaan	[perdə·resisbãn]
discoteca (f)	disko	[disko]
sauna (f)	sauna	[sɔuna]
lotteria (f)	lotery	[loteraj]
campeggio (m)	kampeeruitstappie	[kampeər·ajtstappi]
campo (m)	kamp	[kamp]
tenda (f) da campeggio	tent	[tɛnt]
bussola (f)	kompas	[kompas]
campeggiatore (m)	kampeerder	[kampeərdər]
guardare (~ un film)	kyk	[kajk]
telespettatore (m)	kyker	[kajkər]
trasmissione (f)	TV-program	[te·fe-proχram]

163. Fotografia

macchina (f) fotografica	kamera	[kamera]
fotografia (f)	foto	[foto]
fotografo (m)	fotograaf	[fotoχrãf]
studio (m) fotografico	fotostudio	[foto·studio]
album (m) di fotografie	fotoalbum	[foto·album]
obiettivo (m)	kameralens	[kamera·lɛŋs]
teleobiettivo (m)	telefotolens	[telefoto·lɛŋs]
filtro (m)	filter	[filtər]
lente (f)	lens	[lɛŋs]
ottica (f)	optiek	[optik]
diaframma (m)	diafragma	[diafraχma]
tempo (m) di esposizione	beligtingstyd	[beliχtiŋs·tajt]
mirino (m)	soeker	[sukər]
fotocamera (f) digitale	digitale kamera	[diχitalə kamera]
cavalletto (m)	driepoot	[dripoət]

flash (m)	flits	[flits]
fotografare (vt)	fotografeer	[fotoχrafeər]
fare foto	fotografeer	[fotoχrafeər]
fotografarsi	jou portret laat maak	[jæʊ portret lāt māk]
fuoco (m)	fokus	[fokus]
mettere a fuoco	fokus	[fokus]
nitido (agg)	skerp	[skerp]
nitidezza (f)	skerpheid	[skerphæjt]
contrasto (m)	kontras	[kontras]
contrastato (agg)	kontrasryk	[kontrasrajk]
foto (f)	kiekie	[kiki]
negativa (f)	negatief	[neχatif]
pellicola (f) fotografica	rolfilm	[rolfilm]
fotogramma (m)	raampie	[rāmpi]
stampare (~ le foto)	druk	[druk]

164. Spiaggia. Nuoto

spiaggia (f)	strand	[strant]
sabbia (f)	sand	[sant]
deserto (agg)	verlate	[ferlatə]
abbronzatura (f)	sonbruin kleur	[sonbrœin kløər]
abbronzarsi (vr)	bruinbrand	[brœinbrant]
abbronzato (agg)	bruingebrand	[brœiŋəbrant]
crema (f) solare	sonskermroom	[sɔŋ·skerm·roəm]
bikini (m)	bikini	[bikini]
costume (m) da bagno	baaikostuum	[bāj·kostɪm]
slip (m) da bagno	baaibroek	[bāj·bruk]
piscina (f)	swembad	[swem·bat]
nuotare (vi)	swem	[swem]
doccia (f)	stort	[stort]
cambiarsi (~ i vestiti)	verklee	[ferkleə]
asciugamano (m)	handdoek	[handduk]
barca (f)	boot	[boət]
motoscafo (m)	motorboot	[motor·boət]
sci (m) nautico	waterski	[vatər·ski]
pedalò (m)	waterfiets	[vatər·fits]
surf (m)	branderplankry	[brandərplank·raj]
surfista (m)	branderplankryer	[brandərplank·rajer]
autorespiratore (m)	duiklong	[dœiklɔŋ]
pinne (f pl)	paddavoet	[padda·fut]
maschera (f)	duikmasker	[dœik·maskər]
subacqueo (m)	duiker	[dœikər]
tuffarsi (vr)	duik	[dœik]
sott'acqua	onder water	[ondər vatər]

ombrellone (m)	**strandsambreel**	[strand·sambreel]
sdraio (f)	**strandstoel**	[strand·stul]
occhiali (m pl) da sole	**sonbril**	[son·bril]
materasso (m) ad aria	**opblaasmatras**	[opblās·matras]
giocare (vi)	**speel**	[speəl]
fare il bagno	**gaan swem**	[xān swem]
pallone (m)	**strandbal**	[strand·bal]
gonfiare (vt)	**opblaas**	[opblās]
gonfiabile (agg)	**opblaas-**	[opblās-]
onda (f)	**golf**	[χolf]
boa (f)	**boei**	[bui]
annegare (vi)	**verdrink**	[ferdrink]
salvare (vt)	**red**	[ret]
giubbotto (m) di salvataggio	**reddingsbaadjie**	[rɛddiŋs·bādʒi]
osservare (vt)	**dophou**	[dophæʊ]
bagnino (m)	**lewensredder**	[levɛŋs·rɛddər]

ATTREZZATURA TECNICA. MEZZI DI TRASPORTO

Attrezzatura tecnica

165. Computer

computer (m)	rekenaar	[rekənār]
computer (m) portatile	skootrekenaar	[skoət·rekənār]
accendere (vt)	aanskakel	[ãŋskakəl]
spegnere (vt)	afskakel	[afskakəl]
tastiera (f)	toetsbord	[tuts·bort]
tasto (m)	toets	[tuts]
mouse (m)	muis	[mœis]
tappetino (m) del mouse	muismatjie	[mœis·maki]
tasto (m)	knop	[knop]
cursore (m)	loper	[lopər]
monitor (m)	monitor	[monitor]
schermo (m)	skerm	[skerm]
disco (m) rigido	harde skyf	[hardə skajf]
spazio (m) sul disco rigido	harde skyf se vermoë	[hardə skajf sə fermoɛ]
memoria (f)	geheue	[χəhøə]
memoria (f) operativa	RAM-geheue	[ram-χehøəə]
file (m)	lêer	[lɛər]
cartella (f)	gids	[χids]
aprire (vt)	oopmaak	[oəpmāk]
chiudere (vt)	sluit	[slœit]
salvare (vt)	bewaar	[bevār]
eliminare (vt)	uitvee	[œitfeə]
copiare (vt)	kopieer	[kopir]
ordinare (vt)	sorteer	[sorteər]
trasferire (vt)	oorplaas	[oərplās]
programma (m)	program	[proχram]
software (m)	sagteware	[saχtevarə]
programmatore (m)	programmeur	[proχrammøər]
programmare (vt)	programmeer	[proχrammeər]
hacker (m)	kuberkraker	[kubər·krakər]
password (f)	wagwoord	[vaχ·woərt]
virus (m)	virus	[firus]
trovare (un virus, ecc.)	opspoor	[opspoər]
byte (m)	greep	[χreəp]

megabyte (m)	megagreep	[meχaχreəp]
dati (m pl)	data	[data]
database (m)	databasis	[data·basis]

cavo (m)	kabel	[kabəl]
sconnettere (vt)	ontkoppel	[ontkoppəl]
collegare (vt)	konnekteer	[konnekteər]

166. Internet. Posta elettronica

internet (f)	internet	[internet]
navigatore (m)	webblaaier	[veb·blājer]
motore (m) di ricerca	soekenjin	[suk·endʒin]
provider (m)	verskaffer	[ferskaffər]

webmaster (m)	webmeester	[veb·meəstər]
sito web (m)	webwerf	[veb·werf]
pagina web (f)	webblad	[veb·blat]

| indirizzo (m) | adres | [adres] |
| rubrica (f) indirizzi | adresboek | [adres·buk] |

casella (f) di posta	posbus	[pos·bus]
posta (f)	pos	[pos]
troppo piena (agg)	vol	[fol]

messaggio (m)	boodskap	[boədskap]
messaggi (m pl) in arrivo	inkomende boodskappe	[inkomendə boədskappə]
messaggi (m pl) in uscita	uitgaande boodskappe	[œitχāndə boədskappə]

mittente (m)	sender	[sendər]
inviare (vt)	verstuur	[ferstɪr]
invio (m)	versending	[fersendiŋ]

| destinatario (m) | ontvanger | [ontfaŋər] |
| ricevere (vt) | ontvang | [ontfaŋ] |

| corrispondenza (f) | korrespondensie | [korrespondɛŋsi] |
| essere in corrispondenza | korrespondeer | [korrespondeər] |

file (m)	lêer	[lɛər]
scaricare (vt)	aflaai	[aflāi]
creare (vt)	skep	[skep]
eliminare (vt)	uitvee	[œitfeə]
eliminato (agg)	uitgevee	[œitχefeə]

connessione (f)	konneksie	[konneksi]
velocità (f)	spoed	[sput]
modem (m)	modem	[modem]
accesso (m)	toegang	[tuχaŋ]
porta (f)	portaal	[portāl]

| collegamento (m) | aansluiting | [āŋslœitiŋ] |
| collegarsi a ... | aansluit by ... | [āŋslœit baj ...] |

| scegliere (vt) | kies | [kis] |
| cercare (vt) | soek | [suk] |

167. Elettricità

elettricità (f)	elektrisiteit	[ɛlektrisitæjt]
elettrico (agg)	elektries	[ɛlektris]
centrale (f) elettrica	kragstasie	[kraχ·stasi]
energia (f)	krag	[kraχ]
energia (f) elettrica	elektriese krag	[ɛlektrisə kraχ]

lampadina (f)	gloeilamp	[χlui·lamp]
torcia (f) elettrica	flits	[flits]
lampione (m)	straatlig	[strātləχ]

luce (f)	lig	[liχ]
accendere (luce)	aanskakel	[āŋskakəl]
spegnere (vt)	afskakel	[afskakəl]
spegnere la luce	die lig afskakel	[di liχ afskakəl]

fulminarsi (vr)	doodbrand	[doədbrant]
corto circuito (m)	kortsluiting	[kort·slœitiŋ]
rottura (f) (~ di un cavo)	gebreekte kabel	[χebreəktə kabəl]
contatto (m)	kontak	[kontak]

interruttore (m)	ligskakelaar	[liχ·skakelār]
presa (f) elettrica	muurprop	[mɪrprop]
spina (f)	prop	[prop]
prolunga (f)	verlengkabel	[ferleŋ·kabəl]

fusibile (m)	sekering	[sekəriŋ]
filo (m)	kabel	[kabəl]
impianto (m) elettrico	bedrading	[bedradiŋ]

ampere (m)	ampère	[ampɛ:r]
intensità di corrente	stroomsterkte	[stroəm·sterktə]
volt (m)	volt	[folt]
tensione (f)	spanning	[spanniŋ]

| apparecchio (m) elettrico | elektriese toestel | [ɛlektrisə tustəl] |
| indicatore (m) | aanduier | [āndœiər] |

elettricista (m)	elektrisiën	[ɛlektrisiɛn]
saldare (vt)	soldeer	[soldeər]
saldatoio (m)	soldeerbout	[soldeər·bæʊt]
corrente (f)	elektriese stroom	[ɛlektrisə stroəm]

168. Utensili

utensile (m)	werktuig	[verktœiχ]
utensili (m pl)	gereedskap	[χereədskap]
impianto (m)	toerusting	[turustiŋ]

martello (m)	hamer	[hamər]
giravite (m)	skroewedraaier	[skruvə·drãjer]
ascia (f)	byl	[bajl]

sega (f)	saag	[sãχ]
segare (vt)	saag	[sãχ]
pialla (f)	skaaf	[skãf]
piallare (vt)	skaaf	[skãf]
saldatoio (m)	soldeerbout	[soldeer·bæʊt]
saldare (vt)	soldeer	[soldeer]

lima (f)	vyl	[fajl]
tenaglie (f pl)	knyptang	[knajptaŋ]
pinza (f) a punte piatte	tang	[taŋ]
scalpello (m)	beitel	[bæjtəl]

punta (f) da trapano	boor	[boər]
trapano (m) elettrico	elektriese boor	[ɛlektrisə boər]
trapanare (vt)	boor	[boər]

coltello (m)	mes	[mes]
coltello (m) da tasca	sakmes	[sakmes]
lama (f)	lem	[lem]

affilato (coltello ~)	skerp	[skerp]
smussato (agg)	stomp	[stomp]
smussarsi (vr)	stomp raak	[stomp rãk]
affilare (vt)	slyp	[slajp]

bullone (m)	bout	[bæʊt]
dado (m)	moer	[mur]
filettatura (f)	draad	[drãt]
vite (f)	houtskroef	[hæʊt·skruf]

| chiodo (m) | spyker | [spajkər] |
| testa (f) di chiodo | kop | [kop] |

regolo (m)	meetlat	[meətlat]
nastro (m) metrico	meetband	[meət·bant]
livella (f)	waterpas	[vatərpas]
lente (f) d'ingradimento	vergrootglas	[ferχroət·χlas]

strumento (m) di misurazione	meetinstrument	[meət·instrument]
misurare (vt)	meet	[meət]
scala (f) graduata	skaal	[skãl]
lettura, indicazione (f)	lesings	[lesiŋs]

| compressore (m) | kompressor | [komprɛssor] |
| microscopio (m) | mikroskoop | [mikroskoəp] |

pompa (f) (~ dell'acqua)	pomp	[pomp]
robot (m)	robot	[robot]
laser (m)	laser	[lasər]

| chiave (f) | moersleutel | [mur·sløətəl] |
| nastro (m) adesivo | plakband | [plak·bant] |

colla (f)	gom	[χom]
carta (f) smerigliata	skuurpapier	[skɪr·papir]
molla (f)	veer	[feǝr]
magnete (m)	magneet	[maχneǝt]
guanti (m pl)	handskoene	[handskunǝ]

corda (f)	tou	[tæʊ]
cordone (m)	tou	[tæʊ]
filo (m) (~ del telefono)	draad	[drāt]
cavo (m)	kabel	[kabǝl]

mazza (f)	voorhamer	[foǝr·hamǝr]
palanchino (m)	breekyster	[breǝkajstǝr]
scala (f) a pioli	leer	[leǝr]
scala (m) a libretto	trapleer	[traplǝǝr]

avvitare (stringere)	vasskroef	[fasskruf]
svitare (vt)	losskroef	[losskruf]
stringere (vt)	saampars	[sāmpars]
incollare (vt)	vasplak	[fasplak]
tagliare (vt)	sny	[snaj]

guasto (m)	fout	[fæʊt]
riparazione (f)	herstelwerk	[herstǝl·werk]
riparare (vt)	herstel	[herstǝl]
regolare (~ uno strumento)	stel	[stǝl]

verificare (ispezionare)	nagaan	[naχān]
controllo (m)	kontrole	[kontrolǝ]
lettura, indicazione (f)	lesings	[lesiŋs]

sicuro (agg)	betroubaar	[betræʊbār]
complesso (agg)	ingewikkelde	[inχǝwikkɛldǝ]

arrugginire (vi)	roes	[rus]
arrugginito (agg)	verroes	[ferrus]
ruggine (f)	roes	[rus]

Mezzi di trasporto

169. Aeroplano

aereo (m)	vliegtuig	[fliχtœiχ]
biglietto (m) aereo	lugkaartjie	[luχ·kārki]
compagnia (f) aerea	lugredery	[luχrederaj]
aeroporto (m)	lughawe	[luχhavə]
supersonico (agg)	supersonies	[supersonis]
comandante (m)	kaptein	[kaptæjn]
equipaggio (m)	bemanning	[bemanniŋ]
pilota (m)	piloot	[piloət]
hostess (f)	lugwaardin	[luχ·wārdin]
navigatore (m)	navigator	[nafiχator]
ali (f pl)	vlerke	[flerkə]
coda (f)	stert	[stert]
cabina (f)	stuurkajuit	[stɪr·kajœit]
motore (m)	enjin	[ɛndʒin]
carrello (m) d'atterraggio	landingstel	[landiŋ·stəl]
turbina (f)	turbine	[turbinə]
elica (f)	skroef	[skruf]
scatola (f) nera	swart boks	[swart boks]
barra (f) di comando	stuurstang	[stɪr·staŋ]
combustibile (m)	brandstof	[brantstof]
safety card (f)	veiligheidskaart	[fæjliχæjts·kārt]
maschera (f) ad ossigeno	suurstofmasker	[sɪrstof·maskər]
uniforme (f)	uniform	[uniform]
giubbotto (m) di salvataggio	reddingsbaadjie	[rɛddiŋs·bādʒi]
paracadute (m)	valskerm	[fal·skerm]
decollo (m)	opstyging	[opstajχiŋ]
decollare (vi)	opstyg	[opstajχ]
pista (f) di decollo	landingsbaan	[landiŋs·bān]
visibilità (f)	uitsig	[œitsəχ]
volo (m)	vlug	[fluχ]
altitudine (f)	hoogte	[hoəχtə]
vuoto (m) d'aria	lugsak	[luχsak]
posto (m)	sitplek	[sitplek]
cuffia (f)	koptelefoon	[kop·telefoən]
tavolinetto (m) pieghevole	voutafeltjie	[fæu·tafɛlki]
oblò (m), finestrino (m)	vliegtuigvenster	[fliχtœiχ·fɛnstər]
corridoio (m)	paadjie	[pādʒi]

170. Treno

treno (m)	trein	[træjn]
elettrotreno (m)	voorstedelike trein	[foerstedelike træjn]
treno (m) rapido	sneltrein	[snɛl·træjn]
locomotiva (f) diesel	diesellokomotief	[disel·lokomotif]
locomotiva (f) a vapore	stoomlokomotief	[stoəm·lokomotif]
carrozza (f)	passasierswa	[passasirs·wa]
vagone (m) ristorante	eetwa	[eət·wa]
rotaie (f pl)	spoorstawe	[spoər·stavə]
ferrovia (f)	spoorweg	[spoər·weχ]
traversa (f)	dwarslëer	[dwarslɛər]
banchina (f) (~ ferroviaria)	perron	[perron]
binario (m) (~ 1, 2)	spoor	[spoər]
semaforo (m)	semafoor	[semafoər]
stazione (f)	stasie	[stasi]
macchinista (m)	treindrywer	[træjn·drajvər]
portabagagli (m)	portier	[portir]
cuccettista (m, f)	kondukteur	[konduktøər]
passeggero (m)	passasier	[passasir]
controllore (m)	kondukteur	[konduktøər]
corridoio (m)	gang	[χaŋ]
freno (m) di emergenza	noodrem	[noədrem]
scompartimento (m)	kompartiment	[kompartiment]
cuccetta (f)	bed	[bet]
cuccetta (f) superiore	boonste bed	[boəŋstə bet]
cuccetta (f) inferiore	onderste bed	[ondərstə bet]
biancheria (f) da letto	beddegoed	[beddə·χut]
biglietto (m)	kaartjie	[kãrki]
orario (m)	diensrooster	[diŋs·roəstər]
tabellone (m) orari	informasiebord	[informasi·bort]
partire (vi)	vertrek	[fertrek]
partenza (f)	vertrek	[fertrek]
arrivare (di un treno)	aankom	[ãnkom]
arrivo (m)	aankoms	[ãnkoms]
arrivare con il treno	aankom per trein	[ãnkom pər træjn]
salire sul treno	in die trein klim	[in di træjn klim]
scendere dal treno	uit die trein klim	[œit di træjn klim]
deragliamento (m)	treinbotsing	[træjn·botsiŋ]
deragliare (vi)	ontspoor	[ontspoər]
locomotiva (f) a vapore	stoomlokomotief	[stoəm·lokomotif]
fuochista (m)	stoker	[stokər]
forno (m)	stookplek	[stoəkplek]
carbone (m)	steenkool	[steən·koəl]

171. Nave

nave (f)	skip	[skip]
imbarcazione (f)	vaartuig	[fãrtœiχ]
piroscafo (m)	stoomboot	[stoəm·boət]
barca (f) fluviale	rivierboot	[rifir·boət]
transatlantico (m)	toerskip	[tur·skip]
incrociatore (m)	kruiser	[krœisər]
yacht (m)	jag	[jaχ]
rimorchiatore (m)	sleepboot	[sleəp·boət]
chiatta (f)	vragskuit	[fraχ·skœit]
traghetto (m)	veerboot	[feər·boət]
veliero (m)	seilskip	[sæjl·skip]
brigantino (m)	skoenerbrik	[skunər·brik]
rompighiaccio (m)	ysbreker	[ajs·brekər]
sottomarino (m)	duikboot	[dœik·boət]
barca (f)	roeiboot	[ruiboət]
scialuppa (f)	bootjie	[boəki]
scialuppa (f) di salvataggio	reddingsboot	[rɛddiŋs·boət]
motoscafo (m)	motorboot	[motor·boət]
capitano (m)	kaptein	[kaptæjn]
marittimo (m)	seeman	[seəman]
marinaio (m)	matroos	[matroəs]
equipaggio (m)	bemanning	[bemanniŋ]
nostromo (m)	bootsman	[boətsman]
mozzo (m) di nave	skeepsjonge	[skeəps·joŋə]
cuoco (m)	kok	[kok]
medico (m) di bordo	skeepsdokter	[skeəps·doktər]
ponte (m)	dek	[dek]
albero (m)	mas	[mas]
vela (f)	seil	[sæjl]
stiva (f)	skeepsruim	[skeəps·rœim]
prua (f)	boeg	[buχ]
poppa (f)	agterstewe	[aχtərstevə]
remo (m)	roeispaan	[ruis·pãn]
elica (f)	skroef	[skruf]
cabina (f)	kajuit	[kajœit]
quadrato (m) degli ufficiali	offisierskajuit	[offisirs·kajœit]
sala (f) macchine	enjinkamer	[ɛndʒin·kamər]
ponte (m) di comando	brug	[bruχ]
cabina (f) radiotelegrafica	radiokamer	[radio·kamər]
onda (f)	golf	[χolf]
giornale (m) di bordo	logboek	[loχbuk]
cannocchiale (m)	verkyker	[ferkajkər]
campana (f)	bel	[bəl]

bandiera (f)	vlag	[flaχ]
cavo (m) (~ d'ormeggio)	kabel	[kabəl]
nodo (m)	knoop	[knoəp]

ringhiera (f)	dekleuning	[dek·løəniŋ]
passerella (f)	gangplank	[χaŋ·plank]

ancora (f)	anker	[ankər]
levare l'ancora	anker lig	[ankər ləχ]
gettare l'ancora	anker uitgooi	[ankər œitχoj]
catena (f) dell'ancora	ankerketting	[ankər·kɛttiŋ]

porto (m)	hawe	[havə]
banchina (f)	kaai	[kāi]
ormeggiarsi (vr)	vasmeer	[fasmeər]
salpare (vi)	vertrek	[fertrɛk]

viaggio (m)	reis	[ræjs]
crociera (f)	cruise	[kru:s]
rotta (f)	koers	[kurs]
itinerario (m)	roete	[rutə]

tratto (m) navigabile	vaarwater	[fār·vatər]
secca (f)	sandbank	[sand·bank]
arenarsi (vr)	strand	[strant]

tempesta (f)	storm	[storm]
segnale (m)	sienjaal	[sinjāl]
affondare (andare a fondo)	sink	[sink]
Uomo in mare!	Man oorboord!	[man oərboərd!]
SOS	SOS	[sos]
salvagente (m) anulare	reddingsboei	[rɛddiŋs·bui]

172. Aeroporto

aeroporto (m)	lughawe	[luχhavə]
aereo (m)	vliegtuig	[fliχtœiχ]
compagnia (f) aerea	lugredery	[luχrederaj]
controllore (m) di volo	lugverkeersleier	[luχ·ferkeərs·læjer]

partenza (f)	vertrek	[fertrek]
arrivo (m)	aankoms	[ānkoms]
arrivare (vi)	aankom	[ānkom]

ora (f) di partenza	vertrektyd	[fertrɛk·tajt]
ora (f) di arrivo	aankomstyd	[ānkoms·tajt]

essere ritardato	vertraag wees	[fertrāχ veəs]
volo (m) ritardato	vlugvertraging	[fluχ·fertraχiŋ]

tabellone (m) orari	informasiebord	[informasi·bort]
informazione (f)	informasie	[informasi]
annunciare (vt)	aankondig	[ānkondəχ]
volo (m)	vlug	[fluχ]

dogana (f)	doeane	[duanə]
doganiere (m)	doeanebeampte	[duanə·beamptə]

dichiarazione (f)	doeaneverklaring	[duanə·ferklariŋ]
riempire	invul	[inful]
(~ una dichiarazione)		
controllo (m) passaporti	paspoortkontrole	[paspoərt·kontrolə]

bagaglio (m)	bagasie	[baχasi]
bagaglio (m) a mano	handbagasie	[hand·baχasi]
carrello (m)	bagasiekarretjie	[baχasi·karrəki]

atterraggio (m)	landing	[landiŋ]
pista (f) di atterraggio	landingsbaan	[landiŋs·bān]
atterrare (vi)	land	[lant]
scaletta (f) dell'aereo	vliegtuigtrap	[fliχtœiχ·trap]

check-in (m)	na die vertrektoonbank	[na di fertrək·toənbank]
banco (m) del check-in	vertrektoonbank	[fertrək·toənbank]
fare il check-in	na die vertrektoonbank gaan	[na di fertrək·toənbank χān]
carta (f) d'imbarco	instapkaart	[instap·kārt]
porta (f) d'imbarco	vertrekuitgang	[fertrek·œitχaŋ]

transito (m)	transito	[traŋsito]
aspettare (vt)	wag	[vaχ]
sala (f) d'attesa	vertreksaal	[fertrək·sāl]
accompagnare (vt)	afsien	[afsin]
congedarsi (vr)	afskeid neem	[afskæjt neəm]

173. Bicicletta. Motocicletta

bicicletta (f)	fiets	[fits]
motorino (m)	bromponie	[bromponi]
motocicletta (f)	motorfiets	[motorfits]

andare in bicicletta	per fiets ry	[pər fits raj]
manubrio (m)	stuurstang	[stɪr·staŋ]
pedale (m)	pedaal	[pedāl]
freni (m pl)	remme	[remmə]
sellino (m)	fietssaal	[fits·sāl]

pompa (f)	pomp	[pomp]
portabagagli (m)	bagasierak	[baχasi·rak]
fanale (m) anteriore	fietslamp	[fits·lamp]
casco (m)	helmet	[hɛlmet]

ruota (f)	wiel	[vil]
parafango (m)	modderskerm	[moddər·skerm]
cerchione (m)	velling	[fɛlliŋ]
raggio (m)	speek	[speək]

Automobili

174. Tipi di automobile

automobile (f)	motor	[motor]
auto (f) sportiva	sportmotor	[sport·motor]
limousine (f)	limousine	[limæʊsinə]
fuoristrada (m)	veldvoertuig	[fɛlt·furtœix]
cabriolet (m)	met afslaandak	[met afslāndak]
pulmino (m)	bussie	[bussi]
ambulanza (f)	ambulans	[ambulaŋs]
spazzaneve (m)	sneeuploeg	[sniʊ·plux]
camion (m)	vragmotor	[frax·motor]
autocisterna (f)	tenkwa	[tɛnk·wa]
furgone (m)	bestelwa	[bestəl·wa]
motrice (f)	padtrekker	[pad·trɛkkər]
rimorchio (m)	aanhangwa	[ānhaŋ·wa]
confortevole (agg)	gemaklik	[xemaklik]
di seconda mano	gebruik	[xebrœik]

175. Automobili. Carrozzeria

cofano (m)	enjinkap	[ɛnʤin·kap]
parafango (m)	modderskerm	[moddər·skerm]
tetto (m)	dak	[dak]
parabrezza (m)	voorruit	[foər·rœit]
retrovisore (m)	truspieël	[tru·spiɛl]
lavacristallo (m)	voorruitsproer	[foər·rœitsprur]
tergicristallo (m)	ruitveërs	[rœit·feɛrs]
finestrino (m) laterale	syvenster	[saj·fɛŋstər]
alzacristalli (m)	vensterhyser	[fɛŋstər·hajsər]
antenna (f)	lugdraad	[luxdrāt]
tettuccio (m) apribile	sondak	[sondak]
paraurti (m)	buffer	[buffər]
bagagliaio (m)	bagasiebak	[baxasi·bak]
portapacchi (m)	dakreling	[dak·reliŋ]
portiera (f)	deur	[døər]
maniglia (f)	handvatsel	[hand·fatsəl]
serratura (f)	deurslot	[døər·slot]
targa (f)	nommerplaat	[nommər·plāt]
marmitta (f)	knaldemper	[knal·dempər]

| serbatoio (m) della benzina | petroltenk | [petrol·tɛnk] |
| tubo (m) di scarico | uitlaatpyp | [œitlãt·pajp] |

acceleratore (m)	gaspedaal	[χas·pedãl]
pedale (m)	pedaal	[pedãl]
pedale (m) dell'acceleratore	gaspedaal	[χas·pedãl]

freno (m)	rem	[rem]
pedale (m) del freno	rempedaal	[rem·pedãl]
frenare (vi)	remtrap	[remtrap]
freno (m) a mano	parkeerrem	[parkeǝr·rem]

frizione (f)	koppelaar	[koppelãr]
pedale (m) della frizione	koppelaarpedaal	[koppelãr·pedãl]
disco (m) della frizione	koppelaarskyf	[koppelãr·skajf]
ammortizzatore (m)	skokbreker	[skok·brekǝr]

ruota (f)	wiel	[vil]
ruota (f) di scorta	spaarwiel	[spãr·wil]
pneumatico (m)	band	[bant]
copriruota (m)	wieldop	[wil·dop]

ruote (f pl) motrici	dryfwiele	[drajf·wilǝ]
a trazione anteriore	voorwielaandrywing	[foǝrwil·ãndrajviŋ]
a trazione posteriore	agterwielaandrywing	[aχtǝrwil·ãndrajviŋ]
a trazione integrale	vierwielaandrywing	[firwil·ãndrajviŋ]

scatola (f) del cambio	ratkas	[ratkas]
automatico (agg)	outomaties	[æʊtomatis]
meccanico (agg)	meganies	[meχanis]
leva (f) del cambio	ratwisselaar	[ratwisselãr]

| faro (m) | koplig | [koplǝχ] |
| luci (f pl), fari (m pl) | kopligte | [kopliχtǝ] |

luci (f pl) anabbaglianti	dempstraal	[demp·strãl]
luci (f pl) abbaglianti	hoofstraal	[hoǝf·strãl]
luci (f pl) di arresto	remlig	[remlǝχ]

luci (f pl) di posizione	parkeerlig	[parkeǝr·lǝχ]
luci (f pl) di emergenza	gevaarligte	[χefãr·liχtǝ]
fari (m pl) antinebbia	mislampe	[mis·lampǝ]
freccia (f)	draaiwyser	[drãj·vajsǝr]
luci (f pl) di retromarcia	trulig	[trulǝχ]

176. Automobili. Vano passeggeri

abitacolo (m)	interieur	[interiøǝr]
di pelle	leer-	[leǝr-]
in velluto	fluweel-	[fluveǝl-]
rivestimento (m)	bekleding	[beklediŋ]

| strumento (m) di bordo | instrument | [instrument] |
| cruscotto (m) | voorpaneel | [foǝr·paneǝl] |

| tachimetro (m) | spoedmeter | [spud·metər] |
| lancetta (f) | wyster | [vajstər] |

contachilometri (m)	afstandmeter	[afstant·metər]
indicatore (m)	sensor	[sɛŋsor]
livello (m)	vlak	[flak]
spia (f) luminosa	waarskulig	[vārskuləχ]

volante (m)	stuurwiel	[stɪr·wil]
clacson (m)	toeter	[tutər]
pulsante (m)	knop	[knop]
interruttore (m)	skakelaar	[skakəlār]

sedile (m)	sitplek	[sitplek]
spalliera (f)	rugsteun	[ruχ·støən]
appoggiatesta (m)	kopstut	[kopstut]
cintura (f) di sicurezza	veiligheidsgordel	[fæjliχæjts·χordəl]
allacciare la cintura	die gordel vasmaak	[di χordəl fasmāk]
regolazione (f)	verstelling	[ferstɛliŋ]

| airbag (m) | lugsak | [luχsak] |
| condizionatore (m) | lugversorger | [luχfersorχər] |

radio (f)	radio	[radio]
lettore (m) CD	CD-speler	[se·de spelər]
accendere (vt)	aanskakel	[āŋskakəl]
antenna (f)	lugdraad	[luχdrāt]
vano (m) portaoggetti	paneelkassie	[paneəl·kassi]
portacenere (m)	asbak	[asbak]

177. Automobili. Motore

motore (m)	motor, enjin	[motor], [ɛndʒin]
a diesel	diesel	[disəl]
a benzina	petrol	[petrol]

cilindrata (f)	enjininhoud	[ɛndʒin·inhæʊt]
potenza (f)	krag	[kraχ]
cavallo vapore (m)	perdekrag	[perdə·kraχ]
pistone (m)	suier	[sœier]
cilindro (m)	silinder	[silindər]
valvola (f)	klep	[klep]

iniettore (m)	inspuiting	[inspœitiŋ]
generatore (m)	generator	[χenerator]
carburatore (m)	vergasser	[ferχassər]
olio (m) motore	motorolie	[motor·oli]

radiatore (m)	verkoeler	[ferkulər]
liquido (m) di raffreddamento	koelmiddel	[kul·middəl]
ventilatore (m)	waaier	[vājer]

| batteria (m) | battery | [battəraj] |
| motorino (m) d'avviamento | aansitter | [āŋsittər] |

| accensione (f) | ontsteking | [ontstekiŋ] |
| candela (f) d'accensione | vonkprop | [fonk·prop] |

morsetto (m)	pool	[poəl]
più (m)	positiewe pool	[positivə poəl]
meno (m)	negatiewe pool	[neχativə poəl]
fusibile (m)	sekering	[sekəriŋ]

filtro (m) dell'aria	lugfilter	[luχ·filtər]
filtro (m) dell'olio	oliefilter	[oli·filtər]
filtro (m) del carburante	brandstoffilter	[brantstof·filtər]

178. Automobili. Incidente. Riparazione

incidente (m)	motorbotsing	[motor·botsiŋ]
incidente (m) stradale	verkeersongeluk	[ferkeers·onχəluk]
sbattere contro ...	bots	[bots]
avere un incidente	verongeluk	[feronχəluk]
danno (m)	skade	[skadə]
illeso (agg)	onbeskadig	[onbeskadəχ]

guasto (m), avaria (f)	onklaar raak	[onklār rāk]
essere rotto	onklaar raak	[onklār rāk]
cavo (m) di rimorchio	sleeptou	[sleəp·tæʊ]

foratura (f)	papwiel	[pap·wil]
essere a terra	pap wees	[pap veəs]
gonfiare (vt)	oppomp	[oppomp]
pressione (f)	druk	[druk]
controllare (verificare)	nagaan	[naχān]

riparazione (f)	herstel	[herstəl]
officina (f) meccanica	garage	[χaraʒə]
pezzo (m) di ricambio	onderdeel	[ondərdeəl]
pezzo (m)	onderdeel	[ondərdeəl]

bullone (m)	bout	[bæʊt]
bullone (m) a vite	skroef	[skruf]
dado (m)	moer	[mur]
rondella (f)	waster	[vastər]
cuscinetto (m)	koeëllaer	[kuɛllaer]

tubo (m)	pyp	[pajp]
guarnizione (f)	pakstuk	[pakstuk]
filo (m), cavo (m)	kabel	[kabəl]

cric (m)	domkrag	[domkraχ]
chiave (f)	moersleutel	[mur·sløətəl]
martello (m)	hamer	[hamər]
pompa (f)	pomp	[pomp]
giravite (m)	skroewedraaier	[skruvə·drājer]

| estintore (m) | brandblusser | [brant·blussər] |
| triangolo (m) di emergenza | gevaardriehoek | [χefār·drihuk] |

spegnersi (vr)	stol	[stol]
spegnimento (m) motore	stol	[stol]
essere rotto	stukkend wees	[stukkent veəs]

surriscaldarsi (vr)	oorverhit	[oərferhit]
intasarsi (vr)	verstop raak	[ferstop rāk]
ghiacciarsi (di tubi, ecc.)	vries	[fris]
spaccarsi (vr)	bars	[bars]

pressione (f)	druk	[druk]
livello (m)	vlak	[flak]
lento (cinghia ~a)	slap	[slap]

ammaccatura (f)	duik	[dœik]
battito (m) (nel motore)	klopgeluid	[klop·χəlœit]
fessura (f)	kraak	[krāk]
graffiatura (f)	skraap	[skrāp]

179. Automobili. Strada

strada (f)	pad	[pat]
autostrada (f)	deurpad	[døərpat]
superstrada (f)	deurpad	[døərpat]
direzione (f)	rigting	[riχtiŋ]
distanza (f)	afstand	[afstant]

ponte (m)	brug	[bruχ]
parcheggio (m)	parkeerterrein	[parkeər·terræjn]
piazza (f)	plein	[plæjn]
svincolo (m)	padknoop	[pad·knoəp]
galleria (f), tunnel (m)	tonnel	[tonnəl]

distributore (m) di benzina	petrolstasie	[petrol·stasi]
parcheggio (m)	parkeerterrein	[parkeər·terræjn]
pompa (f) di benzina	petrolpomp	[petrol·pomp]
officina (f) meccanica	garage	[χaraʒe]
fare benzina	volmaak	[folmāk]
carburante (m)	brandstof	[brantstof]
tanica (f)	petrolblik	[petrol·blik]

asfalto (m)	teer	[teər]
segnaletica (f) stradale	padmerktekens	[pad·merktekɛŋs]
cordolo (m)	randsteen	[rand·steən]
barriera (f) di sicurezza	skutreling	[skut·reliŋ]
fosso (m)	donga	[donχa]
ciglio (m) della strada	skouer	[skæʋər]
lampione (m)	lamppaal	[lamp·pāl]

guidare (~ un veicolo)	bestuur	[bestɪr]
girare (~ a destra)	draai	[drāi]
fare un'inversione a U	U-draai maak	[u-drāj māk]
retromarcia (m)	tru-	[tru-]
suonare il clacson	toeter	[tutər]
colpo (m) di clacson	toeter	[tutər]

incastrarsi (vr)	vassteek	[fassteek]
impantanarsi (vr)	die wiele laat tol	[di vilə lāt tol]
spegnere (~ il motore)	afskakel	[afskakəl]

velocità (f)	spoed	[sput]
superare i limiti di velocità	die spoedgrens oortree	[di sputχrɛŋs oərtreə]
semaforo (m)	robot	[robot]
patente (f) di guida	bestuurslisensie	[bestɪrs·lisɛŋsi]

passaggio (m) a livello	treinoorgang	[træjn·oərχaŋ]
incrocio (m)	kruispunt	[krœis·punt]
passaggio (m) pedonale	sebraoorgang	[sebra·oərχaŋ]
curva (f)	draai	[drāi]
zona (f) pedonale	voetgangerstraat	[futχaŋər·strāt]

180. Segnaletica stradale

codice (m) stradale	padreëls	[pad·rɛɛls]
segnale (m) stradale	padteken	[pad·tekən]
sorpasso (m)	verbysteek	[ferbajsteek]
curva (f)	draai	[drāi]
inversione ad U	U-draai	[u-drāi]
rotatoria (f)	verkeerssirkel	[ferkeərs·sirkəl]

divieto d'accesso	Geen toegang	[χeən tuχaŋ]
divieto di transito	Geen voertuie toegelaat nie	[χeən furtœiə tuχelāt ni]
divieto di sorpasso	Verbysteek verbode	[ferbajsteek ferbodə]
divieto di sosta	Parkeerverbod	[parkeər·ferbot]
divieto di fermata	Nie stilhou nie	[ni stilhæu ni]

curva (f) pericolosa	gevaarlike draai	[χefārlikə drāi]
discesa (f) ripida	steil afdraande	[stæjl afdrāndə]
senso (m) unico	eenrigtingverkeer	[eənriχtiŋ·ferkeər]
passaggio (m) pedonale	Voetoorgang voor	[futoərχaŋ foər]
strada (f) scivolosa	Glibberige pad voor	[χlibbəriχə pat foər]
dare la precedenza	TOEGEE	[tuχeə]

GENTE. SITUAZIONI QUOTIDIANE

Situazioni quotidiane

181. Vacanze. Evento

festa (f)	partytjie	[partajki]
festa (f) nazionale	nasionale dag	[naʃionalə daχ]
festività (f) civile	openbare vakansiedag	[openbarə fakaŋsi·daχ]
festeggiare (vt)	herdenk	[herdenk]
avvenimento (m)	gebeurtenis	[χebøørtenis]
evento (m) (organizzare un ~)	gebeurtenis	[χebøørtenis]
banchetto (m)	banket	[banket]
ricevimento (m)	onthaal	[onthāl]
festino (m)	feesmaal	[fees·māl]
anniversario (m)	verjaardag	[ferjār·daχ]
giubileo (m)	jubileum	[jubiløəm]
festeggiare (vt)	vier	[fir]
Capodanno (m)	Nuwejaar	[nuvejār]
Buon Anno!	Voorspoedige Nuwejaar	[foərspudiχə nuvejār]
Babbo Natale (m)	Kersvader	[kers·fadər]
Natale (m)	Kersfees	[kersfeəs]
Buon Natale!	Geseënde Kersfees	[χeseɛndə kersfeɛs]
Albero (m) di Natale	Kersboom	[kers·boəm]
fuochi (m pl) artificiali	vuurwerk	[fɪrwerk]
nozze (f pl)	bruilof	[brœilof]
sposo (m)	bruidegom	[brœidəχom]
sposa (f)	bruid	[brœit]
invitare (vt)	uitnooi	[œitnoj]
invito (m)	uitnodiging	[œitnodəχiŋ]
ospite (m)	gas	[χas]
andare a trovare	besoek	[besuk]
accogliere gli invitati	die gaste ontmoet	[di χastə ontmut]
regalo (m)	present	[present]
offrire (~ un regalo)	gee	[χeə]
ricevere i regali	presente ontvang	[presentə ontfaŋ]
mazzo (m) di fiori	boeket	[buket]
auguri (m pl)	gelukwense	[χelukwɛŋsə]
augurare (vt)	gelukwens	[χelukwɛŋs]
cartolina (f)	geleentheidskaartjie	[χeleenthæjts·kārki]

brindisi (m)	heildronk	[hæjɪldronk]
offrire (~ qualcosa da bere)	aanbied	[ānbit]
champagne (m)	sjampanje	[ʃampanje]

divertirsi (vr)	jouself geniet	[jæusɛlf χenit]
allegria (f)	pret	[pret]
gioia (f)	vreugde	[frøøχdə]

| danza (f), ballo (m) | dans | [daŋs] |
| ballare (vi, vt) | dans | [daŋs] |

| valzer (m) | wals | [vals] |
| tango (m) | tango | [tanχo] |

182. Funerali. Sepoltura

cimitero (m)	begraafplaas	[beχrāf·plās]
tomba (f)	graf	[χraf]
croce (f)	kruis	[krœis]
pietra (f) tombale	grafsteen	[χrafsteən]
recinto (m)	heining	[hæjniŋ]
cappella (f)	kapel	[kapəl]

morte (f)	dood	[doət]
morire (vi)	doodgaan	[doədχān]
defunto (m)	oorledene	[oərledenə]
lutto (m)	rou	[ræʊ]

seppellire (vt)	begrawe	[beχravə]
sede (f) di pompe funebri	begrafnisonderneming	[beχrafnis·ondərnemiŋ]
funerale (m)	begrafnis	[beχrafnis]

corona (f) di fiori	krans	[kraŋs]
bara (f)	doodskis	[doədskis]
carro (m) funebre	lykswa	[lajks·wa]
lenzuolo (m) funebre	lykkleed	[lajk·kleət]

corteo (m) funebre	begrafnisstoet	[beχrafnis·stut]
urna (f) funeraria	urn	[urn]
crematorio (m)	krematorium	[krematorium]

necrologio (m)	doodsberig	[doəds·berəχ]
piangere (vi)	huil	[hœil]
singhiozzare (vi)	snik	[snik]

183. Guerra. Soldati

plotone (m)	peleton	[peleton]
compagnia (f)	kompanie	[kompani]
reggimento (m)	regiment	[reχiment]
esercito (m)	leër	[leɛr]
divisione (f)	divisie	[difisi]

| distaccamento (m) | afdeling | [afdeliŋ] |
| armata (f) | leërskare | [lɛɛrskarə] |

| soldato (m) | soldaat | [soldãt] |
| ufficiale (m) | offisier | [offisir] |

soldato (m) semplice	soldaat	[soldãt]
sergente (m)	sersant	[sersant]
tenente (m)	luitenant	[lœitənant]
capitano (m)	kaptein	[kaptæjn]
maggiore (m)	majoor	[majoər]
colonnello (m)	kolonel	[kolonəl]
generale (m)	generaal	[χenerãl]

marinaio (m)	matroos	[matroəs]
capitano (m)	kaptein	[kaptæjn]
nostromo (m)	bootsman	[boətsman]
artigliere (m)	artilleris	[artilleris]
paracadutista (m)	valskermsoldaat	[falskerm·soldãt]
pilota (m)	piloot	[piloət]
navigatore (m)	navigator	[nafiχator]
meccanico (m)	werktuigkundige	[verktœiχ·kundiχə]

geniere (m)	sappeur	[sappøər]
paracadutista (m)	valskermspringer	[falskerm·spriŋər]
esploratore (m)	verkenner	[ferkɛnnər]
cecchino (m)	skerpskut	[skerp·skut]

pattuglia (f)	patrollie	[patrolli]
pattugliare (vt)	patrolleer	[patrolleər]
sentinella (f)	wag	[vaχ]
guerriero (m)	vegter	[feχtər]
patriota (m)	patriot	[patriot]
eroe (m)	held	[hɛlt]
eroina (f)	heldin	[hɛldin]

| traditore (m) | verraaier | [ferrãjer] |
| tradire (vt) | verraai | [ferrãi] |

| disertore (m) | droster | [drostər] |
| disertare (vi) | dros | [dros] |

mercenario (m)	huursoldaat	[hɪr·soldãt]
recluta (f)	rekruteer	[rekruteər]
volontario (m)	vrywilliger	[frajvilliχər]

ucciso (m)	dooie	[doje]
ferito (m)	gewonde	[χevondə]
prigioniero (m) di guerra	krygsgevangene	[krajχs·χefaŋənə]

184. Guerra. Azioni militari. Parte 1

| guerra (f) | oorlog | [oərloχ] |
| essere in guerra | oorlog voer | [oərloχ fur] |

163

guerra (f) civile	burgeroorlog	[burgər·oərloχ]
perfidamente	valslik	[falslik]
dichiarazione (f) di guerra	oorlogsverklaring	[oərloχs·ferklariŋ]
dichiarare (~ guerra)	oorlog verklaar	[oərloχ ferklãr]
aggressione (f)	aggressie	[aχrɛssi]
attaccare (vt)	aanval	[ãnfal]

invadere (vt)	binneval	[binnəfal]
invasore (m)	binnevaller	[binnəfallər]
conquistatore (m)	veroweraar	[feroverãr]

difesa (f)	verdediging	[ferdedəχiŋ]
difendere (~ un paese)	verdedig	[ferdedəχ]
difendersi (vr)	jouself verdedig	[jæusɛlf ferdedəχ]

nemico (m)	vyand	[fajant]
avversario (m)	teëstander	[teɛstandər]
ostile (agg)	vyandig	[fajandəχ]

| strategia (f) | strategie | [strateχi] |
| tattica (f) | taktiek | [taktik] |

ordine (m)	bevel	[befəl]
comando (m)	bevel	[befəl]
ordinare (vt)	beveel	[befeəl]
missione (f)	opdrag	[opdraχ]
segreto (agg)	geheim	[χəhæjm]

| battaglia (f) | veldslag | [fɛltslaχ] |
| combattimento (m) | geveg | [χefeχ] |

attacco (m)	aanval	[ãnfal]
assalto (m)	bestorming	[bestormiŋ]
assalire (vt)	bestorm	[bestorm]
assedio (m)	beleg	[beleχ]

| offensiva (f) | aanval | [ãnfal] |
| passare all'offensiva | tot die offensief oorgaan | [tot di offɛŋsif oərχãn] |

| ritirata (f) | terugtrekking | [teruχ·trɛkkiŋ] |
| ritirarsi (vr) | terugtrek | [teruχtrek] |

| accerchiamento (m) | omsingeling | [omsinχəliŋ] |
| accerchiare (vt) | omsingel | [omsiŋəl] |

bombardamento (m)	bombardement	[bombardement]
bombardare (vt)	bombardeer	[bombardeər]
esplosione (f)	ontploffing	[ontploffiŋ]

| sparo (m) | skoot | [skoət] |
| sparatoria (f) | skiet | [skit] |

puntare su ...	mik op	[mik op]
puntare (~ una pistola)	rig	[riχ]
colpire (~ il bersaglio)	tref	[tref]
affondare (mandare a fondo)	sink	[sink]

falla (f)	gat	[χat]
affondare (andare a fondo)	sink	[sink]

fronte (m) (~ di guerra)	front	[front]
evacuazione (f)	evakuasie	[ɛfakuasi]
evacuare (vt)	evakueer	[ɛfakueər]

trincea (f)	loopgraaf	[loəpχrāf]
filo (m) spinato	doringdraad	[doriŋ·drāt]
sbarramento (m)	versperring	[fersperriŋ]
torretta (f) di osservazione	wagtoring	[vaχ·toriŋ]

ospedale (m) militare	militêre hospitaal	[militæərə hospitāl]
ferire (vt)	wond	[vont]
ferita (f)	wond	[vont]
ferito (m)	gewonde	[χevondə]
rimanere ferito	gewond	[χevont]
grave (ferita ~)	ernstig	[ɛrnstəχ]

185. Guerra. Azioni militari. Parte 2

prigionia (f)	gevangenskap	[χefaŋənskap]
fare prigioniero	gevange neem	[χefaŋə neəm]
essere prigioniero	in gevangenskap wees	[in χefaŋənskap veəs]
essere fatto prigioniero	in gevangenskap geneem word	[in χefaŋənskap χeneəm vort]

campo (m) di concentramento	konsentrasiekamp	[koŋsentrasi·kamp]
prigioniero (m) di guerra	krygsgevangene	[krajχs·χefaŋənə]
fuggire (vi)	ontsnap	[ontsnap]

tradire (vt)	verraai	[ferrāi]
traditore (m)	verraaier	[ferrājer]
tradimento (m)	verraad	[ferrāt]

fucilare (vt)	eksekuteer	[ɛksekuteər]
fucilazione (f)	eksekusie	[ɛksekusi]

divisa (f) militare	toerusting	[turustiŋ]
spallina (f)	skouerstrook	[skæυer·stroək]
maschera (f) antigas	gasmasker	[χas·maskər]

radiotrasmettitore (m)	veldradio	[fɛlt·radio]
codice (m)	geheime kode	[χəhæjmə kodə]
complotto (m)	geheimhouding	[χəhæjm·hæυdiŋ]
parola (f) d'ordine	wagwoord	[vaχ·woərt]

mina (f)	landmyn	[land·majn]
minare (~ la strada)	bemyn	[bemajn]
campo (m) minato	mynveld	[majn·fɛlt]

allarme (m) aereo	lugalarm	[luχ·alarm]
allarme (m)	alarm	[alarm]
segnale (m)	sienjaal	[sinjāl]

165

razzo (m) di segnalazione	fakkel	[fakkel]
quartier (m) generale	hoofkwartier	[hoəf·kwartir]
esplorazione (m)	verkenningstog	[fɛrkɛnniŋs·toχ]
situazione (f)	toestand	[tustant]
rapporto (m)	verslag	[ferslaχ]
agguato (m)	hinderlaag	[hindər·lāχ]
rinforzo (m)	versterking	[ferstərkiŋ]

bersaglio (m)	doel	[dul]
terreno (m) di caccia	proefterrein	[pruf·terræjn]
manovre (f pl)	militêre oefening	[militærə ufeniŋ]

panico (m)	paniek	[panik]
devastazione (f)	verwoesting	[ferwustiŋ]
distruzione (m)	verwoesting	[ferwustiŋ]
distruggere (vt)	verwoes	[ferwus]

sopravvivere (vi, vt)	oorleef	[oərleəf]
disarmare (vt)	ontwapen	[ontvapen]
maneggiare (una pistola, ecc.)	hanteer	[hanteər]

Attenti!	Aandag!	[āndaχ!]
Riposo!	Op die plek rus!	[op di plek rus!]

atto (m) eroico	heldedaad	[hɛldə·dāt]
giuramento (m)	eed	[eət]
giurare (vi)	sweer	[sweər]

decorazione (f)	dekorasie	[dekorasiə]
decorare (qn)	toeken	[tuken]
medaglia (f)	medalje	[medalje]
ordine (m) (~ al Merito)	orde	[ordə]

vittoria (f)	oorwinning	[oərwinniŋ]
sconfitta (m)	nederlaag	[nedərlāχ]
armistizio (m)	wapenstilstand	[vapɛn·stilstant]

bandiera (f)	vaandel	[fāndəl]
gloria (f)	roem	[rum]
parata (f)	parade	[paradə]
marciare (in parata)	marseer	[marseər]

186. Armi

armi (f pl)	wapens	[vapɛns]
arma (f) da fuoco	vuurwapens	[fɪr·vapɛns]
arma (f) bianca	messe	[mɛssə]

armi (f pl) chimiche	chemiese wapens	[χemisə vapɛns]
nucleare (agg)	kern-	[kern-]
armi (f pl) nucleari	kernwapens	[kern·vapɛns]
bomba (f)	bom	[bom]
bomba (f) atomica	atoombom	[atoəm·bom]

pistola (f)	pistool	[pistoəl]
fucile (m)	geweer	[χeveər]
mitra (m)	aanvalsgeweer	[ānvals·χeveər]
mitragliatrice (f)	masjiengeweer	[maʃin·χeveər]

bocca (f)	loop	[loəp]
canna (f)	loop	[loəp]
calibro (m)	kaliber	[kalibər]

grilletto (m)	sneller	[snɛllər]
mirino (m)	visier	[fisir]
caricatore (m)	magasyn	[maχasajn]
calcio (m)	kolf	[kolf]

bomba (f) a mano	handgranaat	[hand·χranāt]
esplosivo (m)	springstof	[sprinstof]

pallottola (f)	koeël	[kuɛl]
cartuccia (f)	patroon	[patroən]
carica (f)	lading	[ladin]
munizioni (f pl)	ammunisie	[ammunisi]

bombardiere (m)	bomwerper	[bom·werpər]
aereo (m) da caccia	straalvegter	[strāl·feχtər]
elicottero (m)	helikopter	[helikoptər]

cannone (m) antiaereo	lugafweer	[luχafweər]
carro (m) armato	tenk	[tɛnk]
cannone (m)	tenkkanon	[tɛnk·kanon]

artiglieria (f)	artillerie	[artilleri]
cannone (m)	kanon	[kanon]
mirare a ...	aanlê	[ānlɛ:]

proiettile (m)	projektiel	[projektil]
granata (f) da mortaio	mortierbom	[mortir·bom]
mortaio (m)	mortier	[mortir]
scheggia (f)	skrapnel	[skrapnəl]

sottomarino (m)	duikboot	[dœik·boət]
siluro (m)	torpedo	[torpedo]
missile (m)	vuurpyl	[fɪr·pajl]

caricare (~ una pistola)	laai	[lāi]
sparare (vi)	skiet	[skit]

puntare su ...	rig op	[riχ op]
baionetta (f)	bajonet	[bajonet]

spada (f)	rapier	[rapir]
sciabola (f)	sabel	[sabəl]
lancia (f)	spies	[spis]
arco (m)	boog	[boəχ]
freccia (f)	pyl	[pajl]
moschetto (m)	musket	[musket]
balestra (f)	kruisboog	[krœis·boəχ]

187. Gli antichi

primitivo (agg)	primitief	[primitif]
preistorico (agg)	prehistories	[prehistoris]
antico (agg)	antiek	[antik]
Età (f) della pietra	Steentydperk	[steən·tajtperk]
Età (f) del bronzo	Bronstydperk	[brɔŋs·tajtperk]
epoca (f) glaciale	Ystydperk	[ajs·tajtperk]
tribù (f)	stam	[stam]
cannibale (m)	mensvreter	[mɛŋs·fretər]
cacciatore (m)	jagter	[jaχtər]
cacciare (vt)	jag	[jaχ]
mammut (m)	mammoet	[mammut]
caverna (f), grotta (f)	grot	[χrot]
fuoco (m)	vuur	[fɪr]
falò (m)	kampvuur	[kampfɪr]
pittura (f) rupestre	rotstekening	[rots·tekəniŋ]
strumento (m) di lavoro	werktuig	[verktœiχ]
lancia (f)	spies	[spis]
ascia (f) di pietra	klipbyl	[klip·bajl]
essere in guerra	oorlog voer	[oərloχ fur]
addomesticare (vt)	tem	[tem]
idolo (m)	afgod	[afχot]
idolatrare (vt)	aanbid	[ānbit]
superstizione (f)	bygeloof	[bajχəloəf]
rito (m)	ritueel	[ritueəl]
evoluzione (f)	evolusie	[ɛfolusi]
sviluppo (m)	ontwikkeling	[ontwikkeliŋ]
estinzione (f)	verdwyning	[ferdwajniŋ]
adattarsi (vr)	jou aanpas	[jæu ānpas]
archeologia (f)	argeologie	[arχeoloχi]
archeologo (m)	argeoloog	[arχeoloəχ]
archeologico (agg)	argeologies	[arχeoloχis]
sito (m) archeologico	opgrawingsplek	[opχraviŋs·plek]
scavi (m pl)	opgrawingsplekke	[opχraviŋs·plɛkkə]
reperto (m)	vonds	[fonds]
frammento (m)	fragment	[fraχment]

188. Il Medio Evo

popolo (m)	volk	[folk]
popoli (m pl)	bevolking	[befolkiŋ]
tribù (f)	stam	[stam]
tribù (f pl)	stamme	[stammə]
barbari (m pl)	barbare	[barbarə]

galli (m pl)	Galliërs	[χalliɛrs]
goti (m pl)	Gote	[χote]
slavi (m pl)	Slawe	[slavə]
vichinghi (m pl)	Vikings	[vikiŋs]

| romani (m pl) | Romeine | [romæjnə] |
| romano (agg) | Romeins | [romæjns] |

bizantini (m pl)	Bisantyne	[bisantajnə]
Bisanzio (m)	Bisantium	[bisantium]
bizantino (agg)	Bisantyns	[bisantajns]

imperatore (m)	keiser	[kæjsər]
capo (m)	leier	[læjer]
potente (un re ~)	magtig	[maχtəχ]
re (m)	koning	[koniŋ]
governante (m) (sovrano)	heerser	[heərsər]

cavaliere (m)	ridder	[riddər]
feudatario (m)	feodale heerser	[feodalə heərsər]
feudale (agg)	feodaal	[feodãl]
vassallo (m)	vasal	[fasal]

duca (m)	hertog	[hertoχ]
conte (m)	graaf	[χrãf]
barone (m)	baron	[baron]
vescovo (m)	biskop	[biskop]

armatura (f)	harnas	[harnas]
scudo (m)	skild	[skilt]
spada (f)	swaard	[swãrt]
visiera (f)	visier	[fisir]
cotta (f) di maglia	maliehemp	[mali·hemp]

| crociata (f) | Kruistog | [krœis·toχ] |
| crociato (m) | kruisvaarder | [krœis·fãrdər] |

territorio (m)	gebied	[χebit]
attaccare (vt)	aanval	[ãnfal]
conquistare (vt)	verower	[ferovər]
occupare (invadere)	beset	[beset]

assedio (m)	beleg	[beleχ]
assediato (agg)	beleërde	[beleɛrdə]
assediare (vt)	beleër	[beleɛr]

inquisizione (f)	inkwisisie	[inkvisisi]
inquisitore (m)	inkwisiteur	[inkvisitøər]
tortura (f)	marteling	[martəliŋ]
crudele (agg)	wreed	[vreət]
eretico (m)	ketter	[kɛttər]
eresia (f)	kettery	[kɛtteraj]

navigazione (f)	seevaart	[seə·fãrt]
pirata (m)	piraat, seerower	[pirãt], [seə·rovər]
pirateria (f)	piratery, seerowery	[pirateraj], [seə·roveraj]

arrembaggio (m)	enter	[ɛntər]
bottino (m)	buit	[bœit]
tesori (m)	skatte	[skattə]

scoperta (f)	ontdekking	[ontdɛkkiŋ]
scoprire (~ nuove terre)	ontdek	[ontdek]
spedizione (f)	ekspedisie	[ɛkspedisi]

moschettiere (m)	musketier	[musketir]
cardinale (m)	kardinaal	[kardināl]
araldica (f)	heraldiek	[heraldik]
araldico (agg)	heraldies	[heraldis]

189. Leader. Capo. Le autorità

re (m)	koning	[koniŋ]
regina (f)	koningin	[koniŋin]
reale (agg)	koninklik	[koninklik]
regno (m)	koninkryk	[koninkrajk]

| principe (m) | prins | [prins] |
| principessa (f) | prinses | [prinsəs] |

presidente (m)	president	[president]
vicepresidente (m)	vise-president	[fise-president]
senatore (m)	senator	[senator]

monarca (m)	monarg	[monarχ]
governante (m) (sovrano)	heerser	[heersər]
dittatore (m)	diktator	[diktator]
tiranno (m)	tiran	[tiran]
magnate (m)	magnaat	[maχnāt]

direttore (m)	direkteur	[direktøər]
capo (m)	baas	[bās]
dirigente (m)	bestuurder	[bestɪrdər]
capo (m)	baas	[bās]
proprietario (m)	eienaar	[æjenār]

leader (m)	leier	[læjer]
capo (m) (~ delegazione)	hoof	[hoəf]
autorità (f pl)	outoriteite	[æʊtoritæjtə]
superiori (m pl)	hoofde	[hoəfdə]

governatore (m)	goewerneur	[χuvernøər]
console (m)	konsul	[koŋsul]
diplomatico (m)	diplomaat	[diplomāt]
sindaco (m)	burgermeester	[burgər·meestər]
sceriffo (m)	sheriff	[sheriff]

imperatore (m)	keiser	[kæjsər]
zar (m)	tsaar	[tsār]
faraone (m)	farao	[farao]
khan (m)	kan	[kan]

190. Strada. Via. Indicazioni

| strada (f) | pad | [pat] |
| cammino (m) | pad | [pat] |

superstrada (f)	deurpad	[døərpat]
autostrada (f)	deurpad	[døərpat]
strada (f) statale	nasionale pad	[naʃionalə pat]

| strada (f) principale | hoofweg | [hoəf·weχ] |
| strada (f) sterrata | grondpad | [χront·pat] |

| viottolo (m) | paadjie | [pādʒi] |
| sentiero (m) | paadjie | [pādʒi] |

Dove? (~ è?)	Waar?	[vār?]
Dove? (~ vai?)	Waarheen?	[vārheən?]
Di dove?, Da dove?	Waarvandaan?	[vārfandān?]

| direzione (f) | rigting | [riχtiŋ] |
| indicare (~ la strada) | wys | [vajs] |

a sinistra (girare ~)	na links	[na links]
a destra (girare ~)	na regs	[na reχs]
dritto (avv)	reguit	[reχœit]
indietro (tornare ~)	terug	[teruχ]

curva (f)	draai	[drāi]
girare (~ a destra)	draai	[drāi]
fare un'inversione a U	U-draai maak	[u-drāj māk]

| essere visibile | sigbaar wees | [siχbār veəs] |
| apparire (vi) | verskyn | [ferskajn] |

sosta (f) (breve fermata)	stop	[stop]
riposarsi, fermarsi (vr)	pouseer	[pæʊseər]
riposo (m)	ruspouse	[ruspæʊsə]

perdersi (vr)	verdwaal	[ferdwāl]
portare verso ...	lei na ...	[læj na ...]
raggiungere (arrivare a)	uitkom by	[œitkom baj]
tratto (m) di strada	stuk pad	[stuk pat]

asfalto (m)	teer	[teər]
cordolo (m)	randsteen	[rand·steən]
fosso (m)	donga	[donχa]
tombino (m)	mangat	[manχat]
ciglio (m) della strada	skouer	[skæʊər]
buca (f)	slaggat	[slaχχat]

| andare (a piedi) | gaan | [χān] |
| sorpassare (vt) | verbysteek | [ferbajsteək] |

| passo (m) | tree | [treə] |
| a piedi | te voet | [tə fut] |

sbarrare (~ la strada)	blokkeer	[blokkeər]
sbarra (f)	hefboom	[hefboəm]
vicolo (m) cieco	doodloopstraat	[doədloəp·strāt]

191. Infrangere la legge. Criminali. Parte 1

bandito (m)	bandiet	[bandit]
delitto (m)	misdaad	[misdāt]
criminale (m)	misdadiger	[misdadiχər]
ladro (m)	dief	[dif]
rubare (vi, vt)	steel	[steəl]
ruberia (f)	steel	[steəl]
reato (m) di furto	diefstal	[difstal]
rapire (vt)	ontvoer	[ontfur]
rapimento (m)	ontvoering	[ontfuriŋ]
rapitore (m)	ontvoerder	[ontfurdər]
riscatto (m)	losgeld	[losχɛlt]
chiedere il riscatto	losgeld eis	[losχɛlt æjs]
rapinare (vt)	besteel	[besteəl]
rapina (f)	oorval	[oərfal]
rapinatore (m)	boef	[buf]
estorcere (vt)	afpers	[afpers]
estorsore (m)	afperser	[afpersər]
estorsione (f)	afpersing	[afpersiŋ]
uccidere (vt)	vermoor	[fermoər]
assassinio (m)	moord	[moərt]
assassino (m)	moordenaar	[moərdenār]
sparo (m)	skoot	[skoət]
abbattere (con armi da fuoco)	doodskiet	[doədskit]
sparare (vi)	skiet	[skit]
sparatoria (f)	skietery	[skiteraj]
incidente (m) (rissa, ecc.)	insident	[insident]
rissa (f)	geveg	[χefeχ]
Aiuto!	Help!	[hɛlp!]
vittima (f)	slagoffer	[slaχoffər]
danneggiare (vt)	beskadig	[beskadəχ]
danno (m)	skade	[skadə]
cadavere (m)	lyk	[lajk]
grave (reato ~)	ernstig	[ɛrnstəχ]
aggredire (vt)	aanval	[ānfal]
picchiare (vt)	slaan	[slān]
malmenare (picchiare)	platslaan	[platslān]
sottrarre (vt)	vat	[fat]
accoltellare a morte	doodsteek	[doədsteək]

| mutilare (vt) | vermink | [fermink] |
| ferire (vt) | wond | [vont] |

ricatto (m)	afpersing	[afpersiŋ]
ricattare (vt)	afpers	[afpers]
ricattatore (m)	afperser	[afpersər]

estorsione (f)	beskermingswendelary	[beskermiŋ·swendəlaraj]
estortore (m)	afperser	[afpersər]
gangster (m)	boef	[buf]
mafia (f)	mafia	[mafia]

borseggiatore (m)	sakkeroller	[sakkerollər]
scassinatore (m)	inbreker	[inbrekər]
contrabbando (m)	smokkel	[smokkəl]
contrabbandiere (m)	smokkelaar	[smokkəlãr]

falsificazione (f)	vervalsing	[ferfalsiŋ]
falsificare (vt)	verval	[ferfal]
falso, falsificato (agg)	vals	[fals]

192. Infrangere la legge. Criminali. Parte 2

stupro (m)	verkragting	[ferkraχtiŋ]
stuprare (vt)	verkrag	[ferkraχ]
stupratore (m)	verkragter	[ferkraχtər]
maniaco (m)	maniak	[maniak]

prostituta (f)	prostituut	[prostitɪt]
prostituzione (f)	prostitusie	[prostitusi]
magnaccia (m)	pooier	[pojer]

| drogato (m) | dwelmslaaf | [dwɛlm·slãf] |
| trafficante (m) di droga | dwelmhandelaar | [dwɛlm·handəlãr] |

far esplodere	opblaas	[opblãs]
esplosione (f)	ontploffing	[ontploffiŋ]
incendiare (vt)	aan die brand steek	[ãn di brant steek]
incendiario (m)	brandstigter	[brant·stiχtər]

terrorismo (m)	terrorisme	[terrorismə]
terrorista (m)	terroris	[terroris]
ostaggio (m)	gyselaar	[χajsəlãr]

imbrogliare (vt)	bedrieg	[bedrəχ]
imbroglio (m)	bedrog	[bedroχ]
imbroglione (m)	bedrieër	[bedriɛr]

corrompere (vt)	omkoop	[omkoəp]
corruzione (f)	omkopery	[omkoperaj]
bustarella (f)	omkoopgeld	[omkoəp·χɛlt]

| veleno (m) | gif | [χif] |
| avvelenare (vt) | vergiftig | [ferχiftəχ] |

avvelenarsi (vr)	jouself vergiftig	[jæʊsɛlf ferχiftəχ]
suicidio (m)	selfmoord	[sɛlfmoərt]
suicida (m)	selfmoordenaar	[sɛlfmoərdenãr]

minacciare (vt)	dreig	[dræjχ]
minaccia (f)	dreigement	[dræjχement]
attentato (m)	aanslag	[ãŋslaχ]

rubare (~ una macchina)	steel	[steəl]
dirottare (~ un aereo)	kaap	[kãp]

vendetta (f)	wraak	[vrãk]
vendicare (vt)	wreek	[vreək]

torturare (vt)	martel	[martəl]
tortura (f)	marteling	[martəliŋ]
maltrattare (vt)	folter	[foltər]

pirata (m)	piraat, seerower	[pirãt], [seə·rovər]
teppista (m)	skollie	[skolli]
armato (agg)	gewapen	[χevapen]
violenza (f)	geweld	[χevɛlt]
illegale (agg)	onwettig	[onwɛttəχ]

spionaggio (m)	spioenasie	[spiunasi]
spiare (vi)	spioeneer	[spiuneər]

193. Polizia. Legge. Parte 1

giustizia (f)	justisie	[jəstisi]
tribunale (m)	geregshof	[χereχshof]

giudice (m)	regter	[reχtər]
giurati (m)	jurielede	[juriledə]
processo (m) con giuria	jurieregspraak	[juri·reχsprãk]
giudicare (vt)	bereg	[bereχ]

avvocato (m)	advokaat	[adfokãt]
imputato (m)	beklaagde	[beklãχdə]
banco (m) degli imputati	beklaagdebank	[beklãχdə·bank]

accusa (f)	aanklag	[ãnklaχ]
accusato (m)	beskuldigde	[beskuldiχdə]

condanna (f)	vonnis	[fonnis]
condannare (vt)	veroordeel	[feroərdeəl]

colpevole (m)	skuldig	[skuldəχ]
punire (vt)	straf	[straf]
punizione (f)	straf	[straf]

multa (f), ammenda (f)	boete	[butə]
ergastolo (m)	lewenslange gevangenisstraf	[levɛŋslaŋə χefaŋənis·straf]

pena (f) di morte	doodstraf	[doədstraf]
sedia (f) elettrica	elektriese stoel	[ɛlektrisə stul]
impiccagione (f)	galg	[χalχ]

| giustiziare (vt) | eksekuteer | [ɛksekuteər] |
| esecuzione (f) | eksekusie | [ɛksekusi] |

| prigione (f) | tronk | [tronk] |
| cella (f) | sel | [səl] |

scorta (f)	eskort	[ɛskort]
guardia (f) carceraria	tronkbewaarder	[tronk·bevārdər]
prigioniero (m)	gevangene	[χefaŋənə]

| manette (f pl) | handboeie | [hant·buje] |
| mettere le manette | in die boeie slaan | [in di buje slān] |

fuga (f)	ontsnapping	[ontsnappiŋ]
fuggire (vi)	ontsnap	[ontsnap]
scomparire (vi)	verdwyn	[ferdwajn]
liberare (vt)	vrylaat	[frajlāt]
amnistia (f)	amnestie	[amnesti]

polizia (f)	polisie	[polisi]
poliziotto (m)	polisieman	[polisi·man]
commissariato (m)	polisiestasie	[polisi·stasi]
manganello (m)	knuppel	[knuppəl]
altoparlante (m)	megafoon	[meχafoən]

macchina (f) di pattuglia	patrolliemotor	[patrolli·motor]
sirena (f)	sirene	[sirenə]
mettere la sirena	die sirene aanskakel	[di sirenə āŋskakəl]
suono (m) della sirena	sirenegeloei	[sirenə·χelui]

luogo (m) del crimine	misdaadtoneel	[misdād·toneəl]
testimone (m)	getuie	[χetœiə]
libertà (f)	vryheid	[frajhæjt]
complice (m)	medepligtige	[medə·pliχtiχə]
fuggire (vi)	ontvlug	[ontfluχ]
traccia (f)	spoor	[spoər]

194. Polizia. Legge. Parte 2

ricerca (f) (≈ di un criminale)	soektog	[suktoχ]
cercare (vt)	soek ...	[suk ...]
sospetto (m)	verdenking	[ferdɛnkiŋ]
sospetto (agg)	verdag	[ferdaχ]
fermare (vt)	teëhou	[teɛhæʊ]
arrestare (qn)	aanhou	[ānhæʊ]

causa (f)	hofsaak	[hofsāk]
inchiesta (f)	ondersoek	[ondərsuk]
detective (m)	speurder	[spøərdər]
investigatore (m)	speurder	[spøərdər]

versione (f)	hipotese	[hipotesə]
movente (m)	motief	[motif]
interrogatorio (m)	ondervraging	[ondərfraχiŋ]
interrogare (sospetto)	ondervra	[ondərfra]
interrogare (vicini)	verhoor	[ferhoər]
controllo (m) (~ di polizia)	kontroleer	[kontroleər]

retata (f)	klopjag	[klopjaχ]
perquisizione (f)	huissoeking	[hœis·sukiŋ]
inseguimento (m)	agtervolging	[aχtərfolχiŋ]
inseguire (vt)	agtervolg	[aχtərfolχ]
essere sulle tracce	opspoor	[opspoər]

arresto (m)	inhegtenisneming	[inheχtenis·nemiŋ]
arrestare (qn)	arresteer	[arresteər]
catturare (~ un ladro)	vang	[faŋ]
cattura (f)	opsporing	[opsporiŋ]

documento (m)	dokument	[dokument]
prova (f), reperto (m)	bewys	[bevajs]
provare (vt)	bewys	[bevajs]
impronta (f) del piede	voetspoor	[futspoər]
impronte (f pl) digitali	vingerafdrukke	[fiŋər·afdrukkə]
elemento (m) di prova	bewysstuk	[bevajs·stuk]

alibi (m)	alibi	[alibi]
innocente (agg)	onskuldig	[ɔŋskuldəχ]
ingiustizia (f)	onreg	[onreχ]
ingiusto (agg)	onregverdig	[onreχferdəχ]

criminale (agg)	krimineel	[krimineəl]
confiscare (vt)	in beslag neem	[in beslaχ neəm]
droga (f)	dwelm	[dwɛlm]
armi (f pl)	wapen	[vapen]
disarmare (vt)	ontwapen	[ontvapen]
ordinare (vt)	beveel	[befeəl]
sparire (vi)	verdwyn	[ferdwajn]

legge (f)	wet	[vet]
legale (agg)	wettig	[vɛttəχ]
illegale (agg)	onwettig	[onwɛttəχ]

responsabilità (f)	verantwoordelikheid	[ferant·voərdelikhæjt]
responsabile (agg)	verantwoordelik	[ferant·voərdelik]

LA NATURA

La Terra. Parte 1

195. L'Universo

cosmo (m)	kosmos	[kosmos]
cosmico, spaziale (agg)	kosmies	[kosmis]
spazio (m) cosmico	buitenste ruimte	[bœitɛŋstə rajmtə]
mondo (m)	wêreld	[værɛlt]
universo (m)	heelal	[heəlal]
galassia (f)	sterrestelsel	[sterrə·stɛlsəl]
stella (f)	ster	[ster]
costellazione (f)	sterrebeeld	[sterrə·beəlt]
pianeta (m)	planeet	[planeət]
satellite (m)	satelliet	[satɛllit]
meteorite (m)	meteoriet	[meteorit]
cometa (f)	komeet	[komeət]
asteroide (m)	asteroïed	[asteroïət]
orbita (f)	baan	[bān]
ruotare (vi)	draai	[drāi]
atmosfera (f)	atmosfeer	[atmosfeər]
il Sole	die Son	[di son]
sistema (m) solare	sonnestelsel	[sonnə·stɛlsəl]
eclisse (f) solare	sonsverduistering	[soŋs·ferdœisteriŋ]
la Terra	die Aarde	[di ārdə]
la Luna	die Maan	[di mān]
Marte (m)	Mars	[mars]
Venere (f)	Venus	[fenus]
Giove (m)	Jupiter	[jupitər]
Saturno (m)	Saturnus	[saturnus]
Mercurio (m)	Mercurius	[merkurius]
Urano (m)	Uranus	[uranus]
Nettuno (m)	Neptunus	[neptunus]
Plutone (m)	Pluto	[pluto]
Via (f) Lattea	Melkweg	[melk·weχ]
Orsa (f) Maggiore	Groot Beer	[χroət beər]
Stella (f) Polare	Poolster	[poəl·stər]
marziano (m)	marsbewoner	[mars·bevonər]
extraterrestre (m)	buiteaardse wese	[bœitə·ārdsə vesə]

| alieno (m) | ruimtewese | [rœimtə·vesə] |
| disco (m) volante | vlieënde skottel | [fliɛndə skottəl] |

nave (f) spaziale	ruimteskip	[rœimtə·skip]
stazione (f) spaziale	ruimtestasie	[rœimtə·stasi]
lancio (m)	vertrek	[fertrek]

motore (m)	enjin	[ɛndʒin]
ugello (m)	uitlaatpyp	[œitlāt·pajp]
combustibile (m)	brandstof	[brantstof]

cabina (f) di pilotaggio	stuurkajuit	[stɪr·kajœit]
antenna (f)	lugdraad	[luχdrāt]
oblò (m)	patryspoort	[patrajs·poərt]
batteria (f) solare	sonpaneel	[son·paneəl]
scafandro (m)	ruimtepak	[rœimtə·pak]

| imponderabilità (f) | gewigloosheid | [χeviχloəshæjt] |
| ossigeno (m) | suurstof | [sɪrstof] |

| aggancio (m) | koppeling | [koppeliŋ] |
| agganciarsi (vr) | koppel | [koppəl] |

osservatorio (m)	observatorium	[observatorium]
telescopio (m)	teleskoop	[teleskoəp]
osservare (vt)	waarneem	[vārneəm]
esplorare (vt)	eksploreer	[ɛksploreər]

196. La Terra

la Terra	die Aarde	[di ārdə]
globo (m) terrestre	die aardbol	[di ārdbol]
pianeta (m)	planeet	[planeət]

atmosfera (f)	atmosfeer	[atmosfeər]
geografia (f)	geografie	[χeoχrafi]
natura (f)	natuur	[natɪr]

mappamondo (m)	aardbol	[ārd·bol]
carta (f) geografica	kaart	[kārt]
atlante (m)	atlas	[atlas]

| Europa (f) | Europa | [øəropa] |
| Asia (f) | Asië | [asiɛ] |

| Africa (f) | Afrika | [afrika] |
| Australia (f) | Australië | [ɔustraliɛ] |

America (f)	Amerika	[amerika]
America (f) del Nord	Noord-Amerika	[noord-amerika]
America (f) del Sud	Suid-Amerika	[sœid-amerika]

| Antartide (f) | Suidpool | [sœid·poəl] |
| Artico (m) | Noordpool | [noərd·poəl] |

197. Punti cardinali

nord (m)	noorde	[noərdə]
a nord	na die noorde	[na di noərdə]
al nord	in die noorde	[in di noərdə]
del nord (agg)	noordelik	[noərdəlik]
sud (m)	suide	[sœidə]
a sud	na die suide	[na di sœidə]
al sud	in die suide	[in di sœidə]
del sud (agg)	suidelik	[sœidəlik]
ovest (m)	weste	[vestə]
a ovest	na die weste	[na di vestə]
all'ovest	in die weste	[in di vestə]
dell'ovest, occidentale	westelik	[vestelik]
est (m)	ooste	[oəstə]
a est	na die ooste	[na di oəstə]
all'est	in die ooste	[in di oəstə]
dell'est, orientale	oostelik	[oəstəlik]

198. Mare. Oceano

mare (m)	see	[seə]
oceano (m)	oseaan	[oseãn]
golfo (m)	golf	[χolf]
stretto (m)	straat	[strãt]
terra (f) (terra firma)	land	[lant]
continente (m)	kontinent	[kontinent]
isola (f)	eiland	[æjlant]
penisola (f)	skiereiland	[skir·æjlant]
arcipelago (m)	argipel	[arχipəl]
baia (f)	baai	[bãi]
porto (m)	hawe	[havə]
laguna (f)	strandmeer	[strand·meər]
capo (m)	kaap	[kãp]
atollo (m)	atol	[atol]
scogliera (f)	rif	[rif]
corallo (m)	koraal	[korãl]
barriera (f) corallina	koraalrif	[korãl·rif]
profondo (agg)	diep	[dip]
profondità (f)	diepte	[diptə]
abisso (m)	afgrond	[afχront]
fossa (f) (~ delle Marianne)	trog	[troχ]
corrente (f)	stroming	[strominj]
circondare (vt)	omring	[omrinj]

| litorale (m) | oewer | [uvər] |
| costa (f) | kus | [kus] |

alta marea (f)	hoogwater	[hoəχ·vatər]
bassa marea (f)	laagwater	[lãχ·vatər]
banco (m) di sabbia	sandbank	[sand·bank]
fondo (m)	bodem	[bodem]

onda (f)	golf	[χolf]
cresta (f) dell'onda	kruin	[krœin]
schiuma (f)	skuim	[skœim]

tempesta (f)	storm	[storm]
uragano (m)	orkaan	[orkãn]
tsunami (m)	tsunami	[tsunami]
bonaccia (f)	windstilte	[vindstiltə]
tranquillo (agg)	kalm	[kalm]

| polo (m) | pool | [poəl] |
| polare (agg) | polêr | [polær] |

latitudine (f)	breedtegraad	[breədtə·χrãt]
longitudine (f)	lengtegraad	[leŋtə·χrãt]
parallelo (m)	parallel	[paralləl]
equatore (m)	ewenaar	[ɛvenãr]

cielo (m)	hemel	[heməl]
orizzonte (m)	horison	[horison]
aria (f)	lug	[luχ]

faro (m)	vuurtoring	[fɪrtoriŋ]
tuffarsi (vr)	duik	[dœik]
affondare (andare a fondo)	sink	[sink]
tesori (m)	skatte	[skattə]

199. Nomi dei mari e degli oceani

Oceano (m) Atlantico	Atlantiese oseaan	[atlantisə oseãn]
Oceano (m) Indiano	Indiese Oseaan	[indisə oseãn]
Oceano (m) Pacifico	Stille Oseaan	[stillə oseãn]
mar (m) Glaciale Artico	Noordelike Yssee	[noərdelikə ajs·seə]

mar (m) Nero	Swart See	[swart seə]
mar (m) Rosso	Rooi See	[roj seə]
mar (m) Giallo	Geel See	[χeəl seə]
mar (m) Bianco	Witsee	[vit·seə]

mar (m) Caspio	Kaspiese See	[kaspisə seə]
mar (m) Morto	Dooie See	[dojə seə]
mar (m) Mediterraneo	Middellandse See	[middəllandsə seə]

mar (m) Egeo	Egeïese See	[ɛχejesə seə]
mar (m) Adriatico	Adriatiese See	[adriatisə seə]
mar (m) Arabico	Arabiese See	[arabisə seə]

mar (m) del Giappone	Japanse See	[japaŋsə seə]
mare (m) di Bering	Beringsee	[beriŋ·seə]
mar (m) Cinese meridionale	Suid-Sjinese See	[sœid-ʃinesə seə]
mar (m) dei Coralli	Koraalsee	[korāl·seə]
mar (m) di Tasman	Tasmansee	[tasmaŋ·seə]
mar (m) dei Caraibi	Karibiese See	[karibisə seə]
mare (m) di Barents	Barentssee	[barents·seə]
mare (m) di Kara	Karasee	[kara·seə]
mare (m) del Nord	Noordsee	[noərd·seə]
mar (m) Baltico	Baltiese See	[baltisə seə]
mare (m) di Norvegia	Noorse See	[noərsə seə]

200. Montagne

monte (m), montagna (f)	berg	[berχ]
catena (f) montuosa	bergreeks	[berχ·reəks]
crinale (m)	bergrug	[berχ·ruχ]
cima (f)	top	[top]
picco (m)	piek	[pik]
piedi (m pl)	voet	[fut]
pendio (m)	helling	[hɛlliŋ]
vulcano (m)	vulkaan	[fulkān]
vulcano (m) attivo	aktiewe vulkaan	[aktivə fulkān]
vulcano (m) inattivo	rustende vulkaan	[rustendə fulkān]
eruzione (f)	uitbarsting	[œitbarstiŋ]
cratere (m)	krater	[kratər]
magma (m)	magma	[maχma]
lava (f)	lawa	[lava]
fuso (lava ~a)	gloeiende	[χlujendə]
canyon (m)	diepkloof	[dip·kloəf]
gola (f)	kloof	[kloəf]
crepaccio (m)	skeur	[skøər]
precipizio (m)	afgrond	[afχront]
passo (m), valico (m)	bergpas	[berχ·pas]
altopiano (m)	plato	[plato]
falesia (f)	krans	[kraŋs]
collina (f)	kop	[kop]
ghiacciaio (m)	gletser	[χletsər]
cascata (f)	waterval	[vatər·fal]
geyser (m)	geiser	[χæejsər]
lago (m)	meer	[meər]
pianura (f)	vlakte	[flaktə]
paesaggio (m)	landskap	[landskap]
eco (f)	eggo	[ɛχχo]

alpinista (m)	alpinis	[alpinis]
scalatore (m)	bergklimmer	[berχ·klimmər]
conquistare (~ una cima)	baasraak	[bāsrāk]
scalata (f)	beklimming	[beklimmiŋ]

201. Nomi delle montagne

Alpi (f pl)	die Alpe	[di alpə]
Monte (m) Bianco	Mont Blanc	[mon blan]
Pirenei (m pl)	die Pireneë	[di pireneɛ]

Carpazi (m pl)	die Karpate	[di karpatə]
gli Urali (m pl)	die Oeralgebergte	[di ural·χəberχtə]
Caucaso (m)	die Koukasus Gebergte	[di kæʊkasus χəberχtə]
Monte (m) Elbrus	Elbroes	[ɛlbrus]

Monti (m pl) Altai	die Altai-gebergte	[di altaj-χəberχtə]
Tien Shan (m)	die Tian Shan	[di tian ʃan]
Pamir (m)	die Pamir	[di pamir]
Himalaia (m)	die Himalajas	[di himalajas]
Everest (m)	Everest	[ɛverest]

| Ande (f pl) | die Andes | [di andes] |
| Kilimangiaro (m) | Kilimanjaro | [kilimandʒaro] |

202. Fiumi

fiume (m)	rivier	[rifir]
fonte (f) (sorgente)	bron	[bron]
letto (m) (~ del fiume)	rivierbed	[rifir·bet]
bacino (m)	stroomgebied	[stroəm·χebit]
sfociare nel ...	uitmond in ...	[œitmont in ...]

| affluente (m) | syrivier | [saj·rifir] |
| riva (f) | oewer | [uvər] |

corrente (f)	stroming	[stromiŋ]
a valle	stroomafwaarts	[stroəm·afvārts]
a monte	stroomopwaarts	[stroəm·opvārts]

inondazione (f)	oorstroming	[oərstromiŋ]
piena (f)	oorstroming	[oərstromiŋ]
straripare (vi)	oor sy walle loop	[oər saj vallə loəp]
inondare (vt)	oorstroom	[oərstroəm]

| secca (f) | sandbank | [sand·bank] |
| rapida (f) | stroomversnellings | [stroəm·fersnɛlliŋs] |

diga (f)	damwal	[dam·wal]
canale (m)	kanaal	[kanāl]
bacino (m) di riserva	opgaardam	[opχār·dam]
chiusa (f)	sluis	[slœis]

specchio (m) d'acqua	dam	[dam]
palude (f)	moeras	[muras]
pantano (m)	vlei	[flæj]
vortice (m)	draaikolk	[drāj·kolk]

ruscello (m)	spruit	[sprœit]
potabile (agg)	drink-	[drink-]
dolce (di acqua ~)	vars	[fars]

| ghiaccio (m) | ys | [ajs] |
| ghiacciarsi (vr) | bevries | [befris] |

203. Nomi dei fiumi

| Senna (f) | Seine | [sæjn] |
| Loira (f) | Loire | [lua:r] |

Tamigi (m)	Teems	[tems]
Reno (m)	Ryn	[rajn]
Danubio (m)	Donau	[donɔu]

Volga (m)	Wolga	[volga]
Don (m)	Don	[don]
Lena (f)	Lena	[lena]

Fiume (m) Giallo	Geel Rivier	[χeəl rifir]
Fiume (m) Azzurro	Blou Rivier	[blæʊ rifir]
Mekong (m)	Mekong	[mekoŋ]
Gange (m)	Ganges	[χaŋəs]

Nilo (m)	Nyl	[najl]
Congo (m)	Kongorivier	[kongo·rifir]
Okavango	Okavango	[okavango]
Zambesi (m)	Zambezi	[sambesi]
Limpopo (m)	Limpopo	[limpopo]
Mississippi (m)	Mississippi	[mississippi]

204. Foresta

| foresta (f) | bos | [bos] |
| forestale (agg) | bos- | [bos-] |

foresta (f) fitta	woud	[væʊt]
boschetto (m)	boord	[boərt]
radura (f)	oopte	[oəptə]

| roveto (m) | struikgewas | [strœik·χevas] |
| boscaglia (f) | struikveld | [strœik·fɛlt] |

sentiero (m)	paadjie	[pādʒi]
calanco (m)	donga	[donχa]
albero (m)	boom	[boəm]

foglia (f)	blaar	[blãr]
fogliame (m)	blare	[blarə]
caduta (f) delle foglie	val van die blare	[fal fan di blarə]
cadere (vi)	val	[fal]
cima (f)	boomtop	[boəm·top]
ramo (m), ramoscello (m)	tak	[tak]
ramo (m)	tak	[tak]
gemma (f)	knop	[knop]
ago (m)	naald	[nãlt]
pigna (f)	dennebol	[dɛnnə·bol]
cavità (f)	holte	[holtə]
nido (m)	nes	[nes]
tana (f) (del fox, ecc.)	gat	[xat]
tronco (m)	stam	[stam]
radice (f)	wortel	[vortəl]
corteccia (f)	bas	[bas]
musco (m)	mos	[mos]
sradicare (vt)	ontwortel	[ontwortəl]
abbattere (~ un albero)	omkap	[omkap]
disboscare (vt)	ontbos	[ontbos]
ceppo (m)	boomstomp	[boəm·stomp]
falò (m)	kampvuur	[kampfɪr]
incendio (m) boschivo	bosbrand	[bos·brant]
spegnere (vt)	blus	[blus]
guardia (f) forestale	boswagter	[bos·waxtər]
protezione (f)	beskerming	[beskermiŋ]
proteggere (~ la natura)	beskerm	[beskerm]
bracconiere (m)	wildstroper	[vilt·stropər]
tagliola (f) (~ per orsi)	slagyster	[slax·ajstər]
raccogliere (~ i funghi)	pluk	[pluk]
cogliere (~ le fragole)	pluk	[pluk]
perdersi (vr)	verdwaal	[ferdwãl]

205. Risorse naturali

risorse (f pl) naturali	natuurlike bronne	[natɪrlikə bronnə]
minerali (m pl)	minerale	[mineralə]
deposito (m) (~ di carbone)	lae	[laə]
giacimento (m) (~ petrolifero)	veld	[fɛlt]
estrarre (vt)	myn	[majn]
estrazione (f)	myn	[majn]
minerale (m) grezzo	erts	[ɛrts]
miniera (f)	myn	[majn]
pozzo (m) di miniera	mynskag	[majn·skax]
minatore (m)	mynwerker	[majn·werkər]

gas (m)	gas	[χas]
gasdotto (m)	gaspyp	[χas·pajp]
petrolio (m)	olie	[oli]
oleodotto (m)	olipypleiding	[oli·pajp·læjdiŋ]
torre (f) di estrazione	oliebron	[oli·bron]
torre (f) di trivellazione	boortoring	[boər·toriŋ]
petroliera (f)	tenkskip	[tɛnk·skip]
sabbia (f)	sand	[sant]
calcare (m)	kalksteen	[kalksteən]
ghiaia (f)	gruis	[χrœis]
torba (f)	veengrond	[feənχront]
argilla (f)	klei	[klæj]
carbone (m)	steenkool	[steən·koəl]
ferro (m)	yster	[ajstər]
oro (m)	goud	[χæʊt]
argento (m)	silwer	[silwər]
nichel (m)	nikkel	[nikkəl]
rame (m)	koper	[kopər]
zinco (m)	sink	[sink]
manganese (m)	mangaan	[manχān]
mercurio (m)	kwik	[kwik]
piombo (m)	lood	[loət]
minerale (m)	mineraal	[minerāl]
cristallo (m)	kristal	[kristal]
marmo (m)	marmer	[marmər]
uranio (m)	uraan	[urān]

La Terra. Parte 2

206. Tempo

tempo (m)	weer	[veər]
previsione (f) del tempo	weersvoorspelling	[veərs·foərspɛlliŋ]
temperatura (f)	temperatuur	[temperatɪr]
termometro (m)	termometer	[termometər]
barometro (m)	barometer	[barometər]
umido (agg)	klam	[klam]
umidità (f)	vogtigheid	[foχtiχæjt]
caldo (m), afa (f)	hitte	[hittə]
molto caldo (agg)	heet	[heət]
fa molto caldo	dis vrekwarm	[dis frekvarm]
fa caldo	dit is warm	[dit is varm]
caldo, mite (agg)	louwarm	[læʊvarm]
fa freddo	dis koud	[dis kæʊt]
freddo (agg)	koud	[kæʊt]
sole (m)	son	[son]
splendere (vi)	skyn	[skajn]
di sole (una giornata ~)	sonnig	[sonnəχ]
sorgere, levarsi (vr)	opkom	[opkom]
tramontare (vi)	ondergaan	[ondərχān]
nuvola (f)	wolk	[volk]
nuvoloso (agg)	bewolk	[bevolk]
nube (f) di pioggia	reënwolk	[reɛn·wolk]
nuvoloso (agg)	somber	[sombər]
pioggia (f)	reën	[reɛn]
piove	dit reën	[dit reɛn]
piovoso (agg)	reënerig	[reɛnerəχ]
piovigginare (vi)	motreën	[motreɛn]
pioggia (f) torrenziale	stortbui	[stortbœi]
acquazzone (m)	reënvlaag	[reɛn·flāχ]
forte (una ~ pioggia)	swaar	[swār]
pozzanghera (f)	poeletjie	[puləki]
bagnarsi (~ sotto la pioggia)	nat word	[nat vort]
foschia (f), nebbia (f)	mis	[mis]
nebbioso (agg)	mistig	[mistəχ]
neve (f)	sneeu	[sniʊ]
nevica	dit sneeu	[dit sniʊ]

207. Rigide condizioni metereologiche. Disastri naturali

temporale (m)	donderstorm	[donder·storm]
fulmine (f)	weerlig	[veerləχ]
lampeggiare (vi)	flits	[flits]
tuono (m)	donder	[dondər]
tuonare (vi)	donder	[dondər]
tuona	dit donder	[dit dondər]
grandine (f)	hael	[haəl]
grandina	dit hael	[dit haəl]
inondare (vt)	oorstroom	[oərstroəm]
inondazione (f)	oorstroming	[oərstromiŋ]
terremoto (m)	aardbewing	[ārd·beviŋ]
scossa (f)	aardskok	[ārd·skok]
epicentro (m)	episentrum	[εpisentrum]
eruzione (f)	uitbarsting	[œitbarstiŋ]
lava (f)	lawa	[lava]
tromba (f), tornado (m)	tornado	[tornado]
tifone (m)	tifoon	[tifoən]
uragano (m)	orkaan	[orkān]
tempesta (f)	storm	[storm]
tsunami (m)	tsunami	[tsunami]
ciclone (m)	sikloon	[sikloən]
maltempo (m)	slegte weer	[sleχtə veər]
incendio (m)	brand	[brant]
disastro (m)	ramp	[ramp]
meteorite (m)	meteoriet	[meteorit]
valanga (f)	lawine	[lavinə]
slavina (f)	sneeulawine	[sniʊ·lavinə]
tempesta (f) di neve	sneeustorm	[sniʊ·storm]
bufera (f) di neve	sneeustorm	[sniʊ·storm]

208. Rumori. Suoni

silenzio (m)	stilte	[stiltə]
suono (m)	geluid	[χelœit]
rumore (m)	geraas	[χerās]
far rumore	geraas maak	[χerās māk]
rumoroso (agg)	lawaaierig	[lavajerəχ]
ad alta voce (parlare ~)	hard	[hart]
alto (voce ~a)	hard	[hart]
costante (agg)	aanhoudend	[ānhæʊdent]
grido (m)	skreeu	[skriʊ]

gridare (vi)	skreeu	[skriʊ]
sussurro (m)	gefluister	[χeflœistər]
sussurrare (vi, vt)	fluister	[flœistər]
abbaiamento (m)	geblaf	[χeblaf]
abbaiare (vi)	blaf	[blaf]
gemito (m) (~ di dolore)	gekreun	[χekrøən]
gemere (vi)	kreun	[krøən]
tosse (f)	hoes	[hus]
tossire (vi)	hoes	[hus]
fischio (m)	gefluit	[χeflœit]
fischiare (vi)	fluit	[flœit]
bussata (f)	klop	[klop]
bussare (vi)	klop	[klop]
crepitare (vi)	kraak	[krãk]
crepitio (m)	gekraak	[χekrãk]
sirena (f)	sirene	[sirenə]
sirena (f) (di fabbrica)	fluit	[flœit]
emettere un fischio	fluit	[flœit]
colpo (m) di clacson	toeter	[tutər]
clacsonare (vi)	toeter	[tutər]

209. Inverno

inverno (m)	winter	[vintər]
invernale (agg)	winter-	[vintər-]
d'inverno	in die winter	[in di vintər]
neve (f)	sneeu	[sniʊ]
nevica	dit sneeu	[dit sniʊ]
nevicata (f)	sneeuval	[sniʊ·fal]
mucchio (m) di neve	sneeuhoop	[sniʊ·hoəp]
fiocco (m) di neve	sneeuvlokkie	[sniʊ·flokki]
palla (f) di neve	sneeubal	[sniʊ·bal]
pupazzo (m) di neve	sneeuman	[sniʊ·man]
ghiacciolo (m)	yskeël	[ajskeɛl]
dicembre (m)	Desember	[desembər]
gennaio (m)	Januarie	[januari]
febbraio (m)	Februarie	[februari]
gelo (m)	ryp	[rajp]
gelido (aria ~a)	vries-	[fris-]
sotto zero	onder nul	[ondər nul]
primi geli (m pl)	eerste ryp	[eərstə rajp]
brina (f)	ruigryp	[rœiχ·rajp]
freddo (m)	koue	[kæʊə]
fa freddo	dis koud	[dis kæʊt]

pelliccia (f)	**pelsjas**	[pelʃas]
manopole (f pl)	**duimhandskoene**	[dœim·handskunə]
ammalarsi (vr)	**siek word**	[sik vort]
raffreddore (m)	**verkoue**	[ferkæʊə]
ghiaccio (m)	**ys**	[ajs]
ghiaccio (m) trasparente	**gevriesde reën**	[χefrisdə rɛɛn]
ghiacciarsi (vr)	**bevries**	[befris]
banco (m) di ghiaccio	**ysskotse**	[ajs·skotsə]
sciatore (m)	**skiër**	[skiɛr]
sciare (vi)	**ski**	[ski]
pattinare (vi)	**ysskaats**	[ajs·skāts]

Fauna

210. Mammiferi. Predatori

predatore (m)	roofdier	[roəf·dir]
tigre (f)	tier	[tir]
leone (m)	leeu	[liʋ]
lupo (m)	wolf	[volf]
volpe (m)	vos	[fos]
giaguaro (m)	jaguar	[jaχuar]
leopardo (m)	luiperd	[lœipert]
ghepardo (m)	jagluiperd	[jaχ·lœipert]
pantera (f)	swart luiperd	[swart lœipert]
puma (f)	poema	[puma]
leopardo (m) delle nevi	sneeuluiperd	[sniʋ·lœipert]
lince (f)	los	[los]
coyote (m)	prêriewolf	[præri·volf]
sciacallo (m)	jakkals	[jakkals]
iena (f)	hiëna	[hiɛna]

211. Animali selvatici

animale (m)	dier	[dir]
bestia (f)	beest	[beəst]
scoiattolo (m)	eekhoring	[eəkhoriŋ]
riccio (m)	krimpvarkie	[krimpfarki]
lepre (f)	hasie	[hasi]
coniglio (m)	konyn	[konajn]
tasso (m)	das	[das]
procione (f)	wasbeer	[vasbeər]
criceto (m)	hamster	[hamstər]
marmotta (f)	marmot	[marmot]
talpa (f)	mol	[mol]
topo (m)	muis	[mœis]
ratto (m)	rot	[rot]
pipistrello (m)	vlermuis	[fler·mœis]
ermellino (m)	hermelyn	[hermələjn]
zibellino (m)	sabel, sabeldier	[sabəl], [sabəl·dir]
martora (f)	marter	[martər]
donnola (f)	wesel	[vesəl]
visone (m)	nerts	[nerts]

| castoro (m) | bewer | [bevər] |
| lontra (f) | otter | [ottər] |

cavallo (m)	perd	[pert]
alce (m)	eland	[ɛlant]
cervo (m)	hert	[hert]
cammello (m)	kameel	[kameəl]

bisonte (m) americano	bison	[bison]
bisonte (m) europeo	wisent	[visent]
bufalo (m)	buffel	[buffəl]

zebra (f)	sebra, kwagga	[sebra], [kwaχχa]
antilope (f)	wildsbok	[vilds·bok]
capriolo (m)	reebok	[reebok]
daino (m)	damhert	[damhert]
camoscio (m)	gems	[χems]
cinghiale (m)	wildevark	[vildə·fark]

balena (f)	walvis	[valfis]
foca (f)	seehond	[see·hont]
tricheco (m)	walrus	[valrus]
otaria (f)	seebeer	[see·beər]
delfino (m)	dolfyn	[dolfajn]

orso (m)	beer	[beər]
orso (m) bianco	ysbeer	[ajs·beər]
panda (m)	panda	[panda]

scimmia (f)	aap	[āp]
scimpanzè (m)	sjimpansee	[ʃimpaŋsee]
orango (m)	orangoetang	[oranχutaŋ]
gorilla (m)	gorilla	[χorilla]
macaco (m)	makaak	[makāk]
gibbone (m)	gibbon	[χibbon]

elefante (m)	olifant	[olifant]
rinoceronte (m)	renoster	[renostər]
giraffa (f)	kameelperd	[kameəl·pert]
ippopotamo (m)	seekoei	[see·kui]

| canguro (m) | kangaroe | [kanχaru] |
| koala (m) | koala | [koala] |

mangusta (f)	muishond	[mœis·hont]
cincillà (f)	chinchilla, tjintjilla	[tʃin·tʃila]
moffetta (f)	stinkmuishond	[stinkmœis·hont]
istrice (m)	ystervark	[ajstər·fark]

212. Animali domestici

gatta (f)	kat	[kat]
gatto (m)	kater	[katər]
cane (m)	hond	[hont]

cavallo (m)	perd	[pert]
stallone (m)	hings	[hiŋs]
giumenta (f)	merrie	[merri]
mucca (f)	koei	[kui]
toro (m)	bul	[bul]
bue (m)	os	[os]
pecora (f)	skaap	[skãp]
montone (m)	ram	[ram]
capra (f)	bok	[bok]
caprone (m)	bokram	[bok·ram]
asino (m)	donkie, esel	[donki], [eisəl]
mulo (m)	muil	[mœil]
porco (m)	vark	[fark]
porcellino (m)	varkie	[farki]
coniglio (m)	konyn	[konajn]
gallina (f)	hoender, hen	[hundər], [hen]
gallo (m)	haan	[hãn]
anatra (f)	eend	[eent]
maschio (m) dell'anatra	mannetjieseend	[mannəkis·eent]
oca (f)	gans	[χaŋs]
tacchino (m)	kalkoenmannetjie	[kalkun·mannəki]
tacchina (f)	kalkoen	[kalkun]
animali (m pl) domestici	huisdiere	[hœis·dirə]
addomesticato (agg)	mak	[mak]
addomesticare (vt)	mak maak	[mak mãk]
allevare (vt)	teel	[teəl]
fattoria (f)	plaas	[plãs]
pollame (m)	pluimvee	[plœimfeə]
bestiame (m)	beeste	[beestə]
branco (m), mandria (f)	kudde	[kuddə]
scuderia (f)	stal	[stal]
porcile (m)	varkstal	[fark·stal]
stalla (f)	koeistal	[kui·stal]
conigliera (f)	konynehok	[konajnə·hok]
pollaio (m)	hoenderhok	[hundər·hok]

213. Cani. Razze canine

cane (m)	hond	[hont]
cane (m) da pastore	herdershond	[herdərs·hont]
pastore (m) tedesco	Duitse herdershond	[dœitsə herdərs·hont]
barbone (m)	poedel	[pudəl]
bassotto (m)	worshond	[vors·hont]
bulldog (m)	bulhond	[bul·hont]

boxer (m)	bokser	[boksər]
mastino (m)	mastiff	[mastif]
rottweiler (m)	Rottweiler	[rottwæjlər]
dobermann (m)	Dobermann	[dobermann]

bassotto (m)	basset	[basset]
bobtail (m)	bobtail	[bobtajl]
dalmata (m)	Dalmatiese hond	[dalmatisə hont]
cocker (m)	sniphond	[snip·hont]

| terranova (m) | Newfoundlander | [njufæʊntlandər] |
| sanbernardo (m) | Sint Bernard | [sint bernart] |

husky (m)	poolhond, husky	[pulhont], [huski]
chow chow (m)	chowchow	[tʃau·tʃau]
volpino (m)	spitshond	[spits·hont]
carlino (m)	mopshond	[mops·hont]

214. Versi emessi dagli animali

abbaiamento (m)	geblaf	[ɣeblaf]
abbaiare (vi)	blaf	[blaf]
miagolare (vi)	miaau	[miãu]
fare le fusa	spin	[spin]

muggire (vacca)	loei	[lui]
muggire (toro)	bulk	[bulk]
ringhiare (vi)	grom	[ɣrom]

ululato (m)	gehuil	[ɣehœil]
ululare (vi)	huil	[hœil]
guaire (vi)	tjank	[tʃank]

belare (pecora)	blêr	[blær]
grugnire (maiale)	snork	[snork]
squittire (vi)	gil	[ɣil]

gracidare (rana)	kwaak	[kwãk]
ronzare (insetto)	zoem	[zum]
frinire (vi)	kriek	[krik]

215. Cuccioli di animali

cucciolo (m)	kleintjie	[klæjnki]
micino (m)	katjie	[kaki]
topolino (m)	muisie	[mœisi]
cucciolo (m) di cane	hondjie	[hondʒi]

leprotto (m)	hasie	[hasi]
coniglietto (m)	konyntjie	[konajnki]
cucciolo (m) di lupo	wolfie	[volfi]
cucciolo (m) di volpe	vossie	[fossi]

cucciolo (m) di orso	beertjie	[beərki]
cucciolo (m) di leone	leeutjie	[liʊki]
cucciolo (m) di tigre	tiertjie	[tirki]
elefantino (m)	olifantjie	[olifanki]

porcellino (m)	varkie	[farki]
vitello (m)	kalfie	[kalfi]
capretto (m)	bokkie	[bokki]
agnello (m)	lam	[lam]
cerbiatto (m)	bokkie	[bokki]
cucciolo (m) di cammello	kameeltjie	[kameəlki]

| piccolo (m) di serpente | slangetjie | [slaŋəki] |
| piccolo (m) di rana | paddatjie | [pad·daki] |

uccellino (m)	voëltjie	[foɛlki]
pulcino (m)	kuiken	[kœiken]
anatroccolo (m)	eendjie	[eəndʒi]

216. Uccelli

uccello (m)	voël	[foɛl]
colombo (m), piccione (m)	duif	[dœif]
passero (m)	mossie	[mossi]
cincia (f)	mees	[meəs]
gazza (f)	ekster	[ɛkstər]

corvo (m)	raaf	[rãf]
cornacchia (f)	kraai	[krãi]
taccola (f)	kerkkraai	[kerk·krãi]
corvo (m) nero	roek	[ruk]

anatra (f)	eend	[eent]
oca (f)	gans	[χaŋs]
fagiano (m)	fisant	[fisant]

aquila (f)	arend	[arɛnt]
astore (m)	sperwer	[sperwər]
falco (m)	valk	[falk]
grifone (m)	aasvoël	[ãsfoɛl]
condor (m)	kondor	[kondor]

cigno (m)	swaan	[swãn]
gru (f)	kraanvoël	[krãn·foɛl]
cicogna (f)	ooievaar	[ojefãr]

pappagallo (m)	papegaai	[papəχãi]
colibrì (m)	kolibrie	[kolibri]
pavone (m)	pou	[pæʊ]

struzzo (m)	volstruis	[folstrœis]
airone (m)	reier	[ræjer]
fenicottero (m)	flamink	[flamink]
pellicano (m)	pelikaan	[pelikãn]

| usignolo (m) | nagtegaal | [naχteχāl] |
| rondine (f) | swael | [swaəl] |

tordo (m)	lyster	[lajstər]
tordo (m) sasello	sanglyster	[saŋlajstər]
merlo (m)	merel	[merəl]

rondone (m)	windswael	[vindswaəl]
allodola (f)	lewerik	[leverik]
quaglia (f)	kwartel	[kwartəl]

picchio (m)	speg	[speχ]
cuculo (m)	koekoek	[kukuk]
civetta (f)	uil	[œil]
gufo (m) reale	ooruil	[oərœil]
urogallo (m)	auerhoen	[ɔuer·hun]
fagiano (m) di monte	korhoen	[korhun]
pernice (f)	patrys	[patrajs]

storno (m)	spreeu	[spriʋ]
canarino (m)	kanarie	[kanari]
francolino (m) di monte	bonasa hoen	[bonasa hun]
fringuello (m)	gryskoppie	[χrajskoppi]
ciuffolotto (m)	bloedvink	[bludfink]

gabbiano (m)	seemeeu	[seəmiʋ]
albatro (m)	albatros	[albatros]
pinguino (m)	pikkewyn	[pikkəvajn]

217. Uccelli. Cinguettio e versi

cantare (vi)	fluit	[flœit]
gridare (vi)	roep	[rup]
cantare (gallo)	kraai	[krāi]
chicchirichì (m)	koekelekoe	[kukeleku]

chiocciare (gallina)	kekkel	[kɛkkəl]
gracchiare (vi)	kras	[kras]
fare qua qua	kwaak	[kwāk]
pigolare (vi)	piep	[pip]
cinguettare (vi)	tjilp	[tʃilp]

218. Pesci. Animali marini

abramide (f)	brasem	[brasem]
carpa (f)	karp	[karp]
perca (f)	baars	[bārs]
pesce (m) gatto	katvis, seebaber	[katfis], [seə·babər]
luccio (m)	snoek	[snuk]

| salmone (m) | salm | [salm] |
| storione (m) | steur | [støər] |

aringa (f)	haring	[hariŋ]
salmone (m)	atlantiese salm	[atlantisə salm]
scombro (m)	makriel	[makril]
sogliola (f)	platvis	[platfis]
lucioperca (f)	varswatersnoek	[farswatər·snuk]
merluzzo (m)	kabeljou	[kabeljæʊ]
tonno (m)	tuna	[tuna]
trota (f)	forel	[forəl]
anguilla (f)	paling	[paliŋ]
torpedine (f)	drilvis	[drilfis]
murena (f)	bontpaling	[bontpaliŋ]
piranha (f)	piranha	[piranha]
squalo (m)	haai	[hãi]
delfino (m)	dolfyn	[dolfajn]
balena (f)	walvis	[valfis]
granchio (m)	krap	[krap]
medusa (f)	jellievis	[jelli·fis]
polpo (m)	seekat	[seə·kat]
stella (f) marina	seester	[seə·stər]
riccio (m) di mare	see-egel, seekastaiing	[seə-eɣel], [seə·kastajiŋ]
cavalluccio (m) marino	seeperdjie	[seə·perdʒi]
ostrica (f)	oester	[ustər]
gamberetto (m)	garnaal	[ɣarnãl]
astice (m)	kreef	[kreəf]
aragosta (f)	seekreef	[seə·kreəf]

219. Anfibi. Rettili

serpente (m)	slang	[slaŋ]
velenoso (agg)	giftig	[χiftəχ]
vipera (f)	adder	[addər]
cobra (m)	kobra	[kobra]
pitone (m)	luislang	[lœislaŋ]
boa (m)	boa, konstriktorslang	[boa], [kɔnstriktor·slaŋ]
biscia (f)	ringslang	[riŋ·slaŋ]
serpente (m) a sonagli	ratelslang	[ratəl·slaŋ]
anaconda (f)	anakonda	[anakonda]
lucertola (f)	akkedis	[akkedis]
iguana (f)	leguaan	[leχuãn]
varano (m)	likkewaan	[likkevãn]
salamandra (f)	salamander	[salamandər]
camaleonte (m)	verkleurmannetjie	[fərkløər·manneki]
scorpione (m)	skerpioen	[skerpiun]
tartaruga (f)	skilpad	[skilpat]
rana (f)	padda	[padda]

rospo (m)	brulpadda	[brul·padda]
coccodrillo (m)	krokodil	[krokodil]

220. Insetti

insetto (m)	insek	[insek]
farfalla (f)	skoenlapper	[skunlappər]
formica (f)	mier	[mir]
mosca (f)	vlieg	[fliχ]
zanzara (f)	muskiet	[muskit]
scarabeo (m)	kewer	[kevər]

vespa (f)	perdeby	[perdə·baj]
ape (f)	by	[baj]
bombo (m)	hommelby	[homməl·baj]
tafano (m)	perdevlieg	[perdə·fliχ]

ragno (m)	spinnekop	[spinnə·kop]
ragnatela (f)	spinnerak	[spinnə·rak]

libellula (f)	naaldekoker	[nāldə·kokər]
cavalletta (f)	sprinkaan	[sprinkān]
farfalla (f) notturna	mot	[mot]

scarafaggio (m)	kakkerlak	[kakkerlak]
zecca (f)	bosluis	[boslœis]
pulce (f)	vlooi	[floj]
moscerino (m)	muggie	[muχχi]

locusta (f)	treksprinkhaan	[trek·sprinkhān]
lumaca (f)	slak	[slak]
grillo (m)	kriek	[krik]
lucciola (f)	vuurvliegie	[fɪrfliχi]
coccinella (f)	lieweheersbesie	[liveheers·besi]
maggiolino (m)	lentekewer	[lentekevər]

sanguisuga (f)	bloedsuier	[blud·sœiər]
bruco (m)	ruspe	[ruspə]
verme (m)	erdwurm	[ɛrd·vurm]
larva (f)	larwe	[larvə]

221. Animali. Parti del corpo

becco (m)	snawel	[snavəl]
ali (f pl)	vlerke	[flerkə]
zampa (f)	poot	[poət]
piumaggio (m)	vere	[ferə]
penna (f), piuma (f)	veer	[feər]
cresta (f)	kuif	[kœif]

branchia (f)	kiewe	[kivə]
uova (f pl)	viseiers	[fisæjers]

larva (f)	larwe	[larvə]
pinna (f)	vin	[fin]
squama (f)	skubbe	[skubbə]

zanna (f)	slagtand	[slaχtant]
zampa (f)	poot	[poət]
muso (m)	muil	[mœil]
bocca (f)	bek	[bek]
coda (f)	stert	[stert]
baffi (m pl)	snor	[snor]

zoccolo (m)	hoef	[huf]
corno (m)	horing	[horiŋ]

carapace (f)	rugdop	[ruχdop]
conchiglia (f)	skulp	[skulp]
guscio (m) dell'uovo	eierdop	[æjer·dop]

pelo (m)	pels	[pɛls]
pelle (f)	vel	[fəl]

222. Azioni degli animali

volare (vi)	vlieg	[fliχ]
volteggiare (vi)	sirkel	[sirkəl]

volare via	wegvlieg	[veχfliχ]
battere le ali	klapwiek	[klapwik]

beccare (vi)	pik	[pik]
covare (vt)	broei	[brui]
sgusciare (vi)	uitbroei	[œjtbræj]

strisciare (vi)	seil	[sæjl]
pungere (insetto)	steek	[steək]
mordere (vt)	byt	[bajt]

fiutare (vt)	snuffel	[snuffəl]
abbaiare (vi)	blaf	[blaf]
sibilare (vi)	sis	[sis]

spaventare (vt)	bang maak	[baŋ māk]
attaccare (vt)	aanval	[ānfal]

rodere (osso, ecc.)	knaag	[knāχ]
graffiare (vt)	krap	[krap]
nascondersi (vr)	wegkruip	[veχkrœip]

giocare (vi)	speel	[speəl]
cacciare (vt)	jag	[jaχ]

ibernare (vi)	oorwinter	[oərwintər]
estinguersi (vr)	uitsterf	[œitsterf]

223. Animali. Ambiente naturale

ambiente (m) naturale	habitat	[habitat]
migrazione (f)	migrasie	[miχrasi]
monte (m), montagna (f)	berg	[berχ]
scogliera (f)	rif	[rif]
falesia (f)	rots	[rots]
foresta (f)	woud	[væʊt]
giungla (f)	oerwoud	[urwæʊt]
savana (f)	veld	[fɛlt]
tundra (f)	toendra	[tundra]
steppa (f)	steppe	[stɛppə]
deserto (m)	woestyn	[vustajn]
oasi (f)	oase	[oasə]
mare (m)	see	[seə]
lago (m)	meer	[meər]
oceano (m)	oseaan	[oseãn]
palude (f)	moeras	[muras]
di acqua dolce	varswater	[fars·vatər]
stagno (m)	dam	[dam]
fiume (m)	rivier	[rifir]
tana (f) (dell'orso)	hol	[hol]
nido (m)	nes	[nes]
cavità (f) (~ in un albero)	holte	[holtə]
tana (f) (del fox, ecc.)	gat	[χat]
formicaio (m)	miershoop	[mirs·hoəp]

224. Cura degli animali

zoo (m)	dieretuin	[dire·tœin]
riserva (f) naturale	natuurreservaat	[natɪr·reserfãt]
allevatore (m)	teelplaas	[teəlplãs]
gabbia (f) all'aperto	opelughok	[opeluχ·hok]
gabbia (f)	kooi	[koj]
canile (m)	hondehok	[hondə·hok]
piccionaia (f)	duiwehok	[dœivə·hok]
acquario (m)	vistenk	[fis·tɛnk]
delfinario (m)	dolfynpark	[dolfajn·park]
allevare (vt)	teel	[teəl]
cucciolata (f)	werpsel	[verpsəl]
addomesticare (vt)	mak maak	[mak mãk]
ammaestrare (vt)	afrig	[afrəχ]
mangime (m)	voer	[fur]
dare da mangiare	voer	[fur]

negozio (m) di animali	troeteldierwinkel	[truteldir·vinkel]
museruola (f)	muilkorf	[mœil·korf]
collare (m)	halsband	[hals·bant]
nome (m) (di un cane, ecc.)	naam	[nãm]
pedigree (m)	stamboom	[stam·boəm]

225. Animali. Varie

branco (m)	trop	[trop]
stormo (m)	swerm	[swerm]
banco (m)	skool	[skoəl]
mandria (f)	trop	[trop]

maschio (m)	mannetjie	[mannəki]
femmina (f)	wyfie	[vajfi]

affamato (agg)	honger	[hoŋər]
selvatico (agg)	wild	[vilt]
pericoloso (agg)	gevaarlik	[χefãrlik]

226. Cavalli

cavallo (m)	perd	[pert]
razza (f)	ras	[ras]

puledro (m)	vulling	[fulliŋ]
giumenta (f)	merrie	[merri]

mustang (m)	mustang	[mustaŋ]
pony (m)	ponie	[poni]
cavallo (m) da tiro pesante	trekperd	[trek·pert]

criniera (f)	maanhaar	[mãnhãr]
coda (f)	stert	[stert]

zoccolo (m)	hoef	[huf]
ferro (m) di cavallo	hoefyster	[huf·ajstər]
ferrare (vt)	beslaan	[beslãn]
fabbro (m)	grofsmid	[χrofsmit]

sella (f)	saal	[sãl]
staffa (f)	stiebeuel	[stibøəəl]
briglia (f)	toom	[toəm]
redini (m pl)	leisels	[læjsɛls]
frusta (f)	peits	[pæjts]

fantino (m)	ruiter	[rœitər]
sellare (vt)	opsaal	[opsãl]
montare in sella	bestyg	[bestajχ]

galoppo (m)	galop	[χalop]
galoppare (vi)	galoppeer	[χaloppeər]

trotto (m)	**draf**	[draf]
andare al trotto	**draf**	[draf]
cavallo (m) da corsa	**resiesperd**	[resispert]
corse (f pl)	**perdewedren**	[perdə·vedrən]
scuderia (f)	**stal**	[stal]
dare da mangiare	**voer**	[fur]
fieno (m)	**hooi**	[hoj]
abbeverare (vt)	**water gee**	[vatər χee]
lavare (~ il cavallo)	**was**	[vas]
carro (m)	**perdekar**	[perdə·kar]
pascolare (vi)	**wei**	[væj]
nitrire (vi)	**runnik**	[runnik]
dare un calcio	**skop**	[skop]

Flora

227. Alberi

albero (m)	boom	[boəm]
deciduo (agg)	bladwisselend	[bladwisselent]
conifero (agg)	kegeldraend	[keχɛldraent]
sempreverde (agg)	immergroen	[immərχrun]
melo (m)	appelboom	[appɛl·boəm]
pero (m)	peerboom	[peər·boəm]
ciliegio (m)	soetkersieboom	[sutkersi·boəm]
amareno (m)	suurkersieboom	[sɪrkersi·boəm]
prugno (m)	pruimeboom	[prœimə·boəm]
betulla (f)	berk	[berk]
quercia (f)	eik	[æjk]
tiglio (m)	lindeboom	[lində·boəm]
pioppo (m) tremolo	trilpopulier	[trilpopulir]
acero (m)	esdoring	[ɛsdoriŋ]
abete (m)	spar	[spar]
pino (m)	denneboom	[dɛnnə·boəm]
larice (m)	lorkeboom	[lorkə·boəm]
abete (m) bianco	den	[den]
cedro (m)	seder	[sedər]
pioppo (m)	populier	[populir]
sorbo (m)	lysterbessie	[lajstərbɛssi]
salice (m)	wilger	[vilχər]
alno (m)	els	[ɛls]
faggio (m)	beuk	[bøək]
olmo (m)	olm	[olm]
frassino (m)	esboom	[ɛs·boəm]
castagno (m)	kastaiing	[kastajiŋ]
magnolia (f)	magnolia	[maχnolia]
palma (f)	palm	[palm]
cipresso (m)	sipres	[sipres]
mangrovia (f)	wortelboom	[vortəl·boəm]
baobab (m)	kremetart	[kremetart]
eucalipto (m)	bloekom	[blukom]
sequoia (f)	mammoetboom	[mammut·boəm]

228. Arbusti

cespuglio (m)	struik	[strœik]
arbusto (m)	bossie	[bossi]

vite (f)	wingerdstok	[viŋərd·stok]
vigneto (m)	wingerd	[viŋərt]

lampone (m)	framboosstruik	[frambœs·strœik]
ribes (m) nero	swartbessiestruik	[swartbɛssi·strœik]
ribes (m) rosso	rooi aalbessiestruik	[roj ālbɛssi·strœik]
uva (f) spina	appelliefiestruik	[appɛllifi·strœik]

acacia (f)	akasia	[akasia]
crespino (m)	suurbessie	[sɪr·bɛssi]
gelsomino (m)	jasmyn	[jasmajn]

ginepro (m)	jenewer	[jenevər]
roseto (m)	roosstruik	[rœs·strœik]
rosa (f) canina	hondsroos	[honds·rœs]

229. Funghi

fungo (m)	paddastoel	[paddastul]
fungo (m) commestibile	eetbare paddastoel	[eetbarə paddastul]
fungo (m) velenoso	giftige paddastoel	[xiftixə paddastul]
cappello (m)	hoed	[hut]
gambo (m)	steel	[steel]

porcino (m)	Eetbare boleet	[eetbarə boleet]
boleto (m) rufo	rooihoed	[rojhut]
porcinello (m)	berkboleet	[berk·boleet]
gallinaccio (m)	dooierswam	[dojer·swam]
rossola (f)	russula	[russula]

spugnola (f)	morielje	[morilje]
ovolaccio (m)	vlieëswam	[fliɛ·swam]
fungo (m) moscario	duiwelsbrood	[dœivɛls·brœt]

230. Frutti. Bacche

frutto (m)	vrug	[fruχ]
frutti (m pl)	vrugte	[fruχtə]

mela (f)	appel	[appəl]
pera (f)	peer	[peer]
prugna (f)	pruim	[prœim]

fragola (f)	aarbei	[ārbæj]
amarena (f)	suurkersie	[sɪr·kersi]
ciliegia (f)	soetkersie	[sut·kersi]
uva (f)	druif	[drœif]

lampone (m)	framboos	[frambœs]
ribes (m) nero	swartbessie	[swartbɛssi]
ribes (m) rosso	rooi aalbessie	[roj ālbɛssi]
uva (f) spina	appelliefie	[appɛllifi]

mirtillo (m) di palude	bosbessie	[bosbɛssi]
arancia (f)	lemoen	[lemun]
mandarino (m)	nartjie	[narki]
ananas (m)	pynappel	[pajnappəl]
banana (f)	piesang	[pisaŋ]
dattero (m)	dadel	[dadəl]

limone (m)	suurlemoen	[sɪr·lemun]
albicocca (f)	appelkoos	[appɛlkoəs]
pesca (f)	perske	[perskə]
kiwi (m)	kiwi, kiwivrug	[kivi], [kivi·fruχ]
pompelmo (m)	pomelo	[pomelo]

bacca (f)	bessie	[bɛssi]
bacche (f pl)	bessies	[bɛssis]
mirtillo (m) rosso	pryselbessie	[prajsɛlbɛssi]
fragola (f) di bosco	wilde aarbei	[vildə ārbæj]
mirtillo (m)	bloubessie	[blæubɛssi]

231. Fiori. Piante

fiore (m)	blom	[blom]
mazzo (m) di fiori	boeket	[buket]

rosa (f)	roos	[roəs]
tulipano (m)	tulp	[tulp]
garofano (m)	angelier	[anχəlir]
gladiolo (m)	swaardlelie	[swārd·leli]

fiordaliso (m)	koringblom	[koriŋblom]
campanella (f)	grasklokkie	[χras·klokki]
soffione (m)	perdeblom	[perdə·blom]
camomilla (f)	kamille	[kamillə]

aloe (m)	aalwyn	[ālwajn]
cactus (m)	kaktus	[kaktus]
ficus (m)	rubberplant	[rubbər·plant]

giglio (m)	lelie	[leli]
geranio (m)	malva	[malfa]
giacinto (m)	hiasint	[hiasint]

mimosa (f)	mimosa	[mimosa]
narciso (m)	narsing	[narsiŋ]
nasturzio (m)	kappertjie	[kapperki]

orchidea (f)	orgidee	[orχideə]
peonia (f)	pinksterroos	[pinkstər·roəs]
viola (f)	viooltjie	[fioəlki]

viola (f) del pensiero	gesiggie	[χesiχi]
nontiscordardimé (m)	vergeet-my-nietjie	[ferχeət-maj-niki]
margherita (f)	madeliefie	[madelifi]
papavero (m)	papawer	[papavər]

| canapa (f) | hennep | [hɛnnəp] |
| menta (f) | kruisement | [krœisəment] |

| mughetto (m) | dallelie | [dalleli] |
| bucaneve (m) | sneeuklokkie | [sniʊ·klokki] |

ortica (f)	brandnetel	[brant·netəl]
acetosa (f)	veldsuring	[fɛltsuriŋ]
ninfea (f)	waterlelie	[vatər·leli]
felce (f)	varing	[fariŋ]
lichene (m)	korsmos	[korsmos]

serra (f)	broeikas	[bruikas]
prato (m) erboso	grasperk	[χras·perk]
aiuola (f)	blombed	[blom·bet]

pianta (f)	plant	[plant]
erba (f)	gras	[χras]
filo (m) d'erba	grasspriet	[χras·sprit]

foglia (f)	blaar	[blãr]
petalo (m)	kroonblaar	[kroən·blãr]
stelo (m)	stingel	[stiŋəl]
tubero (m)	knol	[knol]

| germoglio (m) | saailing | [sãjliŋ] |
| spina (f) | doring | [doriŋ] |

fiorire (vi)	bloei	[blui]
appassire (vi)	verlep	[ferlep]
odore (m), profumo (m)	reuk	[røək]
tagliare (~ i fiori)	sny	[snaj]
cogliere (vt)	pluk	[pluk]

232. Cereali, granaglie

grano (m)	graan	[χrãn]
cereali (m pl)	graangewasse	[χrãn·χəwassə]
spiga (f)	aar	[ãr]

frumento (m)	koring	[koriŋ]
segale (f)	rog	[roχ]
avena (f)	hawer	[havər]
miglio (m)	gierst	[χirst]
orzo (m)	gars	[χars]
mais (m)	mielie	[mili]
riso (m)	rys	[rajs]
grano (m) saraceno	bokwiet	[bokwit]

pisello (m)	ertjie	[ɛrki]
fagiolo (m)	nierboon	[nir·boən]
soia (f)	soja	[soja]
lenticchie (f pl)	lensie	[lɛŋsi]
fave (f pl)	boontjies	[boənkis]

233. Ortaggi. Verdure

ortaggi (m pl)	groente	[χruntə]
verdura (f)	groente	[χruntə]

pomodoro (m)	tamatie	[tamati]
cetriolo (m)	komkommer	[komkommər]
carota (f)	wortel	[vortəl]
patata (f)	aartappel	[ārtappəl]
cipolla (f)	ui	[œi]
aglio (m)	knoffel	[knoffəl]

cavolo (m)	kool	[koəl]
cavolfiore (m)	blomkool	[blom·koəl]
cavoletti (m pl) di Bruxelles	Brusselspruite	[brussɛl·sprœitə]
broccolo (m)	broccoli	[brokoli]

barbabietola (f)	beet	[beət]
melanzana (f)	eiervrug	[æjerfruχ]
zucchina (f)	vingerskorsie	[fiŋər·skorsi]
zucca (f)	pampoen	[pampun]
rapa (f)	raap	[răp]

prezzemolo (m)	pietersielie	[pitərsili]
aneto (m)	dille	[dillə]
lattuga (f)	blaarslaai	[blārslāi]
sedano (m)	seldery	[selderaj]
asparago (m)	aspersie	[aspersi]
spinaci (m pl)	spinasie	[spinasi]

pisello (m)	ertjie	[ɛrki]
fave (f pl)	boontjies	[boənkis]
mais (m)	mielie	[mili]
fagiolo (m)	nierboon	[nir·boən]

peperone (m)	peper	[pepər]
ravanello (m)	radys	[radajs]
carciofo (m)	artisjok	[artiʃok]

GEOGRAFIA REGIONALE

Paesi. Nazionalità

234. Europa occidentale

Italiano	Afrikaans	Pronuncia
Europa (f)	Europa	[øəropa]
Unione (f) Europea	Europese Unie	[øəropesə uni]
europeo (m)	Europaan	[øəropeān]
europeo (agg)	Europees	[øəropees]
Austria (f)	Oostenryk	[oestenrajk]
austriaco (m)	Oostenryker	[oestenrajkər]
austriaca (f)	Oostenryker	[oestenrajkər]
austriaco (agg)	Oostenryks	[oestenrajks]
Gran Bretagna (f)	Groot-Brittanje	[χroət-brittanje]
Inghilterra (f)	Engeland	[ɛŋəlant]
britannico (m), inglese (m)	Engelsman	[ɛŋəlsman]
britannica (f), inglese (f)	Engelse dame	[ɛŋəlsə damə]
inglese (agg)	Engels	[ɛŋəls]
Belgio (m)	België	[belχiɛ]
belga (m)	Belg	[belχ]
belga (f)	Belg	[belχ]
belga (agg)	Belgies	[belχis]
Germania (f)	Duitsland	[dœitslant]
tedesco (m)	Duitser	[dœitsər]
tedesca (f)	Duitser	[dœitsər]
tedesco (agg)	Duits	[dœits]
Paesi Bassi (m pl)	Nederland	[nedərlant]
Olanda (f)	Holland	[hollant]
olandese (m)	Nederlander	[nedərlandər]
olandese (f)	Nederlander	[nedərlandər]
olandese (agg)	Nederlands	[nedərlands]
Grecia (f)	Griekeland	[χrikəlant]
greco (m)	Griek	[χrik]
greca (f)	Griek	[χrik]
greco (agg)	Grieks	[χriks]
Danimarca (f)	Denemarke	[denemarkə]
danese (m)	Deen	[deən]
danese (f)	Deen	[deən]
danese (agg)	Deens	[deɛŋs]
Irlanda (f)	Ierland	[irlant]
irlandese (m)	Ier	[ir]

| irlandese (f) | Ier | [ir] |
| irlandese (agg) | Iers | [irs] |

Islanda (f)	Ysland	[ajslant]
islandese (m)	Yslander	[ajslandər]
islandese (f)	Yslander	[ajslandər]
islandese (agg)	Yslandse	[ajslandsə]

Spagna (f)	Spanje	[spanje]
spagnolo (m)	Spanjaard	[spanjãrt]
spagnola (f)	Spaanjaard	[spãnjãrt]
spagnolo (agg)	Spaans	[spãŋs]

Italia (f)	Italië	[italiɛ]
italiano (m)	Italianer	[italianər]
italiana (f)	Italianer	[italianər]
italiano (agg)	Italiaans	[italiãŋs]

Cipro (m)	Ciprus	[siprus]
cipriota (m)	Ciprioot	[siprioət]
cipriota (f)	Ciprioot	[siprioət]
cipriota (agg)	Cipries	[sipris]

Malta (f)	Malta	[malta]
maltese (m)	Maltees	[malteəs]
maltese (f)	Maltees	[malteəs]
maltese (agg)	Maltees	[malteəs]

Norvegia (f)	Noorweë	[noərweɛ]
norvegese (m)	Noor	[noər]
norvegese (f)	Noor	[noər]
norvegese (agg)	Noors	[noərs]

Portogallo (f)	Portugal	[portuχal]
portoghese (m)	Portugees	[portuχeəs]
portoghese (f)	Portugees	[portuχeəs]
portoghese (agg)	Portugees	[portuχeəs]

Finlandia (f)	Finland	[finlant]
finlandese (m)	Fin	[fin]
finlandese (f)	Fin	[fin]
finlandese (agg)	Fins	[fins]

Francia (f)	Frankryk	[frankrajk]
francese (m)	Fransman	[fraŋsman]
francese (f)	Franse dame	[fraŋsə damə]
francese (agg)	Frans	[fraŋs]

Svezia (f)	Swede	[swedə]
svedese (m)	Sweed	[sweət]
svedese (f)	Sweed	[sweət]
svedese (agg)	Sweeds	[sweəds]

Svizzera (f)	Switserland	[switsərlant]
svizzero (m)	Switser	[switsər]
svizzera (f)	Switser	[switsər]

svizzero (agg)	Switser	[switsər]
Scozia (f)	Skotland	[skotlant]
scozzese (m)	Skot	[skot]
scozzese (f)	Skot	[skot]
scozzese (agg)	Skots	[skots]

Vaticano (m)	Vatikaan	[fatikān]
Liechtenstein (m)	Lichtenstein	[liχtɛŋstejn]
Lussemburgo (m)	Luksemburg	[luksemburχ]
Monaco (m)	Monako	[monako]

235. Europa centrale e orientale

Albania (f)	Albanië	[albaniɛ]
albanese (m)	Albaniër	[albaniɛr]
albanese (f)	Albaniër	[albaniɛr]
albanese (agg)	Albanies	[albanis]

Bulgaria (f)	Bulgarye	[bulχaraje]
bulgaro (m)	Bulgaar	[bulχār]
bulgara (f)	Bulgaar	[bulχār]
bulgaro (agg)	Bulgaars	[bulχārs]

Ungheria (f)	Hongarye	[honχaraje]
ungherese (m)	Hongaar	[honχār]
ungherese (f)	Hongaar	[honχār]
ungherese (agg)	Hongaars	[honχārs]

Lettonia (f)	Letland	[letlant]
lettone (m)	Let	[let]
lettone (f)	Let	[let]
lettone (agg)	Lets	[lets]

Lituania (f)	Litoue	[litæʊə]
lituano (m)	Litouer	[litæʊər]
lituana (f)	Litouer	[litæʊər]
lituano (agg)	Litous	[litæʊs]

Polonia (f)	Pole	[polə]
polacco (m)	Pool	[poəl]
polacca (f)	Pool	[poəl]
polacco (agg)	Pools	[poəls]

Romania (f)	Roemenië	[rumeniɛ]
rumeno (m)	Roemeen	[rumeən]
rumena (f)	Roemeen	[rumeən]
rumeno (agg)	Roemeens	[rumeəŋs]

Serbia (f)	Serwië	[serwiɛ]
serbo (m)	Serwiër	[serwiɛr]
serba (f)	Serwiër	[serwiɛr]
serbo (agg)	Servies	[serfis]
Slovacchia (f)	Slowakye	[slovakaje]
slovacco (m)	Slowaak	[slovāk]

slovacca (f)	Slowaak	[slovāk]
slovacco (agg)	Slowaaks	[slovāks]

Croazia (f)	Kroasië	[kroasiɛ]
croato (m)	Kroaat	[kroãt]
croata (f)	Kroaat	[kroãt]
croato (agg)	Kroaties	[kroatis]

Repubblica (f) Ceca	Tjeggië	[tʃeχiɛ]
ceco (m)	Tjeg	[tʃeχ]
ceca (f)	Tjeg	[tʃeχ]
ceco (agg)	Tjegies	[tʃeχis]

Estonia (f)	Estland	[ɛstlant]
estone (m)	Estlander	[ɛstlandər]
estone (f)	Estlander	[ɛstlandər]
estone (agg)	Estlands	[ɛstlands]

Bosnia-Erzegovina (f)	Bosnië & Herzegowina	[bosniɛ en hersegovina]
Macedonia (f)	Masedonië	[masedoniɛ]
Slovenia (f)	Slovenië	[slofeniɛ]
Montenegro (m)	Montenegro	[montənegro]

236. Paesi dell'ex Unione Sovietica

Azerbaigian (m)	Azerbeidjan	[azerbæjdjan]
azerbaigiano (m)	Azerbeidjanner	[azerbæjdjannər]
azerbaigiana (f)	Azerbeidjanner	[azerbæjdjannər]
azerbaigiano (agg)	Azerbeidjans	[azerbæjdjaŋs]

Armenia (f)	Armenië	[armeniɛ]
armeno (m)	Armeniër	[armeniɛr]
armena (f)	Armeniër	[armeniɛr]
armeno (agg)	Armeens	[armeɛŋs]

Bielorussia (f)	Belarus	[belarus]
bielorusso (m)	Belarus	[belarus]
bielorussa (f)	Belarus	[belarus]
bielorusso (agg)	Belarussies	[belarussis]

Georgia (f)	Georgië	[χeorχiɛ]
georgiano (m)	Georgiër	[χeorχiɛr]
georgiana (f)	Georgiër	[χeorχiɛr]
georgiano (agg)	Georgies	[χeorχis]

Kazakistan (m)	Kazakstan	[kasakstan]
kazaco (m)	Kasak	[kasak]
kazaca (f)	Kasak	[kasak]
kazaco (agg)	Kasaks	[kasaks]

Kirghizistan (m)	Kirgisië	[kirχisiɛ]
kirghiso (m)	Kirgisiër	[kirχisiɛr]
kirghisa (f)	Kirgisiër	[kirχisiɛr]
kirghiso (agg)	Kirgisies	[kirχisis]

Moldavia (f)	Moldawië	[moldaviɛ]
moldavo (m)	Moldawiër	[moldaviɛr]
moldava (f)	Moldawiër	[moldaviɛr]
moldavo (agg)	Moldawies	[moldavis]

Russia (f)	Rusland	[ruslant]
russo (m)	Rus	[rus]
russa (f)	Rus	[rus]
russo (agg)	Russies	[russis]

Tagikistan (m)	Tadjikistan	[tadʒikistan]
tagico (m)	Tadjik	[tadʒik]
tagica (f)	Tadjik	[tadʒik]
tagico (agg)	Tadjiks	[tadʒiks]

Turkmenistan (m)	Turkmenistan	[turkmenistan]
turkmeno (m)	Turkmeen	[turkmeən]
turkmena (f)	Turkmeen	[turkmeən]
turkmeno (agg)	Turkmeens	[turkmeəŋs]

Uzbekistan (m)	Oezbekistan	[uzbekistan]
usbeco (m)	Oezbeek	[uzbeək]
usbeca (f)	Oezbeek	[uzbeək]
usbeco (agg)	Oezbekies	[uzbekis]

Ucraina (f)	Oekraïne	[ukraïnə]
ucraino (m)	Oekraïner	[ukraïnər]
ucraina (f)	Oekraïner	[ukraïnər]
ucraino (agg)	Oekraïns	[ukraïns]

237. Asia

| Asia (f) | Asië | [asiɛ] |
| asiatico (agg) | Asiaties | [asiatis] |

Vietnam (m)	Viëtnam	[viɛtnam]
vietnamita (m)	Viëtnamees	[viɛtnameəs]
vietnamita (f)	Viëtnamees	[viɛtnameəs]
vietnamita (agg)	Viëtnamees	[viɛtnameəs]

India (f)	Indië	[indiɛ]
indiano (m)	Indiër	[indiɛr]
indiana (f)	Indiër	[indiɛr]
indiano (agg)	Indies	[indis]

Israele (m)	Israel	[israəl]
israeliano (m)	Israeli	[israeli]
israeliana (f)	Israeli	[israeli]
israeliano (agg)	Israelies	[israelis]

ebreo (m)	Jood	[joət]
ebrea (f)	Jodin	[jodin]
ebraico (agg)	Joods	[joəds]
Cina (f)	Sjina	[ʃina]

cinese (m)	Sjinees	[ʃineəs]
cinese (f)	Sjinees	[ʃineəs]
cinese (agg)	Sjinees	[ʃineəs]
coreano (m)	Koreaan	[koreãn]
coreana (f)	Koreaan	[koreãn]
coreano (agg)	Koreaans	[koreãŋs]
Libano (m)	Libanon	[libanon]
libanese (m)	Libanees	[libaneəs]
libanese (f)	Libanees	[libaneəs]
libanese (agg)	Libanees	[libaneəs]
Mongolia (f)	Mongolië	[monχoliɛ]
mongolo (m)	Mongool	[monχoəl]
mongola (f)	Mongool	[monχoəl]
mongolo (agg)	Mongools	[monχoəls]
Malesia (f)	Maleisië	[malæjsiɛ]
malese (m)	Maleisiër	[malæjsiɛr]
malese (f)	Maleisiër	[malæjsiɛr]
malese (agg)	Maleisies	[malæjsis]
Pakistan (m)	Pakistan	[pakistan]
pakistano (m)	Pakistani	[pakistani]
pakistana (f)	Pakistani	[pakistani]
pakistano (agg)	Pakistans	[pakistaŋs]
Arabia Saudita (f)	Saoedi-Arabië	[saudi-arabiɛ]
arabo (m), saudita (m)	Arabier	[arabir]
araba (f), saudita (f)	Arabier	[arabir]
arabo (agg)	Arabiese	[arabisə]
Tailandia (f)	Thailand	[tajlant]
tailandese (m)	Thailander	[tajlandər]
tailandese (f)	Thailander	[tajlandər]
tailandese (agg)	Thais	[tajs]
Taiwan (m)	Taiwan	[tajvan]
taiwanese (m)	Taiwannees	[tajvanneəs]
taiwanese (f)	Taiwannees	[tajvanneəs]
taiwanese (agg)	Taiwannees	[tajvanneəs]
Turchia (f)	Turkye	[turkaje]
turco (m)	Turk	[turk]
turca (f)	Turk	[turk]
turco (agg)	Turks	[turks]
Giappone (m)	Japan	[japan]
giapponese (m)	Japannees, Japanner	[japanneəs], [japannər]
giapponese (f)	Japannees, Japanner	[japanneəs], [japannər]
giapponese (agg)	Japannees, Japans	[japanneəs], [japaŋs]
Afghanistan (m)	Afghanistan	[afχanistan]
Bangladesh (m)	Bangladesj	[bangladeʃ]
Indonesia (f)	Indonesië	[indonesiɛ]

Giordania (f)	Jordanië	[jordaniɛ]
Iraq (m)	Irak	[irak]
Iran (m)	Iran	[iran]
Cambogia (f)	Kambodja	[kambodja]
Kuwait (m)	Kuwait	[kuvajt]

Laos (m)	Laos	[laos]
Birmania (f)	Myanmar	[mjanmar]
Nepal (m)	Nepal	[nepal]
Emirati (m pl) Arabi	Verenigde Arabiese Emirate	[fereniҳdə arabisə emiratə]

Siria (f)	Sirië	[siriɛ]
Palestina (f)	Palestina	[palestina]
Corea (f) del Sud	Suid-Korea	[sœid-korea]
Corea (f) del Nord	Noord-Korea	[noərd-korea]

238. America del Nord

Stati (m pl) Uniti d'America	Verenigde State van Amerika	[fereniҳdə statə fan amerika]
americano (m)	Amerikaan	[amerikãn]
americana (f)	Amerikaan	[amerikãn]
americano (agg)	Amerikaans	[amerikãŋs]

Canada (m)	Kanada	[kanada]
canadese (m)	Kanadees	[kanadees]
canadese (f)	Kanadees	[kanadees]
canadese (agg)	Kanadees	[kanadees]

Messico (m)	Meksiko	[meksiko]
messicano (m)	Meksikaan	[meksikãn]
messicana (f)	Meksikaan	[meksikãn]
messicano (agg)	Meksikaans	[meksikãŋs]

239. America centrale e America del Sud

Argentina (f)	Argentinië	[arҳentiniɛ]
argentino (m)	Argentyn	[arҳentajn]
argentina (f)	Argentyn	[arҳentajn]
argentino (agg)	Argentyns	[arҳentajns]

Brasile (m)	Brasilië	[brasiliɛ]
brasiliano (m)	Brasiliaan	[brasiliãn]
brasiliana (f)	Brasiliaan	[brasiliãn]
brasiliano (agg)	Brasiliaans	[brasiliãŋs]

Colombia (f)	Colombia, Kolombië	[kolombia], [kolombiɛ]
colombiano (m)	Colombiaan	[kolombiãn]
colombiana (f)	Colombiaan	[kolombiãn]
colombiano (agg)	Colombiaans	[kolombiãŋs]
Cuba (f)	Kuba	[kuba]

cubano (m)	Kubaan	[kubãn]
cubana (f)	Kubaan	[kubãn]
cubano (agg)	Kubaans	[kubãŋs]

Cile (m)	Chili	[tʃili]
cileno (m)	Chileen	[tʃileən]
cilena (f)	Chileen	[tʃileən]
cileno (agg)	Chileens	[tʃileɛŋs]

Bolivia (f)	Bolivië	[boliviɛ]
Venezuela (f)	Venezuela	[fenesuela]
Paraguay (m)	Paraguay	[paragwaj]
Perù (m)	Peru	[peru]
Suriname (m)	Suriname	[surinamə]
Uruguay (m)	Uruguay	[urugwaj]
Ecuador (m)	Ecuador	[ɛkuador]

Le Bahamas	die Bahamas	[di bahamas]
Haiti (m)	Haïti	[haïti]
Repubblica (f) Dominicana	Dominikaanse Republiek	[dominikãŋsə republik]
Panama (m)	Panama	[panama]
Giamaica (f)	Jamaika	[jamajka]

240. Africa

Egitto (m)	Egipte	[ɛχiptə]
egiziano (m)	Egiptenaar	[ɛχiptenãr]
egiziana (f)	Egiptenaar	[ɛχiptenãr]
egiziano (agg)	Egipties	[ɛχiptis]

Marocco (m)	Marokko	[marokko]
marocchino (m)	Marokkaan	[marokkãn]
marocchina (f)	Marokkaan	[marokkãn]
marocchino (agg)	Marokkaans	[marokkãŋs]

Tunisia (f)	Tunisië	[tunisiɛ]
tunisino (m)	Tunisiër	[tunisiɛr]
tunisina (f)	Tunisiër	[tunisiɛr]
tunisino (agg)	Tunisies	[tunisis]

Ghana (m)	Ghana	[χana]
Zanzibar	Zanzibar	[zanzibar]
Kenya (m)	Kenia	[kenia]
Libia (f)	Libië	[libiɛ]
Madagascar (m)	Madagaskar	[madaχaskar]

Namibia (f)	Namibië	[namibiɛ]
Senegal (m)	Senegal	[seneχal]
Tanzania (f)	Tanzanië	[tansaniɛ]
Repubblica (f) Sudafricana	Suid-Afrika	[sœid-afrika]

africano (m)	Afrikaan	[afrikãn]
africana (f)	Afrikaan	[afrikãn]
africano (agg)	Afrika-	[afrika-]

241. Australia. Oceania

Italiano	Afrikaans	Pronuncia
Australia (f)	Australië	[ɔustraliɛ]
australiano (m)	Australiër	[ɔustraliɛr]
australiana (f)	Australiër	[ɔustraliɛr]
australiano (agg)	Australies	[ɔustralis]
Nuova Zelanda (f)	Nieu-Seeland	[niu-seəlant]
neozelandese (m)	Nieu-Seelander	[niu-seəlandər]
neozelandese (f)	Nieu-Seelander	[niu-seəlandər]
neozelandese (agg)	Nieu-Seelands	[niu-seəlants]
Tasmania (f)	Tasmanië	[tasmaniɛ]
Polinesia (f) Francese	Frans-Polinesië	[fraŋs-polinesiɛ]

242. Città

Italiano	Afrikaans	Pronuncia
L'Aia	Den Haag	[den hãχ]
Amburgo	Hamburg	[hamburχ]
Amsterdam	Amsterdam	[amsterdam]
Ankara	Ankara	[ankara]
Atene	Athene	[atenə]
L'Avana	Havana	[havana]
Baghdad	Bagdad	[baχdat]
Bangkok	Bangkok	[baŋkok]
Barcellona	Barcelona	[barselona]
Beirut	Beiroet	[bæejrut]
Berlino	Berlyn	[berlæjn]
Bombay, Mumbai	Moembai	[mumbaj]
Bonn	Bonn	[bonn]
Bordeaux	Bordeaux	[bordo:]
Bratislava	Bratislava	[bratislava]
Bruxelles	Brussel	[brussəl]
Bucarest	Boekarest	[bukarest]
Budapest	Boedapest	[budapest]
Il Cairo	Cairo	[kajro]
Calcutta	Kalkutta	[kalkutta]
Chicago	Chicago	[ʃikago]
Città del Messico	Meksiko Stad	[meksiko stat]
Copenaghen	Kopenhagen	[kopənχagen]
Dar es Salaam	Dar-es-Salaam	[dar-es-salãm]
Delhi	Delhi	[deli]
Dubai	Dubai	[dubaj]
Dublino	Dublin	[dablin]
Düsseldorf	Dusseldorf	[dussɛldorf]
Firenze	Florence	[florɛŋs]
Francoforte	Frankfurt	[frankfurt]
Gerusalemme	Jerusalem	[jerusalem]

Ginevra	Genève	[dʒənɛːv]
Hanoi	Hanoi	[hanoj]
Helsinki	Helsinki	[hɛlsinki]
Hiroshima	Hiroshima	[hiroʃima]
Hong Kong	Hongkong	[hoŋkoŋ]
Istanbul	Istanbul	[istanbul]
Kiev	Kiëf	[kiɛf]
Kuala Lumpur	Kuala Lumpur	[kuala lumpur]

Lione	Lyon	[lioŋ]
Lisbona	Lissabon	[lissabon]
Londra	Londen	[londen]
Los Angeles	Los Angeles	[los andʒəles]

Madrid	Madrid	[madrit]
Marsiglia	Marseille	[marsæj]
Miami	Miami	[majami]
Monaco di Baviera	München	[mønchen]
Montreal	Montreal	[montreal]
Mosca	Moskou	[moskæʊ]

Nairobi	Nairobi	[najrobi]
Napoli	Napels	[napɛls]
New York	New York	[nju jork]
Nizza	Nice	[nis]

Oslo	Oslo	[oslo]
Ottawa	Ottawa	[ottava]
Parigi	Parys	[parajs]
Pechino	Beijing	[bæjdʒiŋ]
Praga	Praag	[prãχ]
Rio de Janeiro	Rio de Janeiro	[rio də janæjro]
Roma	Rome	[romə]

San Pietroburgo	Sint-Petersburg	[sint-petersburg]
Seoul	Seoel	[seul]
Shanghai	Shanghai	[ʃangaj]
Sidney	Sydney	[sidni]
Singapore	Singapore	[singaporə]
Stoccolma	Stockholm	[stokχolm]

Taipei	Taipei	[tæjpæj]
Tokio	Tokio	[tokio]
Toronto	Toronto	[toronto]

Varsavia	Warskou	[varskæʊ]
Venezia	Venesië	[fenesiɛ]
Vienna	Wene	[venə]
Washington	Washington	[vaʃington]

243. Politica. Governo. Parte 1

politica (f)	politiek	[politik]
politico (agg)	politieke	[politikə]

politico (m)	politikus	[politikus]
stato (m) (nazione, paese)	staat	[stāt]
cittadino (m)	burger	[burgər]
cittadinanza (f)	burgerskap	[burgərskap]

| emblema (m) nazionale | nasionale wapen | [naʃionalə vapen] |
| inno (m) nazionale | volkslied | [folkslit] |

governo (m)	regering	[reχeriŋ]
capo (m) di Stato	staatshoof	[stāts·hoəf]
parlamento (m)	parlement	[parlement]
partito (m)	partij	[partij]

| capitalismo (m) | kapitalisme | [kapitalismə] |
| capitalistico (agg) | kapitalis | [kapitalis] |

| socialismo (m) | sosialisme | [soʃialisme] |
| socialista (agg) | sosialis | [soʃialis] |

comunismo (m)	kommunisme	[kommunismə]
comunista (agg)	kommunis	[kommunis]
comunista (m)	kommunis	[kommunis]

democrazia (f)	demokrasie	[demokrasi]
democratico (m)	demokraat	[demokrāt]
democratico (agg)	demokraties	[demokratis]
partito (m) democratico	Demokratiese party	[demokratisə partaj]

| liberale (m) | liberaal | [liberāl] |
| liberale (agg) | liberaal | [liberāl] |

| conservatore (m) | konservatief | [kɔŋserfatif] |
| conservatore (agg) | konservatief | [kɔŋserfatif] |

repubblica (f)	republiek	[republik]
repubblicano (m)	republikein	[republikæjn]
partito (m) repubblicano	Republikeinse Party	[republikæjnsə partaj]

elezioni (f pl)	verkiesings	[ferkisiŋs]
eleggere (vt)	verkies	[ferkis]
elettore (m)	kieser	[kisər]
campagna (f) elettorale	verkiesingskampanje	[ferkisiŋs·kampanje]

votazione (f)	stemming	[stɛmmiŋ]
votare (vi)	stem	[stem]
diritto (m) di voto	stemreg	[stem·reχ]

| candidato (m) | kandidaat | [kandidāt] |
| campagna (f) | kampanje | [kampanje] |

| d'opposizione (agg) | opposisie | [opposisi] |
| opposizione (f) | opposisie | [opposisi] |

visita (f)	besoek	[besuk]
visita (f) ufficiale	amptelike besoek	[amptelikə besuk]
internazionale (agg)	internasionaal	[internaʃionāl]

trattative (f pl)	onderhandelinge	[ondərhandeliŋə]
negoziare (vi)	onderhandel	[ondərhandəl]

244. Politica. Governo. Parte 2

società (f)	samelewing	[samelevin̩]
costituzione (f)	grondwet	[χront·wet]
potere (m) (~ politico)	mag	[maχ]
corruzione (f)	korrupsie	[korrupsi]

legge (f)	wet	[vet]
legittimo (agg)	wetlik	[vetlik]

giustizia (f)	geregtigheid	[χereχtiχæjt]
giusto (imparziale)	regverdig	[reχferdəχ]

comitato (m)	komitee	[komiteə]
disegno (m) di legge	wetsontwerp	[vetsontwerp]
bilancio (m)	begroting	[beχrotiŋ]
politica (f)	beleid	[belæjt]
riforma (f)	hervorming	[herformiŋ]
radicale (agg)	radikaal	[radikãl]

forza (f) (potenza)	mag	[maχ]
potente (agg)	magtig	[maχtəχ]
sostenitore (m)	ondersteuner	[ondərstøenər]
influenza (f)	invloed	[influt]

regime (m) (~ militare)	bewind	[bevint]
conflitto (m)	konflik	[konflik]
complotto (m)	sameswering	[sameswerin̩]
provocazione (f)	uitdaging	[œitdaχiŋ]

rovesciare (~ un regime)	omvergooi	[omferχoj]
rovesciamento (m)	omvergooi	[omferχoj]
rivoluzione (f)	revolusie	[refolusi]

colpo (m) di Stato	staatsgreep	[stãts·χreəp]
golpe (m) militare	militêre staatsgreep	[militærə stãtsχreəp]

crisi (f)	krisis	[krisis]
recessione (f) economica	ekonomiese agteruitgang	[ɛkonomisə aχtər·œitχaŋ]
manifestante (m)	betoër	[betoɛr]
manifestazione (f)	demonstrasie	[demoŋstrasi]
legge (f) marziale	krygswet	[krajχs·wet]
base (f) militare	militêre basis	[militærə basis]

stabilità (f)	stabiliteit	[stabilitæjt]
stabile (agg)	stabiel	[stabil]

sfruttamento (m)	uitbuiting	[œitbœitiŋ]
sfruttare (~ i lavoratori)	uitbuit	[œitbœit]
razzismo (m)	rassisme	[rassismə]
razzista (m)	rassis	[rassis]

| fascismo (m) | fascisme | [faʃismə] |
| fascista (m) | fascis | [faʃis] |

245. Paesi. Varie

straniero (m)	vreemdeling	[freəmdeliŋ]
straniero (agg)	vreemd	[freəmt]
all'estero	in die buiteland	[in di bœitəlant]

emigrato (m)	emigrant	[ɛmiχrant]
emigrazione (f)	emigrasie	[ɛmiχrasi]
emigrare (vi)	emigreer	[ɛmiχreər]

Ovest (m)	die Weste	[di vestə]
Est (m)	die Ooste	[di oəstə]
Estremo Oriente (m)	die Verre Ooste	[di ferrə oəstə]

civiltà (f)	beskawing	[beskaviŋ]
umanità (f)	mensdom	[mɛŋsdom]
mondo (m)	die wêreld	[di væːrəlt]
pace (f)	vrede	[fredə]
mondiale (agg)	wêreldwyd	[væːrəlt·wajt]

patria (f)	vaderland	[fadər·lant]
popolo (m)	volk	[folk]
popolazione (f)	bevolking	[befolkiŋ]
gente (f)	mense	[mɛŋsə]
nazione (f)	nasie	[nasi]
generazione (f)	generasie	[χenerasi]
territorio (m)	gebied	[χebit]
regione (f)	streek	[streək]
stato (m)	staat	[stãt]

tradizione (f)	tradisie	[tradisi]
costume (m)	gebruik	[χebrœik]
ecologia (f)	ekologie	[ɛkoloχi]

indiano (m)	Indiaan	[indiãn]
zingaro (m)	Sigeuner	[siχøənər]
zingara (f)	Sigeunerin	[siχøənərin]
di zingaro	sigeuner-	[siχøənər-]

impero (m)	rijk	[rijk]
colonia (f)	kolonie	[koloni]
schiavitù (f)	slawerny	[slavərnaj]
invasione (f)	invasie	[infasi]
carestia (f)	hongersnood	[hoŋərsnoət]

246. Principali gruppi religiosi. Credi religiosi

| religione (f) | godsdiens | [χodsdiŋs] |
| religioso (agg) | godsdienstig | [χodsdiŋstəχ] |

fede (f)	geloof	[χeloəf]
credere (vi)	glo	[χlo]
credente (m)	gelowige	[χeloviχə]
ateismo (m)	ateïsme	[ateïsmə]
ateo (m)	ateïs	[ateïs]
cristianesimo (m)	Christendom	[χristəndom]
cristiano (m)	Christen	[χristən]
cristiano (agg)	Christelik	[χristəlik]
cattolicesimo (m)	Katolisisme	[katolisismə]
cattolico (m)	Katoliek	[katolik]
cattolico (agg)	katoliek	[katolik]
Protestantesimo (m)	Protestantisme	[protestantismə]
Chiesa (f) protestante	Protestantse Kerk	[protestantsə kerk]
protestante (m)	Protestant	[protestant]
Ortodossia (f)	Ortodoksie	[ortodoksi]
Chiesa (f) ortodossa	Ortodokse Kerk	[ortodoksə kerk]
ortodosso (m)	Ortodoks	[ortodoks]
Presbiterianesimo (m)	Presbiterianisme	[presbiterianismə]
Chiesa (f) presbiteriana	Presbiteriaanse Kerk	[presbiteriãŋsə kerk]
presbiteriano (m)	Presbiteriaan	[presbitəriãn]
Luteranesimo (m)	Lutheranisme	[luteranismə]
luterano (m)	Lutheraan	[lutərãn]
confessione (f) battista	Baptistiese Kerk	[baptistisə kerk]
battista (m)	Baptis	[baptis]
Chiesa (f) anglicana	Anglikaanse Kerk	[anχlikãŋsə kerk]
anglicano (m)	Anglikaan	[anχlikãn]
mormonismo (m)	Mormonisme	[mormonismə]
mormone (m)	Mormoon	[mormoən]
giudaismo (m)	Jodendom	[jodɛndom]
ebreo (m)	Jood	[joət]
buddismo (m)	Boeddhisme	[buddismə]
buddista (m)	Boeddhis	[buddis]
Induismo (m)	Hindoeïsme	[hinduïsmə]
induista (m)	Hindoe	[hindu]
Islam (m)	Islam	[islam]
musulmano (m)	Islamiet	[islamit]
musulmano (agg)	Islamities	[islamitis]
sciismo (m)	Sjia Islam	[ʃia islam]
sciita (m)	Sjiït	[ʃiït]
sunnismo (m)	Sunni Islam	[sunni islam]
sunnita (m)	Sunniet	[sunnit]

247. Religioni. Sacerdoti

prete (m)	priester	[pristər]
Papa (m)	die Pous	[di pæʊs]
monaco (m)	monnik	[monnik]
monaca (f)	non	[non]
pastore (m)	pastoor	[pastoər]
abate (m)	ab	[ap]
vicario (m)	priester	[pristər]
vescovo (m)	biskop	[biskop]
cardinale (m)	kardinaal	[kardinãl]
predicatore (m)	predikant	[predikant]
predica (f)	preek	[preək]
parrocchiani (m)	kerkgangers	[kerk·χaŋərs]
credente (m)	gelowige	[χeloviχə]
ateo (m)	ateïs	[ateïs]

248. Fede. Cristianesimo. Islam

Adamo	Adam	[adam]
Eva	Eva	[efa]
Dio (m)	God	[χot]
Signore (m)	die Here	[di herə]
Onnipotente (m)	die Almagtige	[di almaχtiχə]
peccato (m)	sonde	[sondə]
peccare (vi)	sondig	[sondəχ]
peccatore (m)	sondaar	[sondãr]
peccatrice (f)	sondares	[sondares]
inferno (m)	hel	[həl]
paradiso (m)	paradys	[paradajs]
Gesù	Jesus	[jesus]
Gesù Cristo	Jesus Christus	[jesus χristus]
Spirito (m) Santo	die Heilige Gees	[di hæjliχə χeəs]
Salvatore (m)	die Verlosser	[di ferlossər]
Madonna	die Maagd Maria	[di mãχt maria]
Diavolo (m)	die duiwel	[di dœivəl]
del diavolo	duiwels	[dœivɛls]
Satana (m)	Satan	[satan]
satanico (agg)	satanies	[satanis]
angelo (m)	engel	[ɛŋəl]
angelo (m) custode	beskermengel	[beskerm·eŋəl]
angelico (agg)	engelagtig	[ɛŋəlaχtəχ]

apostolo (m)	apostel	[apostəl]
arcangelo (m)	aartsengel	[ārtseŋəl]
Anticristo (m)	die antichris	[di antiχris]

Chiesa (f)	Kerk	[kerk]
Bibbia (f)	Bybel	[bajbəl]
biblico (agg)	bybels	[bajbəls]

Vecchio Testamento (m)	Ou Testament	[æʊ testament]
Nuovo Testamento (m)	Nuwe Testament	[nuvə testament]
Vangelo (m)	evangelie	[ɛfanχəli]
Sacra Scrittura (f)	Heilige Skrif	[hæjliχə skrif]
Il Regno dei Cieli	hemel	[heməl]

comandamento (m)	gebod	[χebot]
profeta (m)	profeet	[profeət]
profezia (f)	profesie	[profesi]

Allah	Allah	[allah]
Maometto	Mohammed	[mohammet]
Corano (m)	die Koran	[di koran]

moschea (f)	moskee	[moskeə]
mullah (m)	moella	[mulla]
preghiera (f)	gebed	[χebet]
pregare (vi, vt)	bid	[bit]

pellegrinaggio (m)	pelgrimstog	[pɛlχrimstoχ]
pellegrino (m)	pelgrim	[pɛlχrim]
La Mecca (f)	Mecca	[mɛkka]

chiesa (f)	kerk	[kerk]
tempio (m)	tempel	[tempəl]
cattedrale (f)	katedraal	[katedrāl]
gotico (agg)	Goties	[χotis]
sinagoga (f)	sinagoge	[sinaχoχə]
moschea (f)	moskee	[moskeə]

cappella (f)	kapel	[kapəl]
abbazia (f)	abdy	[abdaj]
convento (m) di suore	klooster	[kloəstər]
monastero (m)	klooster	[kloəstər]

campana (f)	klok	[klok]
campanile (m)	kloktoring	[klok·toriŋ]
suonare (campane)	lui	[lœi]

croce (f)	kruis	[krœis]
cupola (f)	koepel	[kupəl]
icona (f)	ikoon	[ikoən]

anima (f)	siel	[sil]
destino (m), sorte (f)	noodlot	[noədlot]
male (m)	die bose	[di bosə]
bene (m)	goed	[χut]
vampiro (m)	vampier	[fampir]

strega (f)	heks	[heks]
demone (m)	demoon	[demoən]
spirito (m)	gees	[χeəs]
redenzione (f)	versoening	[fersuniŋ]
redimere (vt)	verlos	[ferlos]
messa (f)	kerkdies	[kerkdis]
dire la messa	die mis opdra	[di mis opdra]
confessione (f)	bieg	[biχ]
confessarsi (vr)	bieg	[biχ]
santo (m)	heilige	[hæjliχə]
sacro (agg)	heilig	[hæjləχ]
acqua (f) santa	wywater	[vaj·vatər]
rito (m)	ritueel	[ritueəl]
rituale (agg)	ritueel	[ritueəl]
sacrificio (m) (offerta)	offerande	[offerandə]
superstizione (f)	bygeloof	[bajχəloəf]
superstizioso (agg)	bygelowig	[bajχəlovəχ]
vita (f) dell'oltretomba	hiernamaals	[hirna·māls]
vita (f) eterna	ewige lewe	[ɛviχə levə]

VARIE

249. Varie parole utili

aiuto (m)	hulp	[hulp]
barriera (f) (ostacolo)	hindernis	[hindernis]
base (f)	basis	[basis]
bilancio (m) (equilibrio)	balans	[balaŋs]
categoria (f)	kategorie	[kateχori]

causa (f) (ragione)	rede	[redə]
coincidenza (f)	toeval	[tufal]
comodo (agg)	gemaklik	[χemaklik]
compenso (m)	kompensasie	[kompɛnsasi]
confronto (m)	vergelyking	[ferχelajkiŋ]

cosa (f) (oggetto, articolo)	ding	[diŋ]
crescita (f)	groei	[χrui]
differenza (f)	verskil	[ferskil]
effetto (m)	effek	[ɛffek]
elemento (m)	element	[ɛlement]

errore (m)	fout	[fæʊt]
esempio (m)	voorbeeld	[foərbeəlt]
fatto (m)	feit	[fæjt]
forma (f) (aspetto)	vorm	[form]
frequente (agg)	gereeld	[χereəlt]

genere (m) (tipo, sorta)	soort	[soərt]
grado (m) (livello)	graad	[χrãt]
ideale (m)	ideaal	[ideãl]
inizio (m)	begin	[beχin]
labirinto (m)	labirint	[labirint]

modo (m) (maniera)	manier	[manir]
momento (m)	moment	[moment]
oggetto (m) (cosa)	objek	[objek]
originale (m) (non è una copia)	origineel	[oriχineəl]

ostacolo (m)	hinderpaal	[hindərpãl]
parte (f) (~ di qc)	deel	[deəl]
particella (f)	deeltjie	[deəlki]
pausa (f)	pouse	[pæʊsə]

pausa (f) (sosta)	pouse	[pæʊsə]
posizione (f)	posisie	[posisi]
principio (m)	beginsel	[beχinsəl]
problema (m)	probleem	[probleəm]
processo (m)	proses	[proses]
progresso (m)	vooruitgang	[foərœitχaŋ]

proprietà (f) (qualità)	eienskap	[æjeŋskap]
reazione (f)	reaksie	[reaksi]
rischio (m)	risiko	[risiko]
ritmo (m)	tempo	[tempo]
scelta (f)	keuse	[køəsə]
segreto (m)	geheim	[χəhæjm]
serie (f)	reeks	[reəks]
sfondo (m)	agtergrond	[aχtərχront]
sforzo (m) (fatica)	inspanning	[inspanniŋ]
sistema (m)	sisteem	[sisteəm]
situazione (f)	toestand	[tustant]
soluzione (f)	oplossing	[oplossiŋ]
standard (agg)	standaard	[standārt]
standard (m)	standaard	[standārt]
stile (m)	styl	[stajl]
sviluppo (m)	ontwikkeling	[ontwikkeliŋ]
tabella (f) (delle calorie, ecc.)	tabel	[tabəl]
termine (m)	einde	[æjndə]
termine (m) (parola)	term	[term]
tipo (m)	tipe	[tipə]
turno (m) (aspettare il proprio ~)	beurt	[bøərt]
urgente (agg)	dringend	[driŋən]
urgentemente	dringend	[driŋən]
utilità (f)	nut	[nut]
variante (f)	variant	[fariant]
verità (f)	waarheid	[vārhæjt]
zona (f)	sone	[sonə]

250. Modificatori. Aggettivi. Parte 1

a buon mercato	goedkoop	[χudkoəp]
abbronzato (agg)	bruingebrand	[brœiŋəbrant]
acido, agro (sapore)	suur	[sɪr]
affamato (agg)	honger	[hoŋər]
affilato (coltello ~)	skerp	[skerp]
allegro (agg)	opgewek	[opχevek]
alto (voce ~a)	hard	[hart]
amaro (sapore)	bitter	[bittər]
antico (civiltà, ecc.)	antiek	[antik]
aperto (agg)	oop	[oəp]
artificiale (agg)	kunsmatig	[kunsmatəχ]
bagnato (vestiti ~i)	nat	[nat]
basso (~a voce)	sag	[saχ]
bello (agg)	pragtig	[praχtəχ]
breve (di breve durata)	kort	[kort]
bruno (agg)	blas	[blas]

buio, scuro (stanza ~a)	donker	[donkər]
buono (un libro, ecc.)	goed	[ҳut]
buono, gentile	vriendelik	[frindəlik]
buono, gustoso	smaaklik	[smāklik]

caldo (agg)	warm	[varm]
calmo (agg)	rustig	[rustəҳ]
caro (agg)	duur	[dɪr]
cattivo (agg)	sleg	[sleҳ]
centrale (agg)	sentraal	[sentrāl]

chiaro (un significato ~)	duidelik	[dœidelik]
chiaro, tenue (un colore ~)	lig-	[liҳ-]
chiuso (agg)	gesluit	[ҳeslœit]
cieco (agg)	blind	[blint]
civile (società ~)	burgerlik	[burgerlik]

clandestino (agg)	agterbaks	[aҳtərbaks]
collegiale (decisione ~)	gesamentlik	[ҳesamentlik]
compatibile (agg)	verenigbaar	[fereniҳbār]
complicato (progetto, ecc.)	moeilik	[muilik]

contento (agg)	tevrede	[tefredə]
continuo (agg)	langdurig	[laŋdurəҳ]
continuo (ininterrotto)	onophoudelik	[onophæʊdelik]
cortese (gentile)	vriendelik	[frindəlik]
corto (non lungo)	kort	[kort]

crudo (non cotto)	rou	[ræʊ]
denso (fumo ~)	dig	[diҳ]
destro (lato ~)	regter	[reҳtər]
di seconda mano	gebruik	[ҳebrœik]
di sole (una giornata ~)	sonnig	[sonnəҳ]

differente (agg)	verskillend	[ferskillent]
difficile (decisione)	moeilik	[muilik]
distante (agg)	ver	[fer]
diverso (agg)	verskillend	[ferskillent]
dolce (acqua ~)	vars	[fars]

dolce (gusto)	soet	[sut]
dolce, tenero	teer	[teər]
dritto (linea, strada ~a)	reg	[reҳ]
duro (non morbido)	hard	[hart]
eccellente (agg)	uitstekend	[œitstekent]

eccessivo (esagerato)	oormatig	[oərmatəҳ]
enorme (agg)	kolossaal	[kolossāl]
esterno (agg)	buite-	[bœite-]
facile (agg)	maklik	[maklik]

faticoso (agg)	vermoeiend	[fermujent]
felice (agg)	gelukkig	[ҳelukkəҳ]
fertile (terreno)	vrugbaar	[fruҳbār]
fioco, soffuso (luce ~a)	dof	[dof]
fitto (nebbia ~a)	dig	[diҳ]

forte (una persona ~)	sterk	[sterk]
fosco (oscuro)	somber	[sombər]
fragile (porcellana, vetro)	breekbaar	[breekbãr]
freddo (bevanda, tempo)	koud	[kæʊt]

fresco (freddo moderato)	koel	[kul]
fresco (pane ~)	vars	[fars]
gentile (agg)	beleefd	[beleəft]
giovane (agg)	jong	[joŋ]
giusto (corretto)	reg	[reχ]

gradevole (voce ~)	mooi	[moj]
grande (agg)	groot	[χroət]
grasso (cibo ~)	vettig	[fɛttəχ]
grato (agg)	dankbaar	[dankbãr]

gratuito (agg)	gratis	[χratis]
idoneo (adatto)	geskik	[χeskik]
il più alto	hoogste	[hoəχstə]
il più importante	belangrikste	[belaŋrikstə]
il più vicino	naaste	[nãstə]

immobile (agg)	doodstil	[doədstil]
importante (agg)	belangrik	[belaŋrik]
impossibile (agg)	onmoontlik	[onmoentlik]
incomprensibile (agg)	onverstaanbaar	[onferstãnbãr]
indispensabile	onontbeerlik	[onontbeərlik]

inesperto (agg)	onervare	[onerfarə]
insignificante (agg)	onbelangrik	[onbelaŋrik]
intelligente (agg)	slim	[slim]
interno (agg)	binne-	[binne-]

intero (agg)	heel	[heəl]
largo (strada ~a)	breed	[breət]
legale (agg)	wetlik	[vetlik]
leggero (che pesa poco)	lig	[liχ]
libero (agg)	gratis	[χratis]

limitato (agg)	beperk	[beperk]
liquido (agg)	vloeibaar	[fluibãr]
liscio (superficie ~a)	glad	[χlat]
lontano (agg)	ver	[fer]
lungo (~a strada, ecc.)	lang	[laŋ]

251. Modificatori. Aggettivi. Parte 2

magnifico (agg)	pragtig	[praχtəχ]
magro (uomo ~)	maer	[maər]
malato (agg)	siek	[sik]
maturo (un frutto ~)	ryp	[rajp]
meticoloso, accurato	akkuraat	[akkurãt]
miope (agg)	bysiende	[bajsində]
misterioso (agg)	raaiselagtig	[rãjselaχtəχ]

227

molto magro (agg)	brandmaer	[brandmaer]
molto povero (agg)	brandarm	[brandarm]
morbido (~ al tatto)	sag	[saχ]

morto (agg)	dood	[doət]
nativo (paese ~)	geboorte-	[χeboərtə-]
necessario (agg)	nodig	[nodəχ]
negativo (agg)	negatief	[neχatif]
nervoso (agg)	senuweeagtig	[senuveə·aχtəχ]

non difficile	nie moeilik nie	[ni muilik ni]
non molto grande	nie groot nie	[ni χroət ni]
noncurante (negligente)	nalatig	[nalatəχ]
normale (agg)	normaal	[normāl]
notevole (agg)	beduidend	[bedœident]

nuovo (agg)	nuut	[nɪt]
obbligatorio (agg)	verplig	[ferpləχ]
opaco (colore)	mat	[mat]
opposto (agg)	teenoorgestel	[teənoərχestəl]

ordinario (comune)	gewoon	[χevoən]
originale (agg)	oorspronklik	[oərspronklik]
ostile (agg)	vyandig	[fajandəχ]
passato (agg)	laas-	[lās-]
per bambini	kinder-	[kindər-]

perfetto (agg)	uitstekend	[œitstekent]
pericoloso (agg)	gevaarlik	[χefārlik]
permanente (agg)	permanent	[permanent]
personale (agg)	persoonlik	[persoənlik]
pesante (agg)	swaar	[swār]

piatto (schermo ~)	plat	[plat]
piatto, piano (superficie ~a)	gelyk	[χelajk]
piccolo (agg)	klein	[klæjn]
pieno (bicchiere, ecc.)	vol	[fol]

poco chiaro (agg)	onduidelik	[ondœidelik]
poco profondo (agg)	vlak	[flak]
possibile (agg)	moontlik	[moentlik]
posteriore (agg)	agter-	[aχtər-]
povero (agg)	arm	[arm]

precedente (agg)	vorig	[forəχ]
preciso, esatto	juis	[jœis]
premuroso (agg)	sorgsaam	[sorχsām]
presente (agg)	huidig	[hœidəχ]

principale (più importante)	hoof-	[hoəf-]
principale (primario)	vernaamste	[fernāmstə]
privato (agg)	privaat	[prifāt]
probabile (agg)	waarskynlik	[vārskajnlik]
prossimo (spazio)	digby	[diχbaj]
pubblico (agg)	openbaar	[openbār]
pulito (agg)	skoon	[skoən]

puntuale (una persona ~)	stip	[stip]
raro (non comune)	seldsaam	[sɛldsãm]
rischioso (agg)	riskant	[riskant]
salato (cibo)	sout	[sæʊt]
scorso (il mese ~)	laas-	[lãs-]
secco (asciutto)	droog	[droəχ]
semplice (agg)	eenvoudig	[eənfæʊdəχ]
sereno (agg)	wolkloos	[volkloəs]
sicuro (non pericoloso)	veilig	[fæjləχ]
simile (agg)	eenders	[eənders]
sinistro (agg)	linker-	[linkər-]
soddisfatto (agg)	tevrede	[tefredə]
solido (parete ~a)	stewig	[stevəχ]
spazioso (stanza ~a)	ruim	[rœim]
speciale (agg)	spesiaal	[spesiãl]
spesso (un muro ~)	dik	[dik]
sporco (agg)	vuil	[fœil]
stanco (esausto)	moeg	[muχ]
straniero (studente ~)	buitelands	[bœitəlands]
stretto (scarpe ~e)	strak	[strak]
stretto (un vicolo ~)	smal	[smal]
stupido (agg)	dom	[dom]
successivo, prossimo	volgend	[folχent]
supplementare (agg)	addisioneel	[addiʃioneəl]
surgelato (cibo ~)	gevries	[χefris]
tiepido (agg)	louwarm	[læʊvarm]
tranquillo (agg)	kalm	[kalm]
trasparente (agg)	deursigtig	[døərsiχtəχ]
triste (infelice)	droewig	[druvəχ]
triste, mesto	droewig	[druvəχ]
uguale (identico)	dieselfde	[disɛlfdə]
ultimo (agg)	laaste	[lãstə]
umido (agg)	bedompig	[bedompəχ]
unico (situazione ~a)	uniek	[unik]
vecchio (una casa ~a)	ou	[æʊ]
veloce, rapido	vinnig	[finnəχ]
vicino, accanto (avv)	naby	[nabaj]
vicino, prossimo	naburig	[naburəχ]
vuoto (un bicchiere ~)	leeg	[leəχ]

I 500 VERBI PRINCIPALI

252. Verbi A-C

abbagliare (vt)	verblind	[ferblint]
abbassare (vt)	laat sak	[lǎt sak]
abbracciare (vt)	omhels	[omhɛls]
abitare (vi)	woon	[voən]
accarezzare (vt)	streel	[streəl]
accendere (~ la tv, ecc.)	aanskakel	[ǎŋskakəl]
accendere (con una fiamma)	aansteek	[ǎŋsteək]
accompagnare (vt)	begelei	[beχelæj]
accorgersi (vr)	raaksien	[rǎksin]
accusare (vt)	beskuldig	[beskuldəχ]
aderire a ...	aansluit	[ǎŋslœit]
adulare (vt)	vlei	[flæj]
affermare (vt)	beweer	[beveər]
afferrare (la palla, ecc.)	vang	[faŋ]
affittare (dare in affitto)	huur	[hɪr]
aggiungere (vt)	byvoeg	[bajfuχ]
agire (Come intendi ~?)	optree	[optreə]
agitare (scuotere)	skommel	[skomməl]
agitare la mano	wuif	[vœif]
aiutare (vt)	help	[hɛlp]
alleggerire (~ la vita)	makliker maak	[maklikər mǎk]
allenare (vt)	afrig	[afrəχ]
allenarsi (vr)	oefen	[ufən]
alludere (vi)	sinspeel	[sinspeəl]
alzarsi (dal letto)	opstaan	[opstǎn]
amare (qn)	liefhê	[lifhɛ:]
ammaestrare (vt)	afrig	[afrəχ]
ammettere (~ qc)	erken	[ɛrken]
ammirare (vi)	bewonder	[bevondər]
amputare (vt)	amputeer	[amputeər]
andare (in macchina)	gaan	[χǎn]
andare a letto	gaan slaap	[χǎn slǎp]
annegare (vi)	verdrink	[ferdrink]
annoiarsi (vr)	verveeld wees	[ferveəlt veəs]
annotare (vt)	opskryf	[opskrajf]
annullare (vt)	kanselleer	[kaŋsɛlleər]
apparire (vi)	verskyn	[ferskajn]
appartenere (vi)	behoort aan ...	[behoərt ǎn ...]

appendere (~ le tende)	ophang	[ophaŋ]
applaudire (vi, vt)	apploudisseer	[applæʊdisseer]
aprire (vt)	oopmaak	[oəpmāk]
arrendersi (vr)	toegee	[tuχeə]
arrivare (di un treno)	aankom	[ānkom]
arrossire (vi)	bloos	[bloəs]
asciugare (~ i capelli)	droog	[droəχ]
ascoltare (vi)	luister	[lœistər]
aspettare (vt)	wag	[vaχ]
aspettarsi (vr)	verwag	[ferwaχ]
aspirare (vi)	streef	[streəf]
assistere (vt)	assisteer	[assisteər]
assomigliare a ...	lyk	[lajk]
assumere (~ personale)	huur	[hɪr]
attaccare (vt)	aanval	[ānfal]
aumentare (vi)	toeneem	[tuneəm]
aumentare (vt)	verhoog	[ferhoəχ]
autorizzare (vt)	toelaat	[tulāt]
avanzare (vi)	vorder	[fordər]
avere (vt)	hê	[hɛ:]
avere fretta	opskud	[opskut]
avere paura	bang wees	[baŋ veəs]
avvertire (vt)	waarsku	[vārsku]
avviare (un progetto)	van stapel stuur	[fan stapəl stɪr]
avvicinarsi (vr)	nader	[nadər]
basarsi su ...	gebaseer wees op	[χebaseer veəs op]
bastare (vi)	genoeg wees	[χenuχ veəs]
battersi (~ contro il nemico)	veg	[feχ]
bere (vi, vt)	drink	[drink]
bruciare (vt)	verbrand	[ferbrant]
bussare (alla porta)	klop	[klop]
cacciare (vt)	jag	[jaχ]
cacciare via	wegry	[veχraj]
calmare (vt)	kalmeer	[kalmeər]
cambiare (~ opinione)	verander	[ferandər]
camminare (vi)	gaan	[χān]
cancellare (gomma per ~)	uitvee	[œitfeə]
canzonare (vt)	terg	[terχ]
capeggiare (vt)	lei	[læj]
capire (vt)	verstaan	[ferstān]
capovolgere (~ qc)	omkeer	[omkeər]
caricare (~ un camion)	laai	[lāi]
caricare (~ una pistola)	laai	[lāi]
cenare (vi)	aandete gebruik	[āndetə χebrœik]
cercare (vt)	soek ...	[suk ...]
cessare (vt)	ophou	[ophæʊ]

chiamare (nominare)	noem	[num]
chiamare (rivolgersi a)	roep	[rup]
chiedere (~ aiuto)	roep	[rup]
chiedere (domandare)	vra	[fra]
chiudere (~ la finestra)	sluit	[slœit]
citare (vt)	aanhaal	[ānhāl]
cogliere (fiori, ecc.)	pluk	[pluk]
collaborare (vi)	saamwerk	[sāmwerk]
collocare (vt)	sit	[sit]
coltivare (vt)	kweek	[kweək]
combattere (vi)	stry	[straj]
cominciare (vt)	begin	[beχin]
compensare (vt)	vergoed	[ferχut]
competere (vi)	kompeteer	[kompeteər]
compilare (vt)	saamstel	[sāmstəl]
complicare (vt)	bemoeilik	[bemuilik]
comporre (~ un brano musicale)	komponeer	[komponeər]
comportarsi (vr)	jou gedra	[jæʋ χedra]
comprare (vt)	koop	[koəp]
compromettere (vt)	kompromitteer	[kompromitteər]
concentrarsi (vr)	konsentreer	[kɔŋsentreər]
condannare (vt)	veroordeel	[feroərdeəl]
confessarsi (vr)	beken	[beken]
confondere (vt)	verwar	[ferwar]
confrontare (vt)	vergelyk	[ferχəlajk]
congratularsi (con qn per qc)	gelukwens	[χelukwɛŋs]
conoscere (qn)	ken	[ken]
consigliare (vt)	aanraai	[ānrāi]
consultare (medico, ecc.)	konsulteer	[kɔŋsulteər]
contagiare (vt)	besmet	[besmet]
contagiarsi (vr)	besmet word met ...	[besmet vort met ...]
contare (calcolare)	tel	[təl]
contare su ...	reken op ...	[reken op ...]
continuare (vt)	vervolg	[ferfolχ]
controllare (vt)	kontroleer	[kontroleər]
convincere (vt)	oortuig	[oərtœəχ]
convincersi (vr)	oortuig wees	[oərtœiχ veəs]
coordinare (vt)	koördineer	[koordineər]
correggere (vt)	korrigeer	[korriχeər]
correre (vi)	hardloop	[hardloəp]
costare (vt)	kos	[kos]
costringere (vt)	verplig	[ferpləχ]
creare (vt)	skep	[skep]
credere (vt)	glo	[χlo]
curare (vt)	behandel	[behandəl]

253. Verbi D-G

dare (vt)	gee	[χeə]
dare da mangiare	voer	[fur]
dare istruzioni	leer	[leər]
decidere (~ di fare qc)	beslis	[beslis]
decollare (vi)	opstyg	[opstajχ]
decorare (adornare)	versier	[fersir]
decorare (qn)	toeken	[tuken]
dedicare (~ un libro)	opdra	[opdra]
denunciare (vt)	aankla	[ānkla]
desiderare (vt)	wens	[vɛŋs]
difendere (~ un paese)	verdedig	[ferdedəχ]
difendersi (vr)	jouself verdedig	[jæʊsɛlf ferdedəχ]
dimenticare (vt)	vergeet	[ferχeət]
dipendere da ...	afhang van ...	[afhaŋ fan ...]
dire (~ la verità)	sê	[sɛ:]
dirigere (~ un'azienda)	beheer	[beheər]
discutere (vt)	bespreek	[bespreək]
disprezzare (vt)	minag	[minaχ]
distribuire (~ volantini, ecc.)	versprei	[ferspræj]
distribuire (vt)	uitdeel	[œitdeəl]
distruggere (~ documenti)	vernietig	[fernitəχ]
disturbare (vt)	steur	[støər]
diventare pensieroso	peins	[pæjns]
diventare, divenire	word	[vort]
divertire (vt)	amuseer	[amuseər]
divertirsi (vr)	jouself geniet	[jæʊsɛlf χenit]
dividere (vt)	deel	[deəl]
dovere (v aus)	moet	[mut]
dubitare (vi)	twyfel	[twajfəl]
eliminare (un ostacolo)	verwyder	[ferwajdər]
emanare (~ odori)	versprei	[ferspræj]
emanare odore	ruik	[rœik]
emergere (sommergibile)	opduik	[opdœik]
entrare (vi)	binnegaan	[binnəχān]
equipaggiare (vt)	toerus	[turus]
ereditare (vt)	erf	[ɛrf]
esaminare (~ una proposta)	ondersoek	[ondərsuk]
escludere (vt)	uitsit	[œitsit]
esigere (vt)	eis	[æjs]
esistere (vi)	bestaan	[bestān]
esprimere (vt)	uitdruk	[œitdruk]
essere (vi)	wees	[veəs]
essere arrabbiato con ...	kwaad wees ...	[kwāt veəs ...]
essere causa di ...	veroorsaak ...	[feroərsāk ...]

essere conservato	bewaar wees	[bevãr veəs]
essere d'accordo	saamstem	[sãmstem]

essere diverso da ...	verskil	[ferskil]
essere in guerra	oorlog voer	[oərloχ fur]
essere necessario	nodig wees	[nodəχ veəs]
essere perplesso	verbouereerd wees	[ferbæʋereərt veəs]

essere preoccupato	bekommerd wees	[bekommərt veəs]
essere sdraiato	lê	[lɛ:]
estinguere (~ un incendio)	blus	[blus]
evitare (vt)	vermy	[fermaj]
far arrabbiare	kwaad maak	[kwãt mãk]

far conoscere	voorstel	[foərstəl]
far fare il bagno	bad	[bat]
fare (vt)	doen	[dun]
fare colazione	ontbyt	[ontbajt]
fare copie	aantal kopieë maak	[ãntal kopiɛ mãk]

fare foto	fotografeer	[fotoχrafeər]
fare il bagno	gaan swem	[χãn swem]
fare il bucato	die wasgoed was	[di vasχut vas]
fare la conoscenza di ...	kennismaak	[kɛnnismãk]

fare le pulizie	skoonmaak	[skoənmãk]
fare un bagno	bad	[bat]
fare un rapporto	rapporteer	[rapporteər]
fare un tentativo	probeer	[probeər]

fare, preparare	maak	[mãk]
fermarsi (vr)	stilhou	[stilhæʋ]
fidarsi (vt)	vertrou	[fertræʋ]
finire, terminare (vt)	klaarmaak	[klãrmãk]

firmare (~ un documento)	teken	[tekən]
formare (vt)	vorm	[form]
garantire (vt)	waarborg	[vãrborχ]
gettare (~ il sasso, ecc.)	gooi	[χoj]
giocare (vi)	speel	[speəl]

girare (~ a destra)	draai	[drãi]
girare lo sguardo	wegdraai	[veχdrãi]
gradire (vt)	hou van	[hæʋ fan]
graffiare (vt)	krap	[krap]

gridare (vi)	skreeu	[skriʋ]
guardare (~ fisso, ecc.)	kyk	[kajk]
guarire (vi)	herstel	[herstəl]

254. Verbi I-O

illuminare (vt)	verlig	[ferləχ]
imballare (vt)	inpak	[inpak]

imitare (vt)	naboots	[naboəts]
immaginare (vt)	verbeel	[ferbeəl]

importare (vt)	invoer	[infur]
incantare (vt)	sjarmeer	[ʃarmeər]
indicare (~ la strada)	wys	[vajs]
indignarsi (vr)	verontwaardig wees	[ferontwãrdəχ veəs]

indirizzare (vt)	die pad wys	[di pat vajs]
indovinare (vt)	raai	[rãi]
influire (vt)	beïnvloed	[beïnflut]
informare (vt)	in kennis stel	[in kɛnnis stəl]

informare di ...	in kennis stel	[in kɛnnis stəl]
ingannare (vt)	bedrieg	[bedrəχ]
innaffiare (vt)	nat gooi	[nat χoj]
innamorarsi di ...	verlief raak	[ferlif rãk]

insegnare (qn)	leer	[leər]
inserire (vt)	insteek	[insteək]
insistere (vi)	aandring	[ãndriŋ]
insultare (vt)	beledig	[beledəχ]
interessare (vt)	interesseer	[interesseər]

interessarsi di ...	belangstel in ...	[belaŋstəl in ...]
intervenire (vi)	tussenbeide tree	[tussənbæjdə treə]
intraprendere (vt)	onderneem	[ondərneəm]
intravedere (vt)	skrams raaksien	[skrams rãksin]
inventare (vt)	uitvind	[œitfint]

inviare (~ una lettera)	stuur	[stɪr]
invidiare (vt)	jaloers wees	[jalurs veəs]
invitare (vt)	uitnooi	[œitnoj]
irritare (vt)	irriteer	[irriteər]

irritarsi (vr)	geïrriteerd raak	[χeïrriteərt rãk]
iscrivere (su una lista)	byvoeg	[bajfuχ]
isolare (vt)	isoleer	[isoleər]
ispirare (vt)	inspireer	[inspireər]
lamentarsi (vr)	kla	[kla]

lasciar cadere	laat val	[lãt fal]
lasciare (abbandonare)	verlaat	[ferlãt]
lasciare (ombrello, ecc.)	vergeet	[ferχeət]
lavare (vt)	was	[vas]

lavorare (vi)	werk	[verk]
legare (~ qn a un albero)	vasbind aan ...	[fasbint ãn ...]
legare (~ un prigioniero)	vasbind	[fasbint]
leggere (vi, vt)	lees	[leəs]

liberare (vt)	bevry	[befraj]
liberarsi (~ di qn, qc)	ontslae raak van ...	[ontslaə rãk fan ...]
limitare (vt)	beperk	[beperk]
lottare (sport)	worstel	[vorstəl]
mancare le lezioni	bank	[bank]

mangiare (vi, vt)	eet	[eet]
memorizzare (vt)	van buite leer	[fan bœite leer]
mentire (vi)	lieg	[liҳ]

menzionare (vt)	verwys na	[ferwajs na]
meritare (vt)	verdien	[ferdin]
mescolare (vt)	meng	[meŋ]
mettere fretta a ...	aanjaag	[ānjāҳ]
mettere in ordine	aan kant maak	[ān kant māk]

mettere via	bêre	[bærə]
mettere, collocare	plaas	[plās]
minacciare (vt)	dreig	[dræjҳ]
mirare, puntare su ...	mik op	[mik op]
moltiplicare (vt)	vermenigvuldig	[fermeniҳ·fuldəҳ]

mostrare (vt)	wys	[vajs]
nascondere (vt)	wegsteek	[veҳsteek]
negare (vt)	ontken	[ontken]
negoziare (vi)	onderhandel	[onderhandel]

noleggiare (~ una barca)	huur	[hɪr]
nominare (incaricare)	aanstel	[āŋstel]
nuotare (vi)	swem	[swem]
obbedire (vi)	gehoorsaam	[ҳehoersām]

obiettare (vt)	beswaar maak	[beswār māk]
occorrere (vi)	nodig wees	[nodeҳ vees]
odorare (sentire odore)	ruik	[rœik]
offendere (qn)	beledig	[beledeҳ]

omettere (vt)	weglaat	[veҳlāt]
ordinare (~ il pranzo)	bestel	[bestel]
ordinare (mil.)	beveel	[befeel]
organizzare (vt)	organiseer	[orҳaniseer]

origliare (vi)	afluister	[aflœister]
ormeggiarsi (vr)	vasmeer	[fasmeer]
osare (vt)	durf	[durf]
osservare (vt)	waarneem	[vārneem]

255. Verbi P-R

pagare (vi, vt)	betaal	[betāl]
parlare con ...	praat met ...	[prāt met ...]
partecipare (vi)	deelneem	[deelneem]
partire (vi)	vertrek	[fertrek]

peccare (vi)	sondig	[sondeҳ]
penetrare (vi)	deurdring	[døərdriŋ]
pensare (credere)	glo	[ҳlo]
pensare (vi, vt)	dink	[dink]
perdere (ombrello, ecc.)	verloor	[ferloer]
perdonare (vt)	vergewe	[ferҳevə]

| permettere (vt) | toelaat | [tulāt] |
| pesare (~ molto) | weeg | [veǝχ] |

pescare (vi)	visvang	[fisfaŋ]
pettinarsi (vr)	hare kam	[harǝ kam]
piacere (vi)	hou van	[hæʊ fan]
piangere (vi)	huil	[hœil]

pianificare (~ di fare qc)	beplan	[beplan]
picchiare (vt)	slaan	[slān]
picchiarsi (vr)	veg	[feχ]
portare (qc a qn)	bring	[briŋ]

portare via	wegvat	[veχfat]
possedere (vt)	besit	[besit]
potere (vi)	kan	[kan]
pranzare (vi)	gaan eet	[χān eǝt]

preferire (vt)	verkies	[ferkis]
pregare (vi, vt)	bid	[bit]
prendere (vt)	vat	[fat]
prendere in prestito	leen	[leǝn]

prendere nota	noteer	[noteǝr]
prenotare (~ un tavolo)	bespreek	[bespreǝk]
preoccupare (vt)	bekommerd maak	[bekommǝrt māk]
preoccuparsi (vr)	bekommer	[bekommǝr]

preparare (~ un piano)	voorberei	[foǝrberæj]
presentare (~ qn)	voorstel	[foǝrstǝl]
preservare (~ la pace)	bewaar	[bevār]
prevalere (vi)	oorheers	[oǝrheǝrs]

prevedere (vt)	voorsien	[foǝrsin]
privare (vt)	ontneem	[ontneǝm]
progettare (edificio, ecc.)	ontwerp	[ontwerp]
promettere (vt)	beloof	[beloǝf]

pronunciare (vt)	uitspreek	[œitspreǝk]
proporre (vt)	voorstel	[foǝrstǝl]
proteggere (vt)	beskerm	[beskerm]
protestare (vi)	protesteer	[protesteǝr]

provare (vt)	bewys	[bevajs]
provocare (vt)	uittart	[œittart]
pubblicizzare (vt)	adverteer	[adferteǝr]
pulire (vt)	skoonmaak	[skoǝnmāk]

pulirsi (vr)	skoonmaak	[skoǝnmāk]
punire (vt)	straf	[straf]
raccomandare (vt)	aanbeveel	[ānbefeǝl]
raccontare (~ una storia)	vertel	[fertǝl]
raddoppiare (vt)	verdubbel	[ferdubbǝl]

| rafforzare (vt) | versterk | [fersterk] |
| raggiungere (arrivare a) | bereik | [beræjk] |

237

| raggiungere (obiettivo) | bereik | [beræjk] |
| rammaricarsi (vr) | jammer wees | [jammər veəs] |

rasarsi (vr)	skeer	[skeər]
realizzare (vt)	verwesenlik	[ferwesenlik]
recitare (~ un ruolo)	speel	[speəl]
regolare (~ un conflitto)	besleg	[besleχ]

respirare (vi)	asemhaal	[asemhãl]
riconoscere (~ qn)	herken	[herken]
ricordare (a qn di fare qc)	laat onthou ...	[lãt onthæʊ ...]
ricordare (vt)	herinner	[herinnər]
ricordarsi di (~ qn)	onthou	[onthæʊ]

ridere (vi)	lag	[laχ]
ridurre (vt)	verminder	[fermindər]
riempire (vt)	vul	[ful]
rifare (vt)	oordoen	[oərdun]

rifiutare (vt)	weier	[væjer]
rimandare (vt)	terugstuur	[teruχstɪr]
rimproverare (vt)	verwyt	[ferwajt]
rimuovere (~ una macchia)	verwyder	[ferwajdər]

ringraziare (vt)	dank	[dank]
riparare (vt)	herstel	[herstəl]
ripetere (ridire)	herhaal	[herhãl]
riposarsi (vr)	rus	[rus]
risalire a (data, periodo)	dateer van ...	[dateər fan ...]

rischiare (vi, vt)	waag	[vãχ]
risolvere (~ un problema)	oplos	[oplos]
rispondere (vi, vt)	antwoord	[antwoərt]
ritornare (vi)	terugkeer	[teruχkeər]

rivolgersi a ...	toespreek	[tuspreək]
rompere (~ un oggetto)	breek	[breək]
rovesciare (~ il vino, ecc.)	mors	[mors]
rubare (~ qc)	steel	[steəl]

256. Verbi S-V

salpare (vi)	vertrek	[fertrek]
salutare (vt)	groet	[χrut]
salvare (~ la vita a qn)	red	[rɛt]
sapere (qc)	weet	[veət]

scaldare (vt)	verwarm	[ferwarm]
scambiare (vt)	wissel	[vissəl]
scambiarsi (vr)	uitruil	[œitrajl]

scavare (~ un tunnel)	grawe	[χravə]
scegliere (vt)	kies	[kis]
scendere (~ per le scale)	afkom	[afkom]

scherzare (vi)	grappies maak	[χrappis māk]
schiacciare (~ un insetto)	verpletter	[ferplɛttər]
scoppiare (vi)	breek	[breək]
scoprire (vt)	navraag doen	[nafrāχ dun]
scoprire (vt)	ontdek	[ontdek]
screpolarsi (vr)	kraak	[krāk]
scrivere (vi, vt)	skryf	[skrajf]
scusare (vt)	verskoon	[ferskoən]
scusarsi (vr)	verskoning vra	[ferskoniŋ fra]
sedere (vi)	sit	[sit]
sedersi (vr)	gaan sit	[χān sit]
segnare (~ con una croce)	merk	[merk]
seguire (vt)	volg ...	[folχ ...]
selezionare (vt)	selekteer	[selekteər]
seminare (vt)	saai	[sāi]
semplificare (vt)	vereenvoudig	[fereənfæʊdəχ]
sentire (percepire)	aanvoel	[ānful]
servire (~ al tavolo)	bedien	[bedin]
sgridare (vt)	uitvaar teen	[œitfār teən]
significare (vt)	beteken	[betekən]
slegare (vt)	losmaak	[losmāk]
smettere di parlare	ophou praat	[ophæʊ prāt]
soddisfare (vt)	bevredig	[befredəχ]
soffiare (vento, ecc.)	waai	[vāi]
soffrire (provare dolore)	ly	[laj]
sognare (fantasticare)	droom	[droəm]
sognare (fare sogni)	droom	[droəm]
sopportare (~ il freddo)	verdra	[ferdra]
sopravvalutare (vt)	oorskat	[oərskat]
sorpassare (vt)	ry deur	[raj døər]
sorprendere (stupire)	verras	[ferras]
sorridere (vi)	glimlag	[χlimlaχ]
sospettare (vt)	verdink	[ferdink]
sospirare (vi)	sug	[suχ]
sostenere (~ una causa)	steun	[støən]
sottolineare (vt)	onderstreep	[ondərstreəp]
sottovalutare (vt)	onderskat	[ondərskat]
sovrastare (vi)	uitstyg bo	[œitstajχ boə]
sparare (vi)	skiet	[skit]
spargersi (zucchero, ecc.)	laat val	[lāt fal]
sparire (vi)	verdwyn	[ferdwajn]
spegnere (~ la luce)	afskakel	[afskakəl]
sperare (vi, vt)	hoop	[hoəp]
spiare (vt)	loer	[lur]
spiegare (vt)	verklaar	[ferklār]
spingere (~ la porta)	stoot	[stoət]

| splendere (vi) | blink | [blink] |
| sporcarsi (vr) | vuil word | [fœil vort] |

sposarsi (vr)	trou	[træʊ]
spostare (~ i mobili)	skuif	[skœif]
sputare (vi)	spoeg	[spuχ]
staccare (vt)	afkap	[afkap]
stancare (vt)	vermoei	[fermui]

stancarsi (vr)	moeg word	[muχ vort]
stare (sul tavolo)	lê	[lɛ:]
stare (vi)	wees	[veəs]
stare bene (vestito)	pas	[pas]

stirare (con ferro da stiro)	stryk	[strajk]
strappare (vt)	afskeur	[afskøər]
studiare (vt)	studeer	[studeər]
stupirsi (vr)	verbaas wees	[ferbās veəs]

supplicare (vt)	smeek	[smeək]
supporre (vt)	veronderstel	[feronderstəl]
sussultare (vi)	huiwer	[hœivər]
svegliare (vt)	wakker maak	[vakkər māk]

tacere (vi)	stilbly	[stilblaj]
tagliare (vt)	afsny	[afsnaj]
tenere (conservare)	bewaar	[bevār]
tentare (vt)	probeer	[probeər]

tirare (~ la corda)	trek	[trek]
toccare (~ il braccio)	aanraak	[ānrāk]
togliere (rimuovere)	afneem	[afneəm]
tradurre (vt)	vertaal	[fertāl]

trasformare (vt)	transformeer	[traŋsformeər]
trattenere (vt)	in bedwang hou	[in bedwaŋ hæʊ]
tremare (~ dal freddo)	ril	[ril]

trovare (vt)	vind	[fint]
tuffarsi (vr)	duik	[dœik]
uccidere (vt)	doodmaak	[doədmāk]
udire (percepire suoni)	hoor	[hoər]

unire (vt)	verenig	[ferenəχ]
usare (vt)	gebruik ...	[χebrœik ...]
uscire (andare fuori)	uitgaan	[œitχān]
uscire (libro)	verskyn	[ferskajn]

utilizzare (vt)	gebruik	[χebrœik]
vaccinare (vt)	inent	[inɛnt]
vantarsi (vr)	spog	[spoχ]
vendere (vt)	verkoop	[ferkoəp]

vendicare (vt)	wreek	[vreək]
versare (~ l'acqua, ecc.)	skink	[skink]
vietare (vt)	verbied	[ferbit]

vivere (vi)	leef	[leəf]
volare (vi)	vlieg	[fliχ]
voler dire (significare)	beteken	[betekən]
volere (desiderare)	wil	[vil]
votare (vi)	stem	[stem]